Praxis der Kindertageseinrichtungen

Partizipation von Kindern in der Kindertagesstätte

Praktische Tipps zur Umsetzung im Alltag

Petra Stamer-Brandt

Mit einem Beitrag von Prof. Dr. Raingard Knauer

1. Auflage 2012

Bibliografische Information der Deutschen Nationalbibliothek
Die Deutsche Nationalbibliothek verzeichnet diese Publikation in der Deutschen Nationalbibliografie; detaillierte bibliografische Daten sind im Internet über http://dnb.d-nb.de abrufbar.

Unter http://go.kita-aktuell.de/e4q2v3 finden Sie Kopiervorlagen für die Symbolkarten sowie für die Gesprächsleitfäden.

Art.-Nr. 06138000 – (ISBN 978-3-556-06138-1)

Der Inhalt dieses Werkes, alle Vorschriften, Erläuterungen, Anregungen und weiterführenden Fachinformationen, ist mit größter Sorgfalt zusammengestellt.

Dies begründet jedoch nicht einen Beratungsvertrag und keine anderweitige Bindungswirkung gegenüber dem Verlag. Es kann schon wegen der nötigen Anpassung an die individuellen Gegebenheiten des Einzelfalls keine Gewähr für Verbindlichkeit, Vollständigkeit oder auch Fehlerfreiheit gegeben werden, obwohl wir alles tun, einen aktuellen und korrekten Stand zu erhalten.

Alle Rechte vorbehalten. Das Werk einschließlich aller seiner Teile ist urheberrechtlich geschützt. Jede Verwertung außerhalb der engen Grenzen des Urheberrechtsgesetzes ist ohne Zustimmung des Verlages unzulässig und strafbar; dies gilt insbesondere für Kopien, Vervielfältigungen, Bearbeitungen, Übersetzungen, Verfilmungen oder die Speicherung in elektronischen Programmen und Systemen.

Quelle Umschlagfoto: Fotolia

© Wolters Kluwer Deutschland GmbH, Köln, Kronach (2012)

Verantwortlich:
Carl Link, Wolters Kluwer Deutschland GmbH
Adolf-Kolping-Straße 10, 96317 Kronach
E-Mail: info@wolterskluwer.de
Internet: www.wolterskluwer.de

Satz: Satz-Offizin Hümmer GmbH, Waldbüttelbrunn
Druck: Appel & Klinger GmbH, Schneckenlohe

Inhaltsverzeichnis

Vorwort 5

1. **Von anderen lernen – Partizipation von Korzac bis zu den Maoris**
   mit Beiträgen von Raingard Knauer 10
   1.1. Partizipation bei Janusz Korczak: Das Recht des Kindes auf Achtung 11
   1.2. Partizipation bei Alexander Neill: Nur freie Kinder sind glückliche Kinder ... 22
   1.3. Partizipation bei Loris Malaguzzi (Reggio): Die hundert Sprachen des Kindes 29
   1.4. Partizipation in Neuseeland 38
   1.5. Partizipation in Schleswig-Holstein – die Kinderstube der Demokratie 45

2. **Kindheit im Wandel – der Weg zum kompetenten Kind** 51
   2.1. Kindliche Lebenswelten heute 51
   2.2. Erwartungen an das Kind des 21. Jahrhunderts 60

3. **Die Rechte der Kinder** 64
   3.1. Gesetzliche Grundlagen und Empfehlungen 64
   3.2. Beteiligung von Kindern in Kindertageseinrichtungen 71

4. **Die Bedeutung der Partizipation in der Pädagogik** 77
   4.1. Rechte von Kindern als Ausgangspunkt für pädagogisches Handeln 78
   4.2. Partizipation in den Bildungsempfehlungen und Leitlinien 81
   4.3. Das Gemeinwesen braucht engagierte Kinder und engagierte Pädagogen 90
   4.4. Partizipation und Inklusion 98
   4.5. Projektarbeit setzt auf Partizipation 102

5. **Die Rolle der Pädagogen** 105
   5.1. Pädagogen werden zu Lernbegleitern/Coaches 105
   5.2. Das Menschenbild der partizipativ arbeitenden Pädagogen .. 110
   5.3. Vom Umgang mit kritischen Eltern 114

6. **Die Schritte auf dem Weg zur Partizipation** 127
   6.1. Ziele setzen 127
   6.2. Strukturen schaffen, die Beteiligung ermöglichen 130
   6.3. Partizipation braucht Qualität 139

7. **Kinderbeteiligung konkret** 149
   7.1. Konkretisierung der Beteiligung auf verschiedenen Ebenen:
        Alltagspartizipation, Versammlungsformen, Projektarbeit 150
   7.2. Evaluation 164

Inhaltsverzeichnis

Anhang 169
   Methodenpool für die Arbeit in Kindertagesstätten 169
   Literaturhinweise 181

Stichwortverzeichnis 187

Vorwort

Dieses Buch beruht auf der Grundlage des 1998 erschienenen Buches von Raingard Knauer und Petra Brandt »Kinder können mitentscheiden«. Es ist an der Zeit, dieses Buch fortzuschreiben. Für die Beteiligung von Kindern in Kindertageseinrichtungen gibt es mindestens drei Gründe:
1. Bildung als Aneignungsprozess braucht Beteiligung. In der Folge ist Partizipation als Querschnittsaufgabe inzwischen in vielen Bildungsempfehlungen der unterschiedlichen Länder verankert.
2. Die Bundesregierung hat im Rahmen der Umsetzung der UN-Kinderrechtskonvention im Nationalen Aktionsplan für ein kindgerechtes Deutschland (2005–2010) Qualitätsstandards für die Arbeitsfelder der Kindertageseinrichtung, Schule, Kommune, Kinder- und Jugendarbeit und die erzieherischen Hilfen entwickelt (vgl. Bundesministerium für Familie, Senioren, Frauen und Jugend 2010: Qualitätsstandards für Beteiligung von Kindern und Jugendlichen. Allgemeine Qualitätsstandards und Empfehlungen für die Praxisfelder Kindertageseinrichtungen, Schule, Kommune, Kinder- und Jugendarbeit und Erzieherische Hilfen, Berlin). Diese formulieren auch für Kindertageseinrichtungen die Anforderung, Kinder an allen sie betreffenden Angelegenheiten zu beteiligen.
3. Der Lebensalltag von Kindern ist vielfältiger geworden. Auch das fordert von Kindertageseinrichtungen die individuellen Bedarfe von Kindern stärker zu berücksichtigen – und sie zu beteiligen.

Partizipation ist also ein Recht von Kindern – auch und gerade in den ersten pädagogischen Einrichtungen – den Kindertageseinrichtungen. Auch dafür gibt es mehrere Gründe.

1. Ohne Partizipation ist ein erfolgreicher Selbstbildungsprozess und ist Bildungsförderung der Kinder kaum denkbar.
2. Demokratisches Handeln (politische Bildung) wird durch Erfahrung erlernt und die macht das Kind bereits von Geburt an. Die Kita in einer Demokratie hat die Aufgabe, verankert in den Bildungsempfehlungen und Leitlinien, dem Recht der Kinder auf Beteiligung Rechnung zu tragen.
3. Viele Kinder befinden sich in einer prekären Lebenslage. Besonders sie müssen befähigt werden, ihre Rechte wahrzunehmen. Sie brauchen auch die Hilfe der Gemeinschaft.

Am 5. April 2010 ist die UN-Kinderrechtskonvention volljährig geworden. Seit 18 Jahren engagieren sich Pädagogen und Kinderrechtsorganisationen dafür, Kinder-

Vorwort

rechte in Deutschland publik zu machen und durchzusetzen. Zu den Kinderrechten gehören neben Schutzrechten und Versorgungsrechten aber auch das Recht von Kindern auf Gehör und Beteiligung – also Partizipationsrechte. Politische Bildung beginnt schon mit der Geburt. Und doch fragen sich viele auch heute, nach 20-jährigem Bestehen der Kinderrechte immer noch, was Kinder eigentlich mit Politik zu tun haben? »Nichts« sagen die einen; »viel« sagen andere. Kinder und Politik, das scheint irgendwie nicht zusammenzupassen. Mit dem Begriff der Kindheit verbinden wir Begriffe wie Zukunft, Hoffnung, Lebendigkeit, Lebensfreude. Wir denken an Beschützen, an Bilden, an Betreuen. Während sich uns beim Begriff der Politik Adjektive auftun wie: langweilig, nicht zu verstehen, korrupt, geldgierig, machtbesessen. Auch nach 20 Jahren Kinderpolitik hat sich in unserem Land für viele an dieser Diskrepanz nichts geändert. Auch die Kinder selbst wissen häufig nichts über ihre Rechte.

»Eine im Auftrag des Deutschen Kinderhilfswerkes vom Institut für Markt- und Trendforschung EARSANDEYES GMBH mit Unterstützung der Blue Ocean Entertainment AG durchgeführte aktuelle **Umfrage zum 20. Jahrestag der UN-Kinderrechtskonvention** *unter 1026 Kindern im Alter zwischen 6 und 15 Jahren führte zu erschreckenden Ergebnissen: Nur jedes 7. Kind kennt die UN-Kinderrechtskonvention! Dies ist ein bildungspolitisches Trauerspiel. 20 Jahre waren Zeit, die UN-Kinderrechtskonvention bekanntzumachen. Hier sind die Schulen in Deutschland aufgefordert, das Thema endlich im Unterricht aufzugreifen, wie es im Lehrplan steht.« (http://www.kinderpolitik.de/kinderrechte/uebersicht.php?page_id=unk_aktuell)*

Niemand zweifelt mehr ernsthaft daran, dass Kinder Rechte haben (obwohl das in Deutschland nicht verfassungsrechtlich verankert ist). Trotzdem sind in Deutschland ungefähr 3 Millionen Kinder und Jugendliche von Armut betroffen. Damit ist ihnen auch die Chancengleichheit verwehrt und das Recht auf Freizeit, Spiel und gesunde Ernährung.

Nur Kinder, die ihre Rechte kennen und die demokratisches Verhalten erlernt haben, kompetent und selbstbewusst auftreten können, sind in der Lage, ihre Rechte einzufordern. Sie müssen erfahren, dass Demokratie etwas ist, das in ihrem Leben eine konkrete Bedeutung hat. Und das beginnt mit den kleinen alltäglichen Erfahrungen in ihrem unmittelbaren Lebensraum und damit auch in Kindertageseinrichtungen

Aber offensichtlich stehen wir immer noch am Anfang. Dabei gibt es eine Bundeskinderbeauftragte, Ombudsmänner oder -frauen, ein Aktionsbündnis Kinderrechte (Deutsches Kinderhilfswerk e. V., Unicef Deutschland e. V., Deutscher Kinderschutzbund e. V.) und eine Kampagne »Kinderrechte ins Grundgesetz« (angeschlos-

Vorwort

sen sind mehr als 200 Verbände und Organisationen). Bundesweit werden vom Institut für Partizipation und Bildung Multiplikatoren für Partizipation in Kindertageseinrichtungen nach dem Konzept »Die Kinderstube der Demokratie« ausgebildet. Das Land Schleswig-Holstein hat bereits von 2006–2008 eine Schulung durchgeführt und beginnt auch im Herbst wieder mit einer landesweiten Qualifizierung von Multiplikatorinnen und Multiplikatoren für Partizipation in Kindertageseinrichtungen. Ein besonderes Anliegen ist u. a. »die Aus-, Fort- und Weiterbildung pädagogischen Personals, sowie anderer beteiligter Erwachsener in qualifizierter Förderung von Partizipation«. (Auskunft: http://www.partizipation-und-bildung.de/)

Dennoch spielt das Thema bei angehenden Pädagoginnen an Fachschulen für Sozialpädagogik nach wie vor meist noch eine eher untergeordnete Rolle. Sie können sich nur schwer vorstellen, dass dieser Beruf ein hochpolitischer ist und ein hohes gesellschaftspolitisches Engagement und den Wunsch, sich einzumischen erfordert. Wir Erwachsenen legen auch bei Kindern den Grundstein für ihre politische Haltung.

Wenn man ein allgemeines Verständnis von politischem Handeln zugrunde legt und es nicht vordergründig auf Parteipolitik reduziert, dann wird deutlich, dass schon im Vorschulalter Haltungen entstehen, die als Vorläufer politischen Engagements gewertet werden müssen: die Bereitschaft und Fähigkeit zur Toleranz, zur Verantwortung und zur Solidarität, Interesse für soziale Zusammenhänge, der Mut, sich einzumischen. Das so häufig beklagte soziale und politische Desinteresse in unserer Gesellschaft hat viel mit der Entwicklung der hier beschriebenen Haltungen im Kindesalter zu tun. Demokratiefähigkeit ist ein wichtiger Bestandteil der Identitätsentwicklung. Die Fähigkeiten, die Kinder heute brauchen, um ihr Leben kompetent handhaben zu können, haben sich in den letzten Jahren gewandelt. Kompetenzen wie: »Sich-entscheiden-können«, »Mit-gestalten-können«, »Verantwortung übernehmen können«, »Teamgeist zeigen« und viele andere mehr, werden für die Lebensbewältigung immer wichtiger.

In den Bildungsempfehlungen und Leitlinien aller Bundesländer spielt die Querschnittsaufgabe »Partizipation« längst eine bedeutsame Rolle. Dennoch fällt die Umsetzung offensichtlich schwer, bzw. trauen Pädagogen Kindern Mitgestaltung immer noch nicht so recht zu. »Partizipation – die Beteiligung der Kinder an ihren eigenen Angelegenheiten – ist keine zusätzliche Aufgabe für Kindertageseinrichtungen, sondern Kern einer bildungs- und demokratieorientierten pädagogischen Arbeit. Mit dem Konzept »Die Kinderstube der Demokratie« haben zwei schleswig-holsteinische Modellprojekte gezeigt, dass und wie Partizipation von Kindern möglich und gestaltbar ist.« (Hansen, Rüdiger, Knauer, Raingard, Sturzenhecker, Benedikt (2009): »Die Kinderstube der Demokratie« in: TPS 2/2009. Friedrich-Verlag.

Vorwort

Seelze S. 46, vgl. auch Hansen/Knauer/Sturzenhecker 2011.) Es gibt also durchaus gute Beispiele für gelungene Partizipation in Kindertageseinrichtungen und es gibt Pädagoginnen, die wissen, dass Partizipation einer der wichtigsten Schlüssel zur Bildung und zur Demokratiefähigkeit ist.

Im ersten Kapitel, das weitgehend von Raingard Knauer verfasst wurde, werden Sie erfahren, dass Partizipation kein neues Feld der Pädagogik ist. Wir werfen gemeinsam einen Blick in die Vergangenheit und in andere Länder, in denen es eine Partizipationstradition gibt. Die dargestellten Beispiele zeigen, dass die Frage nach Beteiligung von Kindern immer auch eng mit pädagogischen Grundpositionen zusammenhängt. Und die Beispiele zeigen außerdem, dass nicht das einzelne Interesse einer Pädagogin hinter der Idee steckt, sondern häufig eine ganze Gemeinde, eine Bevölkerungsgruppe, ein Verein. Es gibt also bereits »Partizipationsschätze«, die gehoben werden können und die Orientierung bieten.

Im zweiten Kapitel werfen wir einen Blick auf den Wandel der Kindheit, der deutlich macht, warum Beteiligung von Kindern heute von so großer Bedeutung ist.

Im dritten Kapitel geht es um die Rechte des Kindes. Die Rechtstellung des Kindes in unserer Gesellschaft, die eine wichtige Basis für pädagogische Konzepte ist, wurde durch das 1991 verabschiedete Kinder- und Jugendhilfegesetz erheblich gestärkt. Hier sind Partizipationsrechte von Kindern und Jugendlichen auf verschiedenen Ebenen verankert. Damit sind Pädagogen nicht nur aus ihrer professionellen Verantwortung heraus gefordert, Kinder und Jugendliche mitgestalten zu lassen, sondern gesetzlich dazu verpflichtet. Ein Gutachten über das gesellschaftliches Engagement als Bildungsziel in Kindertageseinrichtungen finden Sie unter: http://www.bertelsmann-stiftung.de/cps/rde/xbcr/SID-7921C279–67372589/bst/Exerpt_Knauer.pdf

Das vierte Kapitel beschäftigt sich mit der Rolle der Querschnittsaufgabe »Partizipation« in der Pädagogik. In diesem Kapitel werden Sie erfahren, welche Rolle Partizipation in den Bildungsempfehlungen spielt und warum inklusive Pädagogik immer auch partizipativen Charakter hat.

Das nächste Kapitel beleuchtet die besondere Rolle der Pädagogin von der »Besserwisserin« zur Bildungsbegleiterin.

Das letzte Kapitel zeigt Ihnen praktische Wege zur Umsetzung auf. Dabei geht es nicht darum, Rezepte zu bieten. Jede Pädagogin, jede Einrichtung muss ihren individuellen Weg finden. Dabei kann es aber wichtig sein, Anstöße zu bekommen, aus Erfahrungen anderer zu lernen und mutig zu werden. Vor allen Dingen aber geht es darum, Sie anzuregen Kinder in die Gestaltung ihrer sozialen und räumlichen Umwelt einzubeziehen. Es ist mir ein Anliegen, deutlich zu machen, dass Pädagogik und Po-

Vorwort

litik nicht zwei verschiedene Welten sind, sondern im Gegenteil viel miteinander zu tun haben. Pädagogik arbeitet nicht nur in einem politisch gestaltetem Raum, unter dem sie eventuell leidet; Pädagogik gestaltet Politik auch immer mit – durch die politischen Fähigkeiten, die sie den Kindern und späteren Erwachsenen vermitteln, und durch die Art und Weise, wie Sie sich selbst in kommunale und sozialpolitische Fragen einmischen.

Für Lotta (18 Monate alt) wird es von entscheidender Bedeutung sein, ob sie Pädagoginnen erlebt, die ihr vermitteln, dass sie wirksam sein kann oder ob sie erfährt, dass es nutzlos ist, sich gegen erwachsene Meinungen aufzulehnen.

Für das Schreiben des ersten Kapitels und den kritischen Blick auf das Manuskript danke ich Raingard Knauer ganz herzlich.

Petra Stamer-Brandt

1. Von anderen lernen – Partizipation von Korzac bis zu den Maoris

(Petra Stamer-Brandt und Raingard Knauer)

Auch wenn der Begriff Partizipation neu ist, ist das Thema »Beteiligung von Kindern an ihren Angelegenheiten« doch im Kern eines, das die Pädagogik schon lange beschäftigt. Und dieses nicht nur, weil es bereits seit 20 Jahren in Sachen Partizipation engagierte Pädagogen und einige erfolgreiche Modellprojekte gibt. Fragen wie: »Können Kinder und Erwachsene gleichwertige Partner im Erziehungsprozess sein? Dürfen Kinder selbst Entscheidungen über sie betreffende Belange treffen? Welche Entscheidungen können Kinder überhaupt treffen? Wie ist das Machtverhältnis zwischen Kindern und Erwachsenen gestaltet? Ist Erziehung überhaupt mit der Frage nach Macht zu verknüpfen?« beschäftigen Pädagogen schon seit Beginn des 20. Jahrhunderts. So sind sie schon Thema bei Janusz Korzac, Alexander Neill und Loris Malaguzzi (Reggio). Und auch aus jüngerer Zeit gibt es Beispiele, von denen wir auch für deutsche Kindertageseinrichtungen lernen können, z. B. das Konzept der Maoris in Neuseeland und die Modellprojekte des Landes Schleswig-Holstein mit dem Konzept »Die Kinderstube der Demokratie«.

Janusz Korczak (1878–1942, polnischer Arzt, Pädagoge und Schriftsteller) plädierte vehement für die Rechte von Kindern und orientierte daran seine praktische Arbeit in einem polnischen Waisenhaus.

Alexander S. Neill (1883–1973) gründete in England das Internat »Summerhill«, das vor allen Dingen durch seine »Kinderregierung« berühmt wurde.

Loris Malaguzzi (1920–1994), Mitbegründer der »Reggiopädagogik«, hat wesentlich zur Entwicklung der kommunalen Krippen und Kindertagesstätten in der Region Reggio Emilia beigetragen und große Teile der Erziehungsverantwortung dem Gemeinwesen übertragen.

Im 1996 von den *Maoris* in Neuseeland entwickelten Curriculum »Te Whariki« ist Partizipation ein Strang der geflochtenen Matte, der das Rahmenkonzept zusammenhält.

2001 wurde in Schleswig-Holstein im Rahmen von zwei Modellprojekten das Konzept *»Die Kinderstube der Demokratie«* entwickelt und erprobt, das inzwischen bundesweit hohe Aufmerksamkeit genießt und in den Qualitätsstandards der Bundesregierung als Orientierung für Partizipation in Kindertageseinrichtungen festgeschrieben wurde.

1.1. Partizipation bei Janusz Korczak: Das Recht des Kindes auf Achtung

Man kann ein Kind unmöglich lieben, solange man es nicht als Einzelwesen mit dem unveräußerlichen Recht sieht, sich zu dem Menschen zu entwickeln, der es ist (Lifton 1988, S. 109). Dies ist die Hauptthese von Janusz Korczak, der als Henry Goldszmit 1878 geboren wurde und am 6. August 1942 seine Kinder auf ihrem letzten Weg in das Todeslager Treblinka begleitete.

Korczak war Arzt, Schriftsteller und Pädagoge. Als *Arzt* spielte für ihn das körperliche Wohlergehen der Kinder eine wichtige Rolle. Darüber hinaus versuchte er den medizinischen Dreischritt »Beobachtung – Diagnose – Therapie« auf die Erziehung zu übertragen. So wie ein Arzt von den beobachteten körperlichen Symptomen auf den Gesundheitszustand eines Patienten schließt, und eine entsprechende Therapie einleitet, so stand für Korczak als Pädagoge die Beobachtung der kindlichen Verhaltensweisen am Anfang der Erziehung. Hieraus versuchte er vorsichtige Schlussfolgerungen zu ziehen, um schließlich die für das einzelne Kind angemessenen pädagogischen Methoden anzuwenden. Im Laufe der Zeit wurde ihm der erste Schritt, nämlich die Beobachtung immer wichtiger, da er feststellte, wie wenig Erwachsene über Kinder wissen.

Als *Schriftsteller* verfasste Korczak Bücher für Kinder und Erwachsene. Mit seinen Büchern wollte Korczak die Kinder darin ermutigen, ihre Gefühle und Gedanken als wichtig zu begreifen – eine Voraussetzung für Beteiligung – und anderen mitzuteilen; Erwachsene wollte Korczak dazu ermahnen, Kinder ernst zu nehmen.

Seine bedeutendsten Werke für Kinder waren die Bücher »König Hänschen I« (Korczak 1974, org. 1922) und »König Hänschen auf der einsamen Insel« (Korczak 1975, org. 1922) . König Hänschen will als Kinderkönig eine Gesellschaft mit fairen Gesetzen für Kinder und Erwachsene schaffen. Obwohl viele seine Vorhaben scheitern, gibt er den Traum einer gerechten Welt nicht auf – ähnlich wie Korczak selbst (auch er muss im Zusammenleben mit Kindern immer wieder erfahren, dass seine Ideen von den Kindern nicht mit offenen Armen aufgenommen werden).

Von anderen lernen – Partizipation von Korzac bis zu den Maoris

In seinem Buch »Wenn ich wieder klein bin« (Korczak 1973, org. 1926) gelingt es dem polnischen Pädagogen durch einen literarischen Kunstgriff, die kindliche und erwachsene Sicht in einer Person zu vereinen. Einem Lehrer mittleren Alters gelingt es durch einen Zauber, wieder ein Bub zu sein und trotzdem seine Erfahrungen als Erwachsener nicht vergessen zu haben. Nachts besucht ihn ein Zwerg mit einer Laterne und erfüllt ihm diesen Wunsch. Der Lehrer wacht morgens als Kind wieder auf – und kann sich an sein Leben als Erwachsener erinnern. Er erlebt den Zauber der Kindheit: Für ihn geschieht alles »das erste Mal« und wird daher umso intensiver erfahren (der erste Schnee im Jahr, der Kutscher, der Schwierigkeiten mit seinem Pferd hat).

Als *Pädagoge* will Korczak seine Überzeugung, dass Erwachsene und Kinder gleichberechtigt sind, in der Erziehung umsetzen. Er versucht dies auf zwei Ebenen:

Zum einen ist seine *pädagogische Beziehung* zu den Kindern von Achtsamkeit und Liebe geprägt. »Ich bin deshalb Erzieher geworden, weil ich mich unter Kindern immer am wohlsten gefühlt habe«, sagt er in einem Interview (Lifton 1988, S. 85). Beim Lesen seiner pädagogischen Schriften und seiner Geschichten wird sein liebevolles, humor- und respektvolles Interesse an jedem einzelnen Kind spürbar. Korczak will wissen, was Kinder bewegt und ermuntert sie, ihre Erlebnisse, Kümmernisse und Freuden des Alltags zu beschreiben. Beobachtungen von Kindern, Gespräche mit Kindern werden zum Charakteristikum seiner Pädagogik.

Zum anderen schafft er in seinen Einrichtungen demokratische Strukturen, die den Kindern einen geschützten Raum für Auseinandersetzungen bieten. Diese strukturelle Verankerung von Partizipation gelingt sichert den Kindern eigenständige Rechte im pädagogischen Alltag.

Korczak gab 1910 seine erfolgreiche ärztliche Praxis auf und wurde Direktor des Waisenhauses für jüdische Kinder »Dom Sierot«. 1912 zog er mit seinen Kindern in die Krochmalnastraße 12 um, einen Neubau, den Korczak selbst mit entworfen hatte. Hier lebten 106 Kinder im Alter von sieben bis vierzehn Jahren. 1918 übernahm er die Leitung eines zweiten Waisenhauses »Nazs Dom« (Unser Haus) für polnische Kinder. In beiden Einrichtungen versuchte er, seine pädagogischen Überzeugungen umzusetzen. Da er auch am Institut für Sonderpädagogik an der Universität in Warschau lehrte, kamen viele Praktikantinnen und Praktikanten in seine Waisenhäuser, denen er seine pädagogische Haltung gegenüber dem Kind vermitteln wollte.

Indem er die Gedanken, Wünsche und Ideen der Kinder ernst nahm, entwickelte er Methoden, die Grundelemente von Beteiligung enthalten. Im Mittelpunkt seiner Arbeit standen Fragen wie: Wie kann ich mehr über Kinder erfahren und wie können Kinder motiviert und befähigt werden, ihre Dinge selber zu regeln?

Für die heutige Partizipationsdiskussion stellen wir fünf Aspekte seines pädagogischen Werkes vor:
1. Die Rechte der Kinder
2. Die Versammlung der Kinder
3. Die Zeitung der Kinder
4. Recht und Gerechtigkeit von Kindern
5. Zur Verantwortung der Pädagogen für ihr Handeln

Die Rechte der Kinder

> »Kinder sind nicht erst Leute von morgen, sie sind es heute schon. Sie haben ein Recht darauf, ernst genommen zu werden. Sie haben ein Recht darauf, von Erwachsenen mit Freundlichkeit und Respekt behandelt zu werden, als gleichwertige Partner und nicht wie Sklaven. Man sollte ein Kind zu dem Menschen heranwachsen lassen, der es ist und der in ihm steckt, denn die ›unbekannte Person‹ in einem jeden von ihnen ist die Hoffnung der Zukunft.«
> (Lifton, 1988, S. 87)

Diese pädagogischen Maximen haben ihre Aktualität nicht verloren: Respekt vor der Einzigartigkeit jedes Kindes muss die Grundlage der Pädagogik sein. Der erste Schritt für pädagogisches Handeln ist daher das Kennenlernen der Kinder, die Beobachtung ihres Handelns, der Versuch, sie zu verstehen. Für Korczak ist das die Basis jeder Erziehung.

Wenn Kinder Subjekte und nicht Objekte der Erziehung sind, müssen ihnen auch demokratische Rechte zugestanden werden. Durch die Formulierung kindlicher Rechte stellte Korczak die Pädagogik »vom Kopf auf die Füße«. Während die traditionelle Pädagogik erwachsenenzentriert war, ging es Korczak um eine Pädagogik vom Kinde aus.

In Janusz Korczaks Werken finden sich viele Beispiele, wie der Weg einer freiheitlichen Pädagogik beschritten werden kann. Korczak zeigt, dass sich dieser Weg nicht durch die Formulierung hehrer Erziehungsgrundsätze realisiert, sondern im mühsamen Geschäft des Alltags. Die Rechte der Kinder müssen in jeder Begegnung, in jedem Gespräch mit Kindern umgesetzt werden. Die Entscheidung, Kinder als Subjekte und nicht als Objekte der Erziehung zu begreifen, führt immer wieder zu Fragen: Wie sehen die Kinder die Welt? Welche Gefühle bewegen Kinder zum Handeln? Welche Unterstützung brauchen Kinder, um selbst entscheiden zu können? Welche Lebensbedingungen sind notwendig, damit sie als Subjekte aufwachsen können?

Korczak formuliert Rechte der Kinder, an denen sich pädagogisches Handeln orientieren sollte. Die Biographin Betty Jean Lifton stellt folgende von Korczak formulierte Rechte der Kinder zusammen (1988, S. 463 ff.):

Das Kind hat Recht auf Liebe

(Liebe das Kind, nicht nur dein eigenes)

Das Kind hat Recht auf Achtung

(Verlangen wir Respekt vor leuchtenden Augen, glatten Stirnen, jugendlicher Anstrengung und jugendlichem Vertrauen. Warum sollten trübe Augen, eine gefurchte Stirn, zerzaustes graues Haar oder müde Resignation mehr Respekt gebieten?)

Das Kind hat Recht auf optimale Bedingungen für sein Wachstum und seine Entwicklung

(Wir verlangen: schafft den Hunger ab, das Frieren, die Feuchtigkeit, den Gestank, die Überfüllung und die Übervölkerung)

Das Kind hat das Recht, in der Gegenwart zu leben

(Kinder werden nicht erst zu Menschen, sie sind es schon)

Das Kind hat das Recht, es selbst zu sein

(Ein Kind ist kein Lotterielos, um den ersten Preis zu gewinnen)

Das Kind hat das Recht auf Fehler

(Bei den Kindern gibt es auch nicht mehr Narren als bei den Erwachsenen)

Das Kind hat das Recht zu versagen

(Wir prangern die trügerische Sehnsucht nach dem perfekten Kinde an)

Das Kind hat das Recht, ernst genommen zu werden

(Wer fragt das Kind nach seiner Meinung und seinem Einverständnis?)

Das Kind hat das Recht, für das, was es ist, geschätzt zu werden

(Das Kind hat, weil es klein ist, nur einen geringen Marktwert)

Das Kind hat das Recht, zu wünschen, zu verlangen, zu bitten

(Im Laufe der Jahre wird der Abstand zwischen den Forderungen der Erwachsenen und den Wünschen der Kinder immer größer)

Das Kind hat das Recht auf Geheimnisse

(Respektiert seine Geheimnisse)

Das Kind hat das Recht auf eine Lüge, eine Täuschung, einen Diebstahl

(Es hat nicht das Recht, zu lügen, zu hintergehen und zu stehlen)

Das Kind hat das Recht auf Respektierung seiner Besitztümer und seines Budgets

(Jeder hat das Recht auf seinen Besitz, ganz gleich, wie gering oder wertlos er sein mag)

Das Kind hat das Recht auf Erziehung

Das Kind hat das Recht, sich erzieherischen Einflüssen, die seinen eigenen Überzeugungen zuwiderlaufen, zu widersetzen

(Zum Glück für die Menschheit gelingt es uns nicht, Kinder zu zwingen, sich Angriffen gegen ihren gesunden Menschenverstand und gegen ihre Menschlichkeit zu beugen)

Das Kind hat das Recht, sich gegen Ungerechtigkeit zu verwahren

(Wir sind die einzigen Richter der Handlungen eines Kindes, seiner Schritte, seiner Gedanken und Pläne ... Ich weiß, dass ein Kindergericht unabdingbar ist, dass es in fünfzig Jahren keine einzige Schule geben wird, keine einzige Institution ohne ein solches Gericht)

Das Kind hat ein Recht auf Verteidigung durch die Gerichtsbarkeit eines Gerichtshofes aus Jugendlichen

(Auch das straffällig gewordene Kind ist immer noch ein Kind ... Unglückseligerweise verbreitet sich das aus Armut geborene Leid wie Läuse: Sie ist der Nährboden für Sadismus, Verbrechen, Grobheit und Brutalität)

Von anderen lernen – Partizipation von Korzac bis zu den Maoris

> **Das Kind hat das Recht auf Respektierung seines Schmerzes**
> (Und sei es nur der Verlust eines Kieselsteins)
> **Das Kind hat das Recht auf Zwiesprache mit Gott**
> **Das Kind hat das Recht, vorzeitig zu sterben**
> (Die tiefe Liebe der Mutter zu ihrem Kind muss ihm das Recht auf einen vorzeitigen Tod gewähren – darauf, seinen Lebensweg nach nur ein oder zwei Sommern zu beenden ... Nicht jeder Busch wird zu einem Baum.

Einige diese Rechte erscheinen uns heute vielleicht als selbstverständlich, andere sind immer noch Utopie, wieder andere befremden uns vielleicht zunächst. Deutlich wird aber, dass Rechte von Kindern sich immer auf konkretes Alltagshandeln beziehen und dass die Ermöglichung dieser Rechte zunächst vor allem eine Verpflichtung für die Erwachsenen, die pädagogischen Fachkräfte, ist. Wenn wir davon ausgehen, dass Kinder Rechte haben, ändert sich die Perspektive auf pädagogisches Handeln und pädagogische Beziehungen.

Mit der strukturellen Verankerung von Partizipation hat Janusz Korczak die Idee einer »konstitutionellen Pädagogik« (das meint eine in einer Verfassung begründeten Pädagogik) verfolgt, in der formulierte Rechte das Kind vor Übergriffen der Erwachsenen schützen und dem Kind Verantwortung für den Alltag übertragen wird. Dazu führt Korczak in seinen Einrichtungen bestimmte Gremien und eine Öffentlichkeit ein, in denen Kinder ihre Rechte wahrnehmen können (die Versammlung, die Zeitung, das Kindergericht).

Die Versammlung der Kinder

Im Waisenhaus lebten Kinder aus armen Familien, Kinder, deren Eltern gestorben oder schwer erkrankt waren, Kinder, die auf der Straße lebten. Gemeinsam war ihnen, dass sie in ihrem bisherigen Leben eher darum zu kämpfen hatten, zu überleben. Mitgestaltung war ihnen eher fremd. Und plötzlich sollten sie sich im Heim Gedanken über Gerechtigkeit machen, ihre Meinung sagen, Verantwortung übernehmen. All dies mussten sie erst erlernen und üben.

Wie man gemeinsam Dinge besprach und regelte, erfuhren die Kinder u. a. in den regelmäßigen Versammlungen, an denen die Kinder und die Erwachsenen teilnahmen. Hier wurden Regeln besprochen, der Tagesablauf geplant und festgelegt. Doch eine Versammlung zu leiten bedeutet nicht einfach, sich in einem Raum zusammenzufinden und miteinander zu reden. Korczak betont, dass Versammlungen von Erwachsenen sehr bewusst gestaltet werden müssen.

»Kinder zusammenzurufen, sich vor ihnen zu beschweren und sie zurechtzuweisen – und dann ihre Zustimmung zu erzwingen – das ist keine Versammlung.

Kinder zu versammeln, ihnen eine rührende Ansprache zu halten, einige auszuwählen, damit sie Pflichten und Verantwortung übernähmen – das ist keine Versammlung.

Kinder zusammenzurufen und ihnen zu sagen, dass ich mir keinen Rat weiß, sie sollen sich etwas ausdenken, damit es besser werde – das ist keine Versammlung.

Lärm, Tumult – eine Abstimmung der Form halber – das ist das Zerrbild einer Versammlung.

Häufige Ansprachen und zahlreiche Versammlungen entwerten die Methode, eine gemeinsame Beeinflussung zu erreichen mit dem Ziel, eine Sache in Angriff zu nehmen oder einen schwierigen Punkt zu klären.

Eine Versammlung soll sachlich sein, die Bemerkungen der Kinder müssen aufmerksam und redlich angehört werden – keine falschen Töne und kein Druck (...)

Die Fähigkeit, sich mit Kindern zu verständigen, will erarbeitet sein. Das kommt nicht von selbst! Ein Kind muss wissen, dass es erlaubt ist und dass es sich lohnt, aufrichtig seine Meinung zu sagen, dass es weder Ärger noch Unwillen erregt und dass es verstanden wird. Aber das ist noch nicht genug: es muss sicher sein, von seinen Kameraden weder ausgelacht noch verdächtigt zu werden, sich einschmeicheln zu wollen. Eine Versammlung erfordert eine saubere und würdige moralische Atmosphäre.«
(Korczak 1979, S. 301 ff.)

Von anderen lernen – Partizipation von Korzac bis zu den Maoris

Die Versammlung war auch ein Ort der Abstimmung über das, was in der Einrichtung geschah. Unter vielem anderen wurde hier über die im Waisenhaus arbeitenden Pädagogen und Praktikanten abgestimmt nachdem diese drei Monate in der Einrichtung gearbeitet und die Kinder sie im pädagogischen Alltag kennengelernt hatten. Nun lag es in der Hand der Kinder, über ihre Weiterbeschäftigung zu entscheiden.

Die Abstimmung der Kinder über das Personal der Einrichtung wurde außerhalb des Heimes kaum akzeptiert. Und auch heute stößt eine solche Einstellungspraxis in pädagogischen Einrichtungen immer wieder auf Skepsis. Und doch können gerade Kinder wichtige Hinweise für pädagogische Kompetenzen von Fachkräften geben. Heute gibt es durchaus Kinderheime oder auch Kindertageseinrichtungen, die Kinder in Personaleinstellungsverfahren mit einbeziehen. Hier wird deutlich, dass das Nachdenken über Partizipation vor allem immer dort interessant wird, wo Erwachsene zunächst Grenzen dieses Rechts vermuten.

Die Zeitung der Kinder
Korczak wollte wissen, wie Kinder die Welt sehen und er wollte Kindermeinungen und Kinderprobleme öffentlich machen. Daher arbeitete er mit verschiedenen Formen öffentlichen Schrifttums (einer Waisenhauszeitung, einer Radiosendung aber auch einer Kinderzeitung). Es ging ihm dabei nicht um spektakuläre Themen und Geschichten, sondern um den ganz normalen kindlichen Alltag, den er den Erwachsenen näherbringen wollte. Er erhoffte sich von dem Sichtbarwerden von Kindern in der Öffentlichkeit bessere Lebensbedingungen und mehr Verständnis für Kinder.

1926 begann er damit, sich einen Traum zu erfüllen – eine Zeitung von und für Kinder. Nach einem Aufruf in der Tageszeitung »kleine Rundschau«, in der Korczak den Kindern mitteilte, dass er ab sofort jeden Freitag eine Kinderzeitung beilegen wollte und dafür ihre Mitarbeit benötigte, erhielt er Hunderte von Kinderbriefen aus ganz Polen. Die Kinder berichteten aus ihrem Alltag, von besonderen Vorkommnissen und von ihren Sorgen und Nöten.

Durch diese Kinderzeitung versuchte Korczak zweierlei erreichen:
- Zum einen wollte er die Kinder ermutigen, den Erwachsenen ihre Kinderwelt darzustellen und dadurch mit den Erwachsenen ins Gespräch zu kommen;
- Zum anderen erfuhr er über die vielen Kinderbriefe mehr von der Art und Weise, wie Kinder ihr eigenes Leben führen.

Auch im Waisenhaus selbst führte Korczak eine Zeitung als Möglichkeit der öffentlichen Meinungsäußerung ein.

Von anderen lernen – Partizipation von Korzac bis zu den Maoris

> »*Eine pädagogische Einrichtung ohne Zeitung scheint mir ein ungeordneter und hoffnungsloser Leerlauf und ein Herumgeschimpfe des Personals, ein Sich-im-Kreise-Drehen der Kinder ohne Richtung und Kontrolle zu sein, etwas Sporadisches und Zufälliges, ohne jede Tradition, ohne Erinnerungen und ohne Entwicklungslinie für die Zukunft.*
>
> *Eine Zeitung ist ein festes Band, das die eine Woche mit der nächsten verknüpft und Kinder, Personal und Dienstboten zu einer untrennbaren Einheit verbindet.*
>
> *Die Zeitung wird in Anwesenheit aller Kinder vorgelesen. Jede Veränderung, Verbesserung, Reform, jeder Missstand und jede Beschwerde finden in der Zeitung ihren Ausdruck.*
>
> *(...)*
>
> *Die Zeitung ist ein dokumentarisches Lehrmittel von unschätzbarem Wert.*« *(Ebd., S. 303 f.)*

Korczak wollte eine Kinderöffentlichkeit ermöglichen und damit Kindern die Möglichkeit geben, ihre Interessen einzubringen.

Recht und Gerechtigkeit von Kindern

Neben der Versammlung und der Zeitung entwickelte Korczak in seinen Heimen auch ein Gerichtswesen, um Gerechtigkeit zwischen Erwachsenen und Kindern und zwischen Kindern öffentlich zu verhandeln.

> »*Das Kind hat ein Anrecht darauf, dass seine Angelegenheiten ernsthaft behandelt und gebührend bedacht wird. Bis jetzt hing alles vom guten Willen und von der guten oder schlechten Laune des Erziehers ab. Das Kind war nicht berechtigt, Einspruch zu erheben. Dieser Despotismus muss ein Ende haben.*« *(Korczak 1967, S. 304)*

Korczak institutionalisierte den Umgang mit Konflikten im Kameradschaftsgericht. Die Vorstellung, ein Gerichtsverfahren in den Alltag einer Einrichtung für Kinder zu integrieren, ist heute vielleicht eher ungewohnt. Die Grundidee, Kinder ihre Konflikte selbst regeln zu lassen und ihnen dafür geeignete Instrumente zur Hand zu geben, entspricht aber den Anforderungen einer strukturell verankerten Partizipation.

Von anderen lernen – Partizipation von Korzac bis zu den Maoris

Korczak war der Überzeugung, dass ein Gerichtswesen durch Kinder zum Ausgangspunkt für die Gleichberechtigung des Kindes werden kann und zu einer Deklaration der Rechte des Kindes zwingt. Der Nutzen des Gerichts liegt nach Korczak darin, »... *dass es friedfertig ist, dass es weder schlechte noch gute Laune hat, dass es niemanden gern mag oder nicht gern mag, dass es sich in Ruhe Erklärungen anhört«* (Korczak 1979, S. 323).

Das Gerichtsverfahren hatte eine klare Struktur. Jeder konnte von jedem angezeigt werden (auch Erwachsene von Kindern). Die Anzeige wurde an eine Tafel geschrieben. Das Gericht, das einmal wöchentlich tagte, bestimmte durch Los fünf Richter aus dem Kreise derer, für die im Laufe einer Woche keine Streitsache anhängig war. Grundlage des Urteils war ein Gesetzbuch mit 1000 Paragraphen, die Urteilsformulierungen darstellten. Dieses unterstützte die Richter darin, angemessene Urteile zu fällen. Während die ersten 100 Freisprüche mit unterschiedlichen Begründungen darstellen, formulierten die weiteren Paragraphen (die in hunderter Schritten erfolgten) Strafen bis hin zum Ausschluss aus der Anstalt.

Auszüge aus dem Gesetzbuch:

§ 1 Das Gericht verkündet, dass A seine Klage zurückgezogen hat

§ 2 Das Gericht hält die Anklage für sinnlos (…)

§ 32 Da viele das gleiche getan haben, wäre es unbillig, einen zu verurteilen (…)

§ 60 Das Gericht verzeiht dem A weil er es/(wie er sagte) im Zorn getan hat, er von jäher Art ist – aber er wird sich bessern (…)

§ 91 Das Gericht verzeiht, denn A ist erst seit kurzer Zeit bei uns und kann eine Ordnung ohne Strafanwendung noch nicht begreifen. (…)

§ 100 Ohne zu verzeihen, stellt das Gericht fest, dass A das getan hat, was ihm in der Anklage vorgeworfen wird. (…)

§ 600: Das Gericht erkennt, dass A sehr schlecht gehandelt hat. Das Urteil ist in der Zeitung bekanntzumachen und an der Tafel auszuhängen. (…)

§ 900: Das Gericht sucht einen Betreuer für A. Wenn sich im Verlaufe von zwei Tagen kein Betreuer findet, wird A von der Anstalt verwiesen. Das Urteil wird in der Zeitung bekanntgegeben

§ 1000 Das Gericht verweist A aus der Anstalt. Das Urteil wird in der Zeitung bekanntgemacht.« (Korczak 1979, S. 312 ff.)

Von anderen lernen – Partizipation von Korzac bis zu den Maoris

Durch die eigenständige Regelung von Konflikten konnten sich die Kinder mit Recht und Unrecht verantwortungsvoll auseinandersetzen. Korczak hoffte, dass die Kinder »Be- und Verurteilungen« von Gleichaltrigen stärker zur Auseinandersetzung mit sich selbst nutzen würden als Strafen durch Erwachsene.

Die Umsetzung des Vorhabens »Kameradschaftsgericht« erwies sich als durchaus schwierig. Die Kinder waren häufig überfordert mit dem Verfahren, da sie sich geduldig unzählige Aussagen anhören mussten, weil jedes Kind glaubte, im Recht zu sein. Sie mussten Protokolle schreiben und das »Gericht« musste sich mit unzähligen zeitraubenden Bagatellfällen beschäftigen. Dennoch konnten etliche Konflikte geregelt werden. Die Entscheidungen wurden meist von allen akzeptiert und als gerecht empfunden.

Auch wenn die von Korczak formulierte Hoffnung, dass es in 50 Jahren keine Schule ohne ein solches Kindergericht gäbe (s. o.) nicht eingetroffen ist, findet sich die Idee einer kooperativen Konfliktbearbeitung zum Beispiel in der Ausbildung von Streitschlichtern an Schulen oder in Jugendhäusern wieder.

Die Verantwortung der Pädagogen für ihr Handeln
Den Kindern Rechte zuzugestehen fordert auch die pädagogischen Fachkräfte als Subjekte heraus.

> *»Habe Mut zu dir selbst, und such deinen eigenen Weg.*
> *Erkenne dich selbst, bevor du Kinder zu erkennen trachtest.*
>
> *Leg dir Rechenschaft darüber ab, wo deine Fähigkeiten*
> *liegen, bevor du damit beginnst, Kindern den Bereich ihrer*
> *Rechte und Pflichten anzustecken. Unter ihnen allen bist*
> *du selbst ein Kind, das du zunächst einmal erkennen,*
> *erziehen und ausbilden musst.«*
> *(Korczak 1979, S. 156)*

Eine partizipativ orientierte Pädagogik braucht erwachsene Fachkräfte, die sich auch über ihrer eigenen Fähigkeiten bewusst sind.

1.2. Partizipation bei Alexander S. Neill: Nur freie Kinder sind glückliche Kinder

Summerhill ist in den letzten Jahren etwas in Vergessenheit geraten. Nur wenigen Studierenden im Jahre 2011 sagen der Name Alexander S. Neill oder die Institution »Summerhill« noch etwas. Das ist schade, denn Summerhill kann immer noch wichtige Denkanstöße für aktuelle Pädagogik geben. Dabei führt der Untertitel von Neills Buch »Theorie und Praxis der Antiautoritären Erziehung« in die Irre. Neill selbst hat seine Pädagogik nicht als »antiautoritäre Pädagogik« bezeichnet – dieser Untertitel ist aus publizistischen Gründen vom Rowohlt Verlag für die Neuausgabe des Taschenbuchs von 1969 gewählt worden. Der englische Originaltitel von 1960 lautete: »*Summerhill: A Radical Approach to Child Rearing*« (Summerhill – ein radikaler Ansatz der Kindererziehung). Neill ging es darum, ein freiheitliches Gegenmodell zur autoritären Erziehung – also einem pädagogischen Verhältnis, das auf einer Ungleichheitsannahme beruht – zu entwickeln. Ihm ging es um eine gleichberechtigte Auseinandersetzung mit Kindern im Alltag – um praktizierte Partizipation. Neill selbst sagt: »Summerhill ist dann antiautoritär, wenn unter ›autoritär‹ die Herrschaft der Erwachsenen über die Kinder verstanden wird« (Kühn 1995, S. 122).

Die Schule Summerhill

> »*Als meine Frau und ich die Schule gründeten hatten wir einen Grundgedanken: die Schule ›kindergeeignet‹ zu machen – nicht die Kinder schulgeeignet.*« *(Neill 1969, S. 89)*

Für Neill stehen grundsätzlich die Kinder im Mittelpunkt des pädagogischen Interesses. Ihm geht es nicht in erster Linie darum, von Erwachsenen vorgegebene Lernziele zu erreichen. Er will in seiner Schule primär die kindliche Neugierde herausfordern und er vertraut auf die Lernbereitschaft der Kinders. Damit geht Neill, wie auch Korczak – von den Interessen der Kinder aus. Vor allem das Ziel, Kindern Freiheit erfahrbar zu machen, durchzieht Neills gesamtes Werk:

> »*Freiheit bedeutet, dass man in unserer Schule tun kann, was man möchte, solange man die Freiheit der anderen nicht beeinträchtigt.*« *(Rollin/Albrecht 1992, S. 52)*

Die erste Schule von Neill, vermutliches Gründungsdatum 1921, liegt nicht in England, sondern in der Nähe von Dresden, in Hellerau. Neill bekam den Auftrag, in Hellerau eine internationale Schule nach seinen eigenen Vorstellungen zu gründen. In seiner ersten Schule experimentierte Neill noch mit unterschiedlichen Ideen und

Ansätzen. Als durchgängiges Prinzip entwickelte sich schnell Self-government (das Recht auf Selbstverwaltung) und freiwilliger Unterrichtsbesuch (sozusagen eine »Geh-hin-wenn-du-willst-Schule«). Nicht die Unterrichtsmethoden, sondern die Interessen des Kindes standen für Neill im Mittelpunkt. 1924 fand Neill in Lyme Regis ein Haus in England, fünf Eisenbahnstunden von London entfernt. Das Gebäude hieß »Summer-Hill«. Die Schule Summerhill zog ein paar Jahre später nach Suffolk um, wo sie nach Neills Tod 1973, von zunächst von seiner Frau, heut von seiner Tochter erfolgreich weitergeführt wird. Aktuelle Informationen über die Schule findet man unter der Internet Adresse: http://www.summerhillschool.co.uk.

In Summerhill leben zwischen 45 und 70 Kinder zwischen fünf und sechzehn Jahren aus verschiedenen Nationen. Summerhill ist ein Internat, die Kinder verbringen dort ihren Alltag. Auch wenn die Kinder den Unterricht nicht besuchen, sind sie in das soziale Gefüge des Internats eingebunden.

Das Menschenbild in Summerhill

»Nur freie Kinder sind glückliche Kinder« – dies ist die zentrale Aussage von Alexander Neill. Freiheit als Weg zum Glück ist der Leitgedanke für seine pädagogischen Entscheidungen.

> *»Nach meiner Überzeugung besteht das Ziel des Lebens darin, glücklich zu werden, das heißt Interesse zu finden. Erziehung muss Vorbereitung auf das Leben sein.«*
> *(Neill 1969, S. 41)*

Seine Aufgabe sieht Neill darin, Kindern einen Zugang zu ihren schon latent vorhandenen schöpferischen Fähigkeiten zu ermöglichen. Neill:

> *»Nach meiner Ansicht ist das Kind von Natur aus verständig und realistisch. Sich selbst überlassen und unbeeinflusst von Erwachsenen entwickelt es sich entsprechend seiner Möglichkeiten.« (Ebd., S. 22 f.)*

Ihm geht es nicht darum, Kinder nach den Vorstellungen der Erwachsenen zu formen, sondern jedes Kind in seiner Entwicklung zu begleiten und zu unterstützen. Dann, so seine Überzeugung, wird es seinen Weg in der Gesellschaft gehen. Dafür braucht es eine Schule, in der Kinder und Erwachsene gleichwertig sind und gleiche Rechte haben. Auch wenn Erwachsene die Verantwortung für Kinder übernehmen müssen, können sie ihr Verhältnis zu den Kindern gleichberechtigt gestalten. Dieses Postulat der Gleichberechtigung muss sich im pädagogischen Alltag realisieren.

Von anderen lernen – Partizipation von Korzac bis zu den Maoris

> *»Ich bin für die Kinder keine Obrigkeit, vor der man Angst haben muss. Ich stehe auf gleicher Stufe mit ihnen, und wenn ich wegen meiner Kartoffeln Krach schlage [vorher beschreibt er einen Konflikt zwischen ihm und einem Kind, das acht von ihm gesetzte Kartoffeln herausgerissen hat, die Autorinnen], dann hat das für sie nicht mehr zu bedeuten, als wenn ein Schüler sich über seinen durchstochenen Fahrradschlauch aufregt. Steht man mit dem Kind auf gleicher Stufe, dann ist gar nichts dabei, mit ihm einen Streit zu haben.*
>
> *»Nun wird man vielleicht sagen: Das ist alles Quatsch. ›Es kann keine Gleichheit geben. Neill hat zu sagen; er ist stärker und klüger.‹ Das stimmt allerdings. Ich bin Herr im Haus, und wenn die Schule in Brand geriete, würden die Kinder zu mir gelaufen kommen. Sie wissen, dass ich stärker bin und mehr weiß. Das hat aber nichts mehr zu sagen, wenn ich ihnen auf ihrem Gebiet begegne – auf dem Kartoffelbeet sozusagen.«* (Ebd., S. 26)

Die Grundpfeiler der Pädagogik in Summerhill sind das Recht auf Selbstverwaltung und der freiwillige Unterrichtsbesuch.

Freiwilligkeit der Teilnahme am Unterricht

In Summerhill ist die Teilnahme am Unterricht für die Kinder freiwillig. Es gibt einen Stundenplan – aber nur für Lehrkräfte. Auch wenn die Regierung immer wieder versuchte, dieses Prinzip einzuschränken, ist es Summerhill bis heute gelungen, dieses Recht zu verteidigen.

> *»Wie geht es nun in Summerhill zu? Nun, die Teilnahme am Unterricht ist freiwillig. Die Kinder können zum Unterricht gehen, sie dürfen aber auch wegbleiben – sogar jahrelang, wenn sie wollen. Es gibt einen Stundenplan – aber nur für die Lehrer.«* (Neill 1994, S. 23)

Die Freiwilligkeit des Unterrichtsbesuchs basiert auf der Überzeugung, dass Kinder sich Unterrichtsthemen dann relativ schnell aneignen können, wenn sie sich selbst dafür entscheiden. Den Erwachsenen verlangt dieses ein großes Zutrauen in die grundsätzliche Lernbereitschaft der Kinder ab, zumal viele der Summerhillians in der Vergangenheit eher schwierige Schulbiographien vorweisen und die Ernsthaftigkeit des Rechts auf freiwilligen Schulbesuch durchaus längere Zeit austesten.

Die Freiwilligkeit des Unterrichtsbesuchs hat für den Einzelnen dort seine Grenzen, wo sich andere Kinder gestört fühlen. Da diejenigen, die den Unterricht besuchen, dies freiwillig tun und etwas lernen wollen, haben sie ein Interesse daran, dass der Unterricht kontinuierlich fortgeführt wird. Neill:

>»Die Schüler brauchen nicht zum Unterricht erscheinen. Wenn Jimmy aber montags in die Englischstunde kommt und sich erst wieder am Freitag der folgenden Woche dort sehen lässt, halten ihm die anderen Schüler mit Recht entgegen, dass er die Arbeit aufhält, und setzen ihn unter Umständen vor die Tür.« (Neill 1994, S. 31)

Selbst- und Mitentscheidungsrechte verbinden sich in Summerhill mit der Notwendigkeit, den Alltag für alle zufriedenstellend zu gestalten.

Recht auf Selbstverwaltung
Der Alltag in Summerhill wird von Kindern und Erwachsenen weitgehend gleichberechtigt bestimmt.

>»Die Schüler sind nach Altersgruppen untergebracht, und jede Gruppe hat eine Hausmutter. Die Kinder der mittleren Gruppe wohnen in Steinhäusern, in älteren Baracken. Einzelzimmer gibt es nur für ein paar ältere Schüler. Die Jungen schlafen jeweils zu dritt oder viert in einem Raum, die Mädchen ebenfalls. Die Kinder brauchen keine Budeninspektion über sich ergehen lassen, und niemand räumt für sie auf. Niemand sagt ihnen, was sie anzuziehen haben; sie können bei jeder Gelegenheit tragen, was sie wollen.« (Neill 1994, S. 21)

Das konkrete Zusammenleben wird auf den wöchentlich stattfindenden Versammlungen besprochen. Hier werden sowohl Regeln diskutiert und beschlossen als auch Konflikte ausgetragen. Letzteres beinhaltet auch die Verhängung von Strafen. Die Versammlungen werden wechselnd von einem der Kinder geleitet. Freiheit als »Freiheit des Einzelnen, das Zusammenleben der Gruppe mitzugestalten« muss sich im Alltag wiederfinden. Neill ist der Überzeugung. Dass Kinder über ihren Alltag selbst bestimmen können. Sie verfügen schon früh über die Fähigkeit, miteinander Regeln und Strukturen auszuhandeln, die für sie richtig sind. Partizipation ist die zentrale Kategorie seiner Pädagogik.

>*Summerhill ist eine Schule mit demokratischer Selbstregulierung. Alles, was irgendwie mit dem Leben der Gemeinschaft zusammenhängt – wird von der Schulversammlung am Samstag durch Abstimmung geregelt.*

Jedes Mitglied des Lehrerkollegiums und jedes Kind, gleichgültig wie alt es ist, hat eine Stimme. Meine Stimme hat nicht mehr Gewicht als die eines Siebenjährigen.« (Ebd., S. 60)

Die Inhalte, die von der Schülerversammlung besprochen werden, betreffen alle Bereiche des Zusammenlebens. Hier werden Regeln diskutiert und verabschiedet, Konflikte geregelt, Strafen ausgesprochen und Aufgaben delegiert. Die Notwendigkeit dieser Besprechungen ist für die Kinder offenbar, trotz endlos langer und sich ständig wiederholender Diskussionen, einsichtig und selbstverständlich.

Die Regeln, die so gemeinsam entstehen, ergeben sich aus den Regelungsnotwendigkeiten des gemeinsamen Alltags. Es geht um Eigentumsrechte, die Regelung der Schlafenszeiten, Verhaltensregeln u. v. m. Das Regelwerk verändert sich damit ständig. Der folgende Text, der von einer deutschen Delegation, die 2000 Summerhill besuchte, gibt unter der Überschrift »Komische, lustige und blöde Regeln in Summerhill« einen kleinen Eindruck davon, wie Regeln aus konkreten Situationen entstehen. Zum Zeitpunkt des Besuchs dieser Delegation gab es in Summerhill 247 Regeln, die sich aber ständig änderten. Regeln kommen durch Mehrheitsbeschluss des Meetings zu stande, an dem alle Summerhillians teilnehmen können und eine Stimme haben (Kinder und Erwachsene).

Nr. 10: Du musst Dir Deine Schlafsachen anziehen, bevor Du ins Bett gehst.

Nr. 21: Du darfst morgens nicht auf deinem Bett liegen, außer du liest.

Nr. 102: Wenn Du krank bist und im Bett bleibst, musst Du im Bett liegen bleiben, bis der Houseparent sagt, dass Du aufstehen kannst.

Nr. 109: Du darfst nicht auf den Tischen im Speisesaal herumlaufen.

Nr. 117: An Deinem Geburtstag kannst du an den Anfang der Schlange [zur Essensausgabe] gehen

Nr. 124: Im Speisesaal keine Kekse werfen!

Nr. 126: Du darfst niemandem Essen geben, der vom Beddie Officer die Strafe bekommen hat, sich hinten anzustellen.

Nr. 131: Du darfst während des Meetings nicht fernsehgucken oder Computer spielen.

Nr. 151: Kein Kämpfen, Schubsen etc. in der (Essens-)Schlange!

Nr. 171: San Kids (die 5–10jährigen Summerhillians) dürfen keine Fernseher, Kassettenrecorder, Computerspiele etc. haben, aber sie dürfen Aufladegeräte für Batterien und Gameboys etc. haben.

Nr. 189: Jeder muss das Raucher-Video sehen

Nr. 194: Wenn jemand in Deinem Zimmer raucht, bekommst auch Du eine Strafe.

Nr. 197: Nur erklärte Raucher dürfen rauchen. Du musst Dich selbst im Meeting zum Raucher erklären.

Nr. 199: San- und House-Kids [die beiden jüngsten Altersgruppen in Summerhill] dürfen nicht um rauchende Leute herumstehen.

Nr. 228: Du darfst außer Brot nichts in den Toaster tun.

(Klein 2001, S. 9)

Neill hat mit der Selbstregulierung gerade bei Konflikten nach seinen Aussagen fast ausschließlich positive Erfahrungen gemacht und betont, den großen erzieherischen Wert dieser Auseinandersetzungen.

> *»Ein oft vorgebrachter Einwand gegen die Methode, Kindern die Funktion von Richtern zu geben, besagt, Kinder strafen zu streng. Nach meiner Erfahrung ist das nicht so. Im Gegenteil, Kinder sind sehr nachsichtig. In Summerhill ist noch nie ein grausames Urteil gefällt worden. In jedem Fall steht die Strafe außerdem in sinnvoller Beziehung zum Vergehen.« (Ebd., S. 65 f.)*

Allerdings wird auch in Summerhill nicht alles im Rahmen der Selbstverwaltung der Kinder geregelt. Vor allem die Zuständigkeiten für die Finanzen, Personalentscheidungen und alles ums Essen behält Neill sich und seiner Frau vor.

> *»Andererseits fallen gewisse Seiten des Gemeinschaftslebens nicht unter die Selbstregierung. Meiner Frau untersteht alles, was mit der Einrichtung der Schlafzimmer zu tun hat. Sie stellt die Speisekarte zusammen und verschickt und bezahlt Rechnungen. Die Lehrer werden von mir angestellt und entlassen, wenn ich sie für ungeeignet halte.« (Ebd., S. 62)*

Summerhill und Partizipation

Neill entwirft in seiner Schule eine konkrete Utopie der Freiheit. Er kommt über diese Zielsetzung zu einer Praxis der Partizipation. Freiheit ist für ihn nur in gemeinsamer Gestaltung und Verantwortung des Alltags denkbar. Freiheit bedeutet, Kinderwünsche ernst zu nehmen und Wege zu finden, die verschiedenen Wünsche und Interessen der Kinder miteinander zu vereinen. Freiheit zu erlangen ist ein ständiger Prozess. Summerhill veranschaulicht, dass Freiheit nicht in einem einmal festgelegten Regelwerk entsteht, sondern dass Freiheit bedeutet, sich immer wieder neu darüber zu verständigen, was gelten soll.

Die Erwachsenen stehen damit vor großen Anforderungen. Sie müssen es aushalten, immer wieder neu anzufangen. Sie müssen Diskussionen zum zwanzigsten mal ernsthaft bestreiten, die von den Kindern zum ersten Mal geführt werden. Der Stoßseufzer: »Das haben wir doch schon tausend Mal besprochen« ist kein Argument gegenüber Kindern, die sich zum ersten Mal mit der Regel der Schlafenszeiten beschäftigen.

Summerhill ist oft vorgeworfen worden, eine Insel und nicht auf Regelschulen übertragbar zu sein. Sicherlich spielt die Tatsache, dass Kinder und Erwachsene ihren Alltag im Internat gemeinsam leben eine wichtige Rolle. Auch wenn Kinder den Unterricht nicht besuchen, sind sie in die Herstellung der Gemeinschaft immer intensiv eingebunden. Und doch bietet Summerhill Anregungen für pädagogische Reflexionen – gerade die feste Überzeugung, dass Kinder ihre Angelegenheiten selbst regeln können und selbst für die Gemeinschaft gute Lösungen finden.

1.3. Partizipation bei Malaguzzi (Reggio): Die hundert Sprachen des Kindes

Die Hundert gibt es doch.
Das Kind besteht aus Hundert.
Hat hundert Sprachen
Hundert Hände
Hundert Gedanken
Hundert Weisen
Zu denken, zu spielen und zu sprechen.
Hundert –
Immer hundert Arten
Zu hören, zu staunen und zu lieben.
Hundert heitere Arten
Zu singen, zu begreifen
Hundert Welten zu entdecken
Hundert Welten frei zu erfinden
Hundert Welten zu träumen.
Das Kind hat hundert Sprachen
Und hundert und hundert und hundert.
Neunundneunzig davon aber
Werden ihm gestohlen,
weil Schule und Kultur ihm den Kopf vom Körper trennen.
Sie sagen ihm:
Ohne Hände zu denken
Ohne Kopf zu schaffen
Zuzuhören und nicht zu sprechen.
Ohne Heiterkeit zu verstehen,
zu lieben und zu staunen
nur an Ostern und an Weihnachten.
Sie sagen ihm:
Die Welt zu entdecken
Die schon entdeckt ist.
Neunundneunzig von hundert
Werden ihm gestohlen.
Sie sagen ihm:
Spiel und Arbeit
Wirklichkeit und Phantasie
Wissenschaft und Imagination

Von anderen lernen – Partizipation von Korzac bis zu den Maoris

Himmel und Erde
Vernunft und Traum
Seine Sachen, die nicht zusammen passen.
Sie sagen ihm kurz und bündig,
dass es keine Hundert gäbe.
Das Kind aber sagt:
Und ob es Hundert gibt.
(Loris Malaguzzi)

Unter dem Begriff »Reggio-Pädagogik« wird ein Konzept verstanden, das in der norditalienischen Stadt Reggio Emilia entwickelt und bis heute fortgeführt und weiter entwickelt wurde. Es lebt von Ideen und Praxisstrukturen, die auf einem erfahrungsoffenen experimentellen Konzept beruhen und von Pädagogen wie Piaget, Bruner und Watzlawick inspiriert sind. Zentrum der weltweiten Reggio-Bewegung ist immer noch Reggio Emilia. Wichtigster Ideengeber des Konzeptes für Kindertageseinrichtungen und Krippen war der 1994 verstorbene Leiter des Koordinierungsbüros Loris Malaguzzi.

1991 verlieh das amerikanische Magazin »Newsweek« den kommunalen Kindertagesstätten Reggio Emilias einen Oskar als weltbeste Institution der Vorschulpädagogik. Dieser Auszeichnung folgten viele anderen und so wurde die »Reggio-Pädagogik« weltweit bekannt. Auch in Deutschland findet diese Form der italienischen Frühpädagogik immer mehr Anhänger. Bekannt geworden ist sie in Deutschland u. a. durch die Ausstellung »Wenn das Auge über die Mauer springt«, die 1984/85 in Berlin und Frankfurt viele Menschen in Erstaunen versetzte. Die hier gezeigten Bilder, Collagen, Licht- und Schattengrafiken von Kindern gaben einen Eindruck ihrer Wahrnehmungs- und Ausdruckfähigkeit, die in den kommunalen Kindertagesstätten in Reggio Emilia besonders gefördert wird. Eine Tafel am Ausgang der Ausstellung forderte die Besucherinnen auf, die Bilder zum Anlass zu nehmen, ihr Bild vom Kind zu überdenken:

> *»Der Ausstellungsbesucher soll die Bewunderung für die Werke der Kinder ablegen und sich um Verständnis bemühen. Nur dann kann man ermessen, welche Fähigkeiten die Kinder haben, dem Druck der Vorbilder und den Einflüssen der physischen und sozialen Umwelt zu widerstehen und sich Freiräume zu erhalten für ihre eigene Ausdruckskraft, für ihre Urteilsfähigkeit und ihren Spaß.«*
> *(Berentzen 1987, S. 10)*

Von anderen lernen – Partizipation von Korzac bis zu den Maoris

Der Reggio-Pädagogik geht es nicht um die gestalterischen Produkte der Kinder, sondern darum, die Kinder darin zu unterstützen, die Welt mit allen Sinnen wahrzunehmen und auf vielfältige Weise gestaltend sichtbar zu machen. Diese Perspektive spielt auch in der aktuellen Kita-Bildungsdebatte eine große Rolle. Gerd Schäfer betont die große Bedeutung ästhetischer Bildung seit langem:

> »*Deshalb hat ästhetische Bildung auch in diesem Zusammenhang nicht die Aufgabe, ästhetische befriedigende Produkte zu schaffen, sondern dient in erster Linie einer Wahrnehmungsdifferenzierung, einem Denken mit den Sinnen. Wenn dies die Grundlage ist, sind ästhetisch gelungenere Produkte – relativ zum Können der Gestalter – fast unvermeidlich.« (Schäfer 2010, S. 44)*

Reggio-Pädagogik ist aber mehr als die Anregung und Unterstützung von Wahrnehmung und Gestaltung. Sie basiert zum einen auf dem Wunsch, Kinder zu verstehen, gleichberechtigt mit ihnen zu kommunizieren und ihren eigene Bildungswege (als kleine Forscher) zu ermöglichen. Sie ist zum anderen ein Beispiel für die Zusammenarbeit von Erzieherinnen, Eltern, Künstlern, Wissenschaftlern, Bürgern und Kommunalpolitikern. Sie ist eine Pädagogik, die von der Auseinandersetzung, von der Verankerung im Gemeinwesen und von der Mitgestaltung aller Beteiligten lebt. Vor allem dieser – bei der Rezeption der Reggio-Pädagogik in Deutschland häufig vernachlässigte – Aspekt der Mitgestaltung soll im Folgenden dargestellt werden.

Reggio – die Pädagogik einer ganzen Stadt

> »*Kinder sind unsere Zukunft.« »Erziehung ist eine produktive Investition, und kein Land der Welt kann es sich leisten, auf diese Investition zu verzichten.« (Spaggiari, zit. nach Dreier 1993, S. 17)*

Die Entscheidung der Bewohner der Region Emilia, für die öffentliche Erziehung der Kinder Verantwortung zu übernehmen, hat historische Ursprünge. Lange lag das Betreuungsmonopol in Reggio Emilia bei der katholischen Kirche, die das vorschulische Erziehungsbild bis in die 50er Jahre dieses Jahrhunderts hinein prägte. Dennoch gründeten schon in den 1920er Jahren Arbeiter und Bauern einen autonomen Gemeindekindergarten.

Unterstützt wurde diese Entwicklung durch die Tatsache, dass diese Stadt auf eine bewegte Genossenschaftsgeschichte zurückblicken konnte. Kurz vor dem ersten Weltkrieg gab es in Italien bereits 7429 Genossenschaften. Diese Form des gemein-

Von anderen lernen – Partizipation von Korzac bis zu den Maoris

samen Arbeitens und Kämpfens beeinflusste auch das Engagement vor allem der Frauen für eine gemeinsame kommunale Kindererziehung nach dem zweiten Weltkrieg.

Annette Dreier beschreibt die Entstehung des heute als »Reggio-Pädagogik« bekannten Konzeptes so:

> »Villa Cella, ein Vorort von Reggio Emilia, im April 1945: Der Krieg ist gerade beendet und große Teile der Stadt sind zerstört. Bei ersten Aufräumarbeiten entdecken Männer und Frauen in den Ruinen einen Panzer. Sie zerlegen ihn und verkaufen die Einzelteile auf dem Schwarzmarkt. Gemeinsam entwickelt die Gruppe Vorschläge, wie der Erlös verwendet werden soll. In einer Abstimmung setzt sich schließlich die Idee durch: ›Wir wollen eine Stätte für Kinder bauen. Die beste Antwort auf einen Krieg ist ein Kindergarten, in dem wir eine neue Generation und uns selbst erziehen‹. (...) So beginnen die Arbeiten an dem ersten Volkskindergarten, dem asilo del populo, in Villa Cella. Ohne finanzielle Unterstützung und ohne Fachwissen, jedoch mit viel Engagement ist die gesamte Dorfbevölkerung an dem Aufbau des neuen Kindergartens beteiligt. Ein Modell für diese Form einer gemeinschaftlichen Erziehung gibt es bisher in Italien nicht. (...) Nicht allein ein neues Haus soll Stein für Stein entstehen, auch neue Erziehungsziele wollen die Eltern für den asilo del populo finden und verwirklichen, um den Erfahrungen des Faschismus demokratische Erziehungsformen entgegenzusetzen.«
> (Ebd., S. 17)

Loris Malaguzzi, der als theoretischer Kopf der Reggio-Pädagogik gilt, stieß erst später zu der Einrichtung. Es waren in erster Linie Frauen und Mütter, die eine »neue« Pädagogik initiierten. Ziel ihrer Bemühungen war eine demokratische Erziehung in deren Mittelpunkt der Dialog stand.

Dabei ging es ihnen nicht nur um den Dialog der Kinder untereinander oder den Dialog der Erziehungspersonen mit den Kindern, es ging ihnen um den Dialog mit dem gesamten Gemeinwesen und um die Verantwortung des ganzen Gemeinwesens für die Kinder.

Von anderen lernen – Partizipation von Korzac bis zu den Maoris

> *»Somit waren an der Gestaltung und Umsetzung dieser Konzeption stets viele Menschen beteiligt und nur durch das Zusammenwirken von engagierten Eltern, phantasievollen Pädagogen und reformwilligen Politikern konnte die Reggio-Pädagogik überhaupt entstehen und wachsen.*
>
> *Dass die öffentliche Kindererziehung nicht Sache einzelner, sondern vielmehr eine gemeinschaftliche Aufgabe ist, gilt auch heute als wesentlicher Grundsatz des Modells Reggio.«*
> *(Ebd., S. 18)*

Die hier skizzierte politische Einflussnahme vor allem von Frauen sollte sich auf die Situation der öffentlichen Kleinkinderziehung in Reggio Emilia auswirken. Die Region ist im Vergleich zu anderen Regionen besonders gut mit Kindertagesplätzen und mit Krippenplätzen versorgt. Dabei kam den Frauen die lange Tradition basisdemokratischer Strukturen in der Kommunalpolitik zugute. Kommunalpolitiker waren Bündnispartner der Familien und bereit, relativ hohe Anteile der Haushaltsmittel in Kindergärten und Krippen zu investieren.

Die Reggio-Pädagogik unterscheidet sich vor allem durch die Gemeinwesenanbindung sowie durch ihre Ausrichtung auf junge Kinder von den Modellen einer freiheitlichen Pädagogik wie Korczak und Neill sie entwickelt haben.

Reggio-Pädagogik steht für eine Pädagogik, die vom Gemeinwesen gewollt und immer wieder neu diskutiert wird. Hier haben sich Partizipationsstrukturen entwickelt und Vorschuleinrichtungen gebildet, die den Diskurs über inhaltliche Fragen der Pädagogik in den Vordergrund stellen. Die Grundfrage: »Wohin wollen wir die Kinder erziehen?« wird immer wieder aufs Neue von allen Beteiligten gestellt und beantwortet. Reggio-Pädagogik ist damit eine Pädagogik, die auf einem permanenten Dialog über Ziel- und Wertefragen in der Pädagogik beruht.

Das Menschenbild der »Reggianer«

Das Programm und die Utopie der Reggiopädagogik besteht in der Überzeugung, dass Kinder mit Rechten ausgestattet sein müssen:

> *»Dieses Kind gehört nicht dir, Vater oder Mutter, dieses Kind gehört sich selbst und hat als solches auch eigene Rechte. Mütter und Väter dürfen nicht mehr das Recht haben, ihren Schatten auf das Kind zu legen...« (Malaguzzi in: Berentzen 1987, S. 14)*

Von anderen lernen – Partizipation von Korzac bis zu den Maoris

Im Mittelpunkt des pädagogischen Handelns stehen die Kinder. Ihr Leben, ihre Gewohnheiten, ihre Sicht, die Welt zu sehen, ihre Fantasie und Kreativität, ihre Fragen, ihre Neugierde sind Ausgangspunkt der reggianischen Pädagogik.

Die Pädagoginnen gehen in ihrem Erziehungshandeln, in Anlehnung an den Schweitzer Entwicklungspsychologen Piaget, vom kompetenten Kind aus. Das kompetente Kind wird als Konstrukteur seiner Entwicklung und seines Wissens und Könnens betrachtet. Es selbst weiß am besten, was es braucht. Wie auch Alexander S. Neill gehen die Reggianer davon aus, dass das Kind »über natürliche Gaben und Potenziale von ungeheurer Vielfalt und Vitalität« verfügt (Reggio Children 1998, S. 63). In vielen Texten aus Reggio Emilia werden diese Gaben emphatisch umschrieben. Die Erzieherin Paola Caligari spricht etwa davon, dass das Kind »unendlich viele Fähigkeiten (hat), die nur so sprudeln und die größer und mehr sind als alle Entwicklung je sein kann« (zit. nach Stenger 2001, S. 181).

Die wichtigste Gabe, die Malaguzzi Kindern zuschreibt ist die der »eifrigen Forscher« (Malaguzzi 1984, S. 4). Durch das Forschen, Entdecken und Experimentieren, durch den Dialog mit anderen eigenen sich die Kinder die Welt an. Aufgabe der Pädagoginnen ist es, die Kinder dabei zu unterstützen.

> *»Bei ihren Versuchen, die Welt zu begreifen, beschreiben Kinder nach Ansicht der Erzieherinnen ganz eigene Wege des Verstehens und Lernens, und diesen wegen widmen sie größte Aufmerksamkeit. Ihrer Meinung nach sind die Ideen und Vorstellungen der Kinder niemals falsch oder unvollständig und auch keine Primitivform des erwachsenen Denkens, sondern stellen eine eigene Qualität dar. (...) Dieser Auffassung folgend werden die Weltsicht und die Deutungsmuster von Kindern in Reggio sehr ernst genommen.« (Malaguzzi in: Berentzen 1987, S. 78)*

Mit diesem Ansatz bietet die Reggio-Pädagogik ein Beispiel, wie Partizipation über erwachsene Formen der Auseinandersetzung hinausgehen kann. Die Erwachsenen müssen die kindlichen Wege, die sich in den verschiedenen Altersstufen unterscheiden, wahrnehmen und akzeptieren. Indem die Pädagogen akzeptieren, dass ihre Kinder eine eigene Art der Weltanschauung haben, rückt für sie die Beobachtung in den Mittelpunkt des pädagogischen Tuns.

Kinder in Reggio werden in vielen Bereichen beteiligt:
- Sie können ihre eigenen Spielideen verwirklichen
- Sie können selbstständig forschen und die Welt interpretieren

Von anderen lernen – Partizipation von Korzac bis zu den Maoris

- Sie helfen sich untereinander, bevor sie sich Hilfe bei den Pädagoginnen holen
- Pädagoginnen greifen Themen erst auf, wenn das kindliche Spiel und die Beobachtungen entsprechende Signale dafür ausgesendet haben
- Die Kinder erfahren Achtung und bekommen Unterstützung dabei, ihren eigenen Weg zu gehen.

Die Reggio-Pädagogik gibt viele Hinweise darauf, dass und wie Bildungsprozesse bei Kindern befördert werden können. In der Reggio-Pädagogik steht die Art und Weise der kindlichen Weltaneignung im Mittelpunkt. Auch die Unterstützung des »Flirts mit der Welt«, den Kinder täglich betreiben, ist Partizipation.

Einbindung in den Stadtteil

Kindererziehung gilt in Reggio Emilia nicht als reine Privatangelegenheit. Kinder werden nicht nur als Zukunft der Eltern begriffen, sondern auch als die Zukunft des Gemeinwesens. Erziehung ist in Reggio Emilia deswegen eine gemeinschaftliche Aufgabe.

Das Zusammenleben mit Kindern im Gemeinwesen ist in Reggio Emilia heute selbstverständlich. Die Kindertageseinrichtungen sind mit dem Gemeinwesen verbunden und nehmen aktiv am öffentlichen Leben teil:

> *»Anfangs löste das einigen Wirbel aus, als wir Kindern zum glorreichen Stadttheater von Reggio Emilia gegangen sind und gesagt haben: ›Schön, das Theater ist Sache der Bürger, die Kinder sind Bürger, also möchten wir Nachmittagsvorstellungen für Kinder, Teilnahme an Proben.‹ Inzwischen sind derartige Dinge selbstverständlich.« (Rinaldi, in: Lay 1987, S. 45)*

Gemeinsam für die Erziehung der Kinder verantwortlich zu sein, bedeutet in Reggio Emilia auch, über die Zielsetzung der öffentlichen Pädagogik zu diskutieren. Gerade die enge Zusammenarbeit zwischen familialer und öffentlicher Erziehung erfordert eine fortlaufende Auseinandersetzung mit den Zielen der pädagogischen Arbeit. Sie wird in ständiger Interaktion mit dem sozio-kulturellen Umfeld geplant, reflektiert und fortgeschrieben. Auf gesellschaftliche Veränderungen wird, wenn nötig, mit pädagogischen Konsequenzen reagiert.

Partizipation als ständige Auseinandersetzung

Die Arbeitsweise der Kindertageseinrichtungen und Krippen wird vorrangig durch die gemeinsame Verantwortung bestimmt. Dabei werden auch Haltungen deutlich,

die für ein partizipatives Handeln von Bedeutung sind. Mitgestaltungsmöglichkeiten in Reggio Emilia zeigen sich in verschiedenen Bereichen:
- Die Fragen der Kinder sind Ausgangspunkt der pädagogischen Planung.
Die Kinder werden dazu ermutigt, Fragen zu stellen und eigene Lösungswege zu beschreiten. Damit erleben sie sich als Handelnde – eine wichtige Voraussetzung für Partizipationsfähigkeit.

> »Wir glauben, dass es möglich ist, den Kindern Bedingungen zu verschaffen, die sie – so weit es nur geht – in ihrer individuellen Entscheidungsfreiheit stärken. Die freie Entscheidung des Individuums entsteht nicht ohne Vorgeschichte, sondern ist von günstigen und ungünstigen Dingen und Begegnungen geprägt. Nur in einer Situation großer Sicherheit kann das Kind ein Erforscher seiner Umwelt werden und Hypothesen wagen.« (Malaguzzi, in: Lay 1987, S. 46)

- Der Raum ist der dritte Erzieher.
Dieses schon von Maria Montessori formulierte Prinzip wird auch in Reggio Emilia umgesetzt. Räume sollen anregend und herausfordernd gestaltet sein.

> »Unsere Einrichtungen sind vor allem Werkstätten, in denen die Kinder die Welt untersuchen und erforschen.« (Spaggiari, zit. nach Dreier 1993, S. 79)

- Die Grundstrukturen der Einrichtungen müssen sich an den Kindern orientieren.
Die Achtung vor dem Kind zeigt sich in den Beziehungen, die durch die Grundstrukturen geschaffen werden. »Unkonventionelle Arbeitsorganisation« soll den Dialog in den Kindertageseinrichtungen unumgänglich machen – einen Dialog zwischen Kindern und Erwachsenen, aber auch unter den Kindern und unter den Erwachsenen.

> »Diese Individuen sollen lernen, zusammenzuarbeiten, Beziehungen aufzubauen, miteinander zu diskutieren. Wenn Spaß bei der Arbeit entsteht, profitieren die Einzelnen davon. Damit wird die Einsamkeit bekämpft, die normalerweise den einzelnen Erzieher auszeichnen.« (Ebd., S. 12)

- Alle sind für die pädagogische Arbeit wichtig.
In den Kindertageseinrichtungen arbeiten nicht nur Erzieherinnen, sondern auch andere Berufsgruppen: die Köchin, die Putzfrau, der Gärtner, der Hausmeister.

Von anderen lernen – Partizipation von Korzac bis zu den Maoris

Während in Deutschland die pädagogische Arbeit vor allem Domäne der pädagogischen Fachkräfte ist, werden in Reggio auch die Kompetenzen des »Nicht-pädagogischen-Personals« genutzt. *Alle* Mitarbeiter verstehen sich als Team. Der Grundsatz der Gleichberechtigung wirkt sich auch auf die Bezahlung aus, sie ist ausschließlich nach Berufsjahren gestaffelt. Malaguzzis Ziel:

> *»Wir wollen zunächst einmal hier ein gut funktionierendes Kollektiv schaffen, eine Gemeinschaft, die sich auf einer relativ hohen Beziehungs- und Diskussionsebene befindet.«*
> *(Malaguzzi in: Berentzen 1987, S. 12)*

- Die Leitung der Kindertagesstätten ist gemeinschaftliche Aufgabe von Eltern, Erzieherinnen und Bürgern, genauso wie die tägliche Erziehung. Leitung wird kooperativ wahrgenommen. Jede Einrichtung hat ein Leitungskomitee. Dieses setzt sich aus Eltern, Erzieherinnen Bürgern und Beratern der Gemeinde zusammen. Durch diese Zusammensetzung wird ein Austausch zwischen allen Beteiligten gewährleistet, fachliche Innovation ermöglicht und die enge Verzahnung von Familie und Kindertageseinrichtung hergestellt.
- Es geht um gemeinsame Arbeit mit Eltern statt Elternarbeit.

In den Kindergärten Reggio Emilias arbeiten Eltern und pädagogische Fachkräfte gleichberechtigt miteinander. Eltern werden nicht als zu Belehrende betrachtet. Die Beteiligung der Eltern erfolgt durch täglichen Informationsaustausch und Transparenz der pädagogischen Arbeit. Auch über den Weg der fortlaufenden Dokumentation können sich Eltern zu jeder Zeit informieren. Die gemeinsame Arbeit mit den Eltern ist keine lästige Pflicht für die pädagogischen Fachkräfte. Sie beruht auf einem Recht der Eltern und hilft beiden Seiten, sich in ihrer pädagogischen Arbeit zu unterstützen. Die pädagogischen Fachkräfte der Reggio-Kindergärten haben keine moralisierende Erwartungshaltung gegenüber den Eltern. Sie gehen, auch bei scheinbar nachlassendem Interesse, von kompetenten Eltern, die auch Experten für ihre eigenen Kinder sind, aus. Zusammenarbeit erfordert, die Lebensrealitäten der Eltern in die Kindergartenplanung mit einzubeziehen. Partizipationsmöglichkeiten an den Dingen, die für sie wichtig sind ist Voraussetzung für die Bereitschaft zur Zusammenarbeit. Die Rezeption der Reggio-Pädagogik in Deutschland hat genau an diesem Punkt ihre Probleme. Strukturen in Deutschen Kitas lassen Elternbeteiligung häufig nur in einem vorher bestimmten gesetzlichen Rahmen und nur bedingt zu. Vermutlich ist das darauf zurückzuführen, dass die pädagogischen Diskussionen in Deutschland primär von den pädagogischen Fachkräften geführt werden, während in Reggio die Initiative für die pä-

Von anderen lernen – Partizipation von Korzac bis zu den Maoris

dagogischen Diskussionen zunächst von Müttern ausging und das Gemeinwesen ein Interesse daran zeigte, die Ideen der Mütter umzusetzen.
- Politisches Ziel ist die Erziehung zur Demokratie.
Den Müttern der ersten Stunde ging es um eine Pädagogik die gegen Krieg und Faschismus erzieht. Auch heute noch ist die Erziehung zur Demokratiefähigkeit ein wichtiges Ziel der Reggio-Pädagogik.

> *»(...) demokratisches Verhalten im Zusammenleben und Respektierung gegenteiliger Meinung, das kann man als unsere Ideologie bezeichnen.« (Malaguzzi, in: Berentzen 1987, S. 12)*

Die Kleinkindpädagogik Reggio Emilias gibt Anregungen für die Beteiligung junger Kinder. Das beginnt damit, dass man den Kindern zuhört und auch auf ihre unterschiedlichen Ausdrucksformen (hundert Sprachen) achtet. Die pädagogischen Fachkräfte unterstützen die Kinder dabei, ihre Welt selbstständig zu erforschen. Das besondere an der Pädagogik ist, dass Erziehung keine Privatsache mehr ist, sondern Aufgabe des Gemeinwesens.

1.4. Partizipation in Neuseeland

Alle Kinder Neuseelands im Alter von null bis fünf Jahren können ein vorschulisches Bildungsangebot wahrnehmen (Early Childhood Education and Care System). Die Einrichtungen sind in öffentlicher oder privater Trägerschaft. Zuständig für diese Einrichtungen ist das Bildungsministerium. 1990 wurde vom Bildungsministerium die Arbeit an einem Curriculum für vorschulische Bildung ausgeschrieben. Als Vorgabe galt, es sollte:
- kein schultypisches Curriculum werden
- sich nicht eng an einen entwicklungspsychologischen Rahmen halten
- die neuseeländische Kultur widerspiegeln, also ein bikulturelles Curriculum werden
- die Traditionen der Maori und der Pakeha gleichberechtigt widerspiegeln (das sind die polynesischen Ureinwohner Neuseelands)

Seit 1996 gibt es nun das Curriculum der frühen Kindheit »Te Whariki«. Te Whariki ist eine Metapher aus der Maori-Sprache für eine geflochtene Flachsmatte. »So entstand mit Te Whariki (übersetzt die Matte) in Zusammenarbeit mit den Maori ein weltweit einzigartiges, nationales, und bikulturelles Curriculum. Es wird als ein Dokument verstanden, in das alle integriert sind, die mit der Entwicklung und dem Lernen von jungen Kindern zu tun haben: Eltern, FrühpädagogInnen, Verwaltung usw.

Inzwischen hat es internationale Beachtung gefunden und ist zum Modell für Länder geworden, die sich der Herausforderung der Curriculumsentwicklung in der Pädagogik der frühen Kindheit stellen wollen.»Te Whariki« steht für einen inklusiven Ansatz. In Beratungen mit allen Beteiligten wurde ein umfassender Bezugsrahmen von übereinstimmenden Grundprinzipien, Ansätzen und Zielen erstellt, die für alle Einrichtungen Neuseelands gelten und dennoch erlauben, dass die Elemente von verschiedenen Einrichtungen unterschiedlich in die Praxis umgesetzt werden können. Obwohl Te Whariki bereits 1996 eingeführt wurde, ist es von der Regierung noch nicht verbindlich vorgeschrieben. Trotzdem orientieren sich die meisten Einrichtungen an seiner Philosophie und Ausrichtung.« (Seibel, Bernd: »Aufwachsen mit Te Whariki« in: kindergarten heute. Heft 5. Freiburg 2006, S. 6)

Leitsatz des Curriculums

»Sie (die Kinder) sollen als kompetent und selbstbewusst Lernende und Kommunizierende aufwachsen, gesund an Körper, Verstand und Geist, sich sicher fühlen durch ein Bewusstsein der Zugehörigkeit und in dem Wissen, dass sie einen wertvollen Beitrag zur Welt darstellen.« (Ministry of Education 1996. Published for the Ministry of Education by Learning Media Limited, Box 3293, Wellington, New Zealand. Übersetzt vom DJI: www.dji.de/cgi-bin/projekte/output.php

Die geflochtene Matte »Te Whariki« baut auf ineinander verwobene Stränge auf (s. Grafik), die für beide Kulturen und das Rahmenkonzept im »Te Whariki-Muster« stehen. »Dabei können unterschiedliche Muster entstehen – davon ausgehend, dass Kinder im Sinne von ›ako‹ in einem Prozess von Gespräch, Reflexion, Planung, Evaluation und Beurteilung und vor dem Hintergrund der regionalen und kulturellen Einbettung ihr eigenes (Curriculum-)Muster gestalten. Des Weiteren betrachtet die Metapher das Curriculum für jedes einzelne Kind als Geflecht und betont, dass Lernen für Kinder eher als eine Matte zu begreifen ist, die ständig an Komplexität und Reichtum zunimmt, als mit vordefinierten Lernstufen von Fertigkeiten und Wissen« (Seibel, 2006, S. 8). Die Autoren von »Te Whariki« gehen nicht von der einengenden Sichtweise aus, dass Lernen sich in logisch aufeinander aufbauenden Stufen vollzieht. »Te Whariki« geht von einem kompetenten Kind aus, das selbstbewusst ist und gerne lernt. Die Stränge von Te Whariki sind:
– Zugehörigkeit
– Emotionales und physisches Wohlbefinden
– Forschungs- und Explorationslust

Von anderen lernen – Partizipation von Korzac bis zu den Maoris

– Kommunikation, sich verständigen können
– Partizipation

Als Grundlage kindlicher Lerndispositionen betrachten die Autoren von Te Whariki: Interessiert sein, engagiert sein, Herausforderungen und Schwierigkeiten standhalten können, Kommunizieren und Verantwortung übernehmen. Die »Maori-Pädagogik« geht von einer ganzheitlichen Entwicklung des Kindes aus, die sich durch die physischen, geistigen und spirituellen Kräfte des Kindes entwickeln.

Das Curriculum basiert außerdem auf den Grundprinzipien:
- Stärkung der Familie und der Gemeinschaft
- Ermächtigung des Kindes (»empowerment«) = Wachsen und Lernen als zentrale Kraft (mana)
- Lernen durch Beziehungen
- Ganzheitliche Entwicklung

Mana ist die Kraft, die Kinder zur Selbstbestimmung führt und das Selbstbewusstsein der Kinder stärkt.

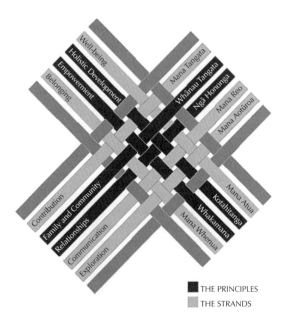

Ministry of Education 1996. Published for the Ministry of Education by Learning Media Limited, Box 3293, Wellington, New Zealand

Von anderen lernen – Partizipation von Korzac bis zu den Maoris

Der spezifische Beitrag der Maori-Kultur
Das Kind wird in der Maori-Kultur als Gabe Gottes betrachtet. Es ist deswegen ein hochgeschätztes und respektiertes Mitglied der Gesellschaft.»Die Maori vergleichen das Kind mit den Trieben der Flachspflanze, die von äußeren Blättern geschützt werden, um ihr Überleben zu sichern. So wie die Blätter die Triebe schützen, so sollte die Familie dem Kind Geborgenheit geben. Kinder sichern das Überleben und deshalb ist es die zentrale Aufgabe und Verantwortung der Familie und der Gemeinschaft, diesen Schutz zu gewährleisten. Auf die Frage nach dem Wertvollsten dieser Welt antworten die Maori: ›He tamaiti, he tamaiti, he tamaiti‹ – ein Kind, ein Kind, ein Kind. (…)

Signalisiert wird, dass jede Person etwas Wertvolles in eine Lernsituation einbringt, unabhängig von der Größe des Beitrags. Das bedeutet auch, dass sich Partner unter gleichen Voraussetzungen begegnen. Jeder Beitrag fließt in die Konstruktion neuen Wissens und Verstehens ein. ›Te Whariki‹ liegt eine Lerntheorie zu Grunde, die aktuelle lern- und entwicklungspsychologische Forschungen im Kindesalter und u. a. die fundamentale Bedeutung der Beteiligten und ihrer Beziehung im Lernprozess untermauert. Die Parallelität zur Sichtweise des ›Ko-Konstruierens‹ wird deutlich.« (Seibel, 2006, S. 7)

Wichtige Aspekte für die Umsetzung der »Maoripädagogik«
Die »Maoripädagogik« setzt darauf, dass pädagogische Fachkräfte folgende Aspekte beachten:

Empowerment: die »Selbstbefähigung« oder Stärkung von Autonomie und Eigenmacht. Kinder werden ermutigt, ihre eigenen Stärken zu entdecken und Erwachsene bieten ihnen Hilfestellung bei der Aneignung von Selbstbestimmung und Lebensautonomie. Das ist eine mutmachende pädagogische Praxis, die auf Partizipation abzielt.

Bikulturalität: Erwachsene, die mit Kindern arbeiten sollten, sich mit bikulturellen Themen auseinandergesetzt haben, sie verstehen und zum Thema machen. Sie sollten sich aktiv mit Beiträgen zur Entscheidungsfindung der Maori befasst haben und gewährleisten, dass Maori Kinder ein starkes Selbstwertgefühl entwickeln können.

Familie und Gemeinschaft
Neuseeland ist die Heimat der Maori-Sprache und Kultur. Im Lehrplan der frühen Kindheit wird sichtbar, dass Kinder aus allen Kulturkreisen einen unschätzbaren Wert für Familie und Gemeinschaft darstellen. Erwachsene, die mit Kindern arbeiten

Von anderen lernen – Partizipation von Korzac bis zu den Maoris

sollten Verständnis für die unterschiedlichen Kulturen zeigen, die Eltern stärken und das Bewusstsein der Zugehörigkeit zur Gemeinschaft pflegen.

Wohlbefinden

Erwachsene die mit Kindern arbeiten, sollten über Kenntnisse von Gesundheit und Wohlbefinden verfügen und sie im Sinne der Maori definieren und wissen, was das für die Umsetzung in die Praxis bedeutet. Erwachsene sollten auch die spirituellen Dimensionen von Gesundheit und Wohlbefinden anerkennen.

Beteiligung der Familien

Die Familien der Kinder sollen spüren, dass sie in der Lage sind, die Bildung ihrer Kinder, indem sie auf das Bildungsprogramm Einfluss nehmen, gemeinsam mit den Lehrkräften in die Hand zu nehmen. Eltern sind grundsätzlich an allen, die Kinder betreffenden Belange, zu beteiligen. Kinder werden gestärkt, wenn sie sehen, dass ihre Eltern Wertschätzung erfahren und einbezogen werden. Auch die Einbeziehung der (lokalen) Gemeinschaft spielt eine wichtige Rolle. Ziel ist, dass sich Kinder und ihre Familien zu aktiven Mitgliedern ihrer Gemeinschaft entwickeln und sich als Teil dieser Gemeinschaft begreifen. Die Maorifamilien sind sich der Bedeutung frühkindlicher Bildung sehr bewusst.

Kommunikation

Kommunikation ist ein wichtiger Aspekt des Curriculums, da u. a. durch Sprache Beziehungen deutlich gemacht werden können, Sprache die Pflege der Gemeinschaft erleichtert und Engagement und Anerkennung ausdrückt. Kommunikation drückt sich aber nicht nur durch Sprache aus. Auch durch Geschichten, Symbole, Kunst und Handwerk kann die Sprache der Maoris Ausdruck finden. Die Verwendung der Sprache ist aus Sicht der Maoris eine kreative Kunst, die gefördert werden sollte. Über die Sprache lernen Kinder auch die Kultur ihres Landes kennen und schätzen, indem sie mündlichen Überlieferungen zuhören, Geschichten erzählen, über Beobachtungen sprechen und Dinge auswendig lernen.

Exploration

Das Kind will seine Welt erobern. Die Maori erkennen an, dass Kinder ihre geistige und ihre Umwelt begreifen wollen. Dabei sollten sie einerseits Anerkennung erfahren, aber auch Achtung und Wertschätzung für die natürlichen Umwelt entwickeln.

Inklusion

Maoripädagogik ist inklusive Pädagogik. Sie beruht auf dem Prinzip der Wertschätzung von Verschiedenheit. Verschiedenheit wird nicht nur akzeptiert, sondern bewusst und als Bereicherung wahrgenommen und genutzt. Inklusion bedeutet, dass die Heterogenität die Normalität darstellt. Inklusive Pädagogik bezieht sich auf alle Kinder – unabhängig von Alter, Geschlecht, ethnischer oder sozialer Zugehörigkeit. Für Maoris ist Inklusion eine Haltung. Diese Haltung bestätigt die Rechte eines jeden Kindes und gibt jedem Kind die Möglichkeit mit »Te Whariki« zu lernen. Eine inklusive Betrachtungsweise stärkt die Kinder, macht ihnen ihre Einzigartigkeit bewusst und hilft ihnen, sich als kompetent und stark zu begreifen.

Lerngeschichten

Da das Curriculum nicht mit wissensorientierten Lernzielen ausgestattet ist, sondern durch eine ganzheitliche Zielsetzung geprägt ist, regionale Besonderheiten und die Einzigartigkeit eines jeden Kindes berücksichtigt, war es erforderlich, ein auf »Te Whariki« zugeschnittenes Beurteilungsverfahren zu entwickeln. »Als Ausgangspunkt von Beurteilung werden Lernprozesse und Lerndispositionen (Anlagen, Neigungen) gesehen. Der in den letzten Jahren vom Deutschen Jugendinstitut entwickelte Lerngeschichten-Ansatz gibt allen Beteiligten einen Rahmen, um das Lernen der Kinder aus einer Perspektive der Menschen zu betrachten, die die sozialen und kulturellen Kontexte des Kindes teilen. Die Lerndispositionen beinhalten: (Selbst-) Vertrauen, Neugier, Durchhaltevermögen, Kommunikation, Kooperation und Resilienz. Für ›Te Whariki‹ wurden vorgeschlagen: Mut und Wissbegierde, Zutrauen und Verspieltheit, Durchhaltevermögen, Vertrauen und Verantwortung. Die Lerngeschichten unterscheiden sich von traditionellen Beurteilungsansätzen vor allem durch ihre Ausrichtung an narrativen (erzählenden) Verfahren, durch die Einbeziehung verschiedener ›Stimmen‹ (Kind, Eltern, Frühpädagogin u. a.) und die Interpretation, die sich an den zu Tage tretenden Lerndispositionen orientiert. Untersuchungen zeigen, dass die Anwendung der Lerngeschichten große Auswirkungen auf die pädagogische Praxis hat. Übereinstimmen wird z. B. über Veränderungen in der Haltung gegenüber den Kompetenzen der Kinder und der Einbeziehung der Familien in die Beurteilungsprozesse berichtet« (Seibel, 2006, S. 8 f.)

Im Beurteilungsverfahren »Lerngeschichten« werden zwei Perspektiven miteinander verknüpft.

1. Die Perspektive des Kindes: Welche Interessen hat das Kind? Wo liegen seine Stärken? Welche Freunde hat es? Was geht im Kopf des Kindes vor?
2. Die Perspektive der Bildungslandschaft: Welche individuelle Förderung kann dem Kind geboten werden? Wie kann eine positive Bildungsbiografie gesichert werden. Wie können Übergänge optimal gestaltet werden? Welche Netzwerke können Erziehung, Bildung und Betreuung stützen?

Von anderen lernen – Partizipation von Korzac bis zu den Maoris

Durch die Anwendung von Lerngeschichten verändert sich häufig auch die Perspektive von Erwachsenen auf die Bildungsprozesse des Kindes. Erwachsene beginnen jetzt häufig darüber nachdenken, ob sie das Kind und seine Interessen wahrnehmen und verstehen, ob es ihnen gelingt, die Familie angemessen einzubinden und ob sie in der Lage sind, Kinder zu ermutigen und ihnen den Weg in die Gemeinschaft zu bereiten.

Das Handeln der Kinder wird in den Lerngeschichten dokumentiert und auch fotografiert. Was das Kind spricht, wird notiert, Entwicklungsverläufe werden aufgezeichnet und Ausstellungskataloge angefertigt.

Gestaltung des Übergangs

Psychologische Forschungen weisen darauf hin, dass der Gestaltung von Übergängen im Lebenslauf eine große Bedeutung zukommt. In Bezug auf die Kindertageseinrichtung sind dabei vor allem zwei Übergänge Interessant:

Die Gestaltung des Übergangs von der Familie in die Krippe und Kita und die Gestaltung des Übergangs von der Kita in die Primarschule.

Da die curricularen Ansätze von Kita und Primarschule in Neuseeland noch nicht aufeinander abgestimmt sind, lässt der Übergang immer noch zu wünschen übrig. Die neuseeländischen Frühpädagogen weisen schon lange darauf hin, dass die schulischen Curricular überarbeitet werden müssen, damit sich besonders auch Lehrkräfte stärker auf Wachstums- und Lernprozesse der Kinder fokussieren. Eine Ablösung der Lernzielorientierung in der Primarschule steht kurz bevor (ist möglicher Weise bereits vollzogen). Es sollen auch für die Primarschule Schlüsselkompetenzen formuliert werden, wie wir sie in den Fäden des Te Whariki finden. In Zukunft wird es ein Bildungskonzept für die Altersstufe 0–8 Jahren geben.

Die Situation des Übergangs stellt die Kinder vor enorme Herausforderungen, Anforderungen und Belastungen. In der Phase des Übergangs ist es deswegen notwendig, dass Pädagogen ein hohes Maß an Sensibilität zeigen.

Damit Lehrkräfte an den Erfahrungen und an das Wissen der Kinder anknüpfen, orientieren sich die Lehrkräfte an den Lerngeschichten der Kinder. So können sie den Selbstlernprozess der Kinder begleiten, sie individuell fördern und, wie im Elementarbereich Kinder forschende, selbst handelnde und ganzheitliche Lernerfahrungen ermöglichen.

In Neuseeland gibt es bereits Universitäten an denen Elementar – und Primarlehrkräfte gemeinsam ausgebildet werden, auf Grundlage des »Te Whariki-Konzeptes«.

Das Bild vom Kind

Das Bild des Kindes im Konzept »Te Whariki« ähnelt sehr dem der »Reggianer« in Reggio Emilia. Es beruht auf drei Säulen:
- Das Kind als Schatz für Familie und Gesellschaft
- Das Kind als wertgeschätztes Mitglied der Gemeinschaft
- Das Kind als Bindeglied von Vergangenheit und Zukunft

Das Kind wird in seiner Einzigartigkeit wahrgenommen, seiner ethnischen Zugehörigkeit wird Rechnung getragen und es wird als Wesen begriffen, das von Anfang an mit Rechten ausgestattet ist. Wie auch in der Reggiopädagogik geht »Te Whariki« vom kompetenten Kind aus, das sein Wissen in der Auseinandersetzung mit anderen Menschen und seiner Umwelt selbst konstruiert (Ko-Konstruktion). »Die Autoren von ›Te Whariki‹ weisen auf die einengende Sichtweise von ›Stufen‹, ›Alter‹ und ›Normen‹ hin sowie auf das kompetente Kind, das sich weitaus mehr entfalten kann, als Entwicklungstheorien dies bislang angenommen haben. ›Te Whariki‹ liegt ein Verständnis vom Kind zu Grunde, als kompetent und selbstbewusst lernendes und kommunizierendes Wesen aufzuwachsen, gesund an Körper, Verstand und Geist, sich sicher zu fühlen durch ein Bewusstsein der Zugehörigkeit und in dem Wissen, einen wertvollen Beitrag zur Welt darzustellen« (Seibel 2006, S. 9).

1.5. Partizipation in Schleswig-Holstein Das Modellprojekt »Die Kinderstube der Demokratie«

Das Konzept »Die Kinderstube der Demokratie« wurde 2001 von Rüdiger Hansen, Raingard Knauer und Bianca Friedrich entwickelt und in sieben Kindertageseinrichtungen erprobt (Hansen/Knauer/Friedrich 2004). Ziel war, Kinder schon früh Erfahrungen mit demokratischem Denken und Handeln zu ermöglichen (vgl. Hansen 2005, S. 18). Dabei konnte das Modellprojekt von der relativ langen Beteiligungstradition Schleswig-Holsteins profitieren. Schleswig-Holstein führte als eines der ersten Bundesländer das Beteiligungsrecht von Kindern und Jugendlichen bei kommunalen Planungen und Entscheidungen in der Gemeindeordnung ein.

Die Kinder in diesem Modellprojekt wurden beteiligt bei der Planung der Einrichtung ihrer Kita, sie erarbeiten Kinderstadtpläne, entwickelten ein Konzept für die Öffnung des Kindergartens und philosophierten mit den pädagogischen Fachkräften über Bildungsthemen. Kindertageseinrichtungen gaben sich Verfassungen, in denen die Mitbestimmungsrechte der Kinder und Erwachsenen detailliert geregelt sind. In

Von anderen lernen – Partizipation von Korzac bis zu den Maoris

einem Fall verlegte sogar der Sozialausschuss einer Gemeinde seine Sitzung in den frühen Nachmittag, damit die Kinder aus dem Kindergarten daran teilnehmen konnten (vgl. Hansen/Knauer/Friedrich 2004).

In der Broschüre des Landes Schleswig-Holstein heißt es von der damals zuständigen Ministerin Trauernicht:

»*In dem in dieser Broschüre dokumentierten Landesmodellprojekt ›Die Kinderstube der Demokratie – Bedingungen und Auswirkungen der Beteiligung von Kindern in Kindertageseinrichtungen‹ hat sich die Partizipation als ›Schlüssel zu Bildung und Demokratie‹ erwiesen. Dieses zweijährige Projekt, an dem über 900 Kinder und weit über 100 Mitarbeiterinnen und Mitarbeiter aus sieben Kindertageseinrichtungen verschiedener Träger im ganzen Land beteiligt waren, hat u. a. gezeigt, dass Kinder prinzipiell an allen sie betreffenden Angelegenheiten beteiligt werden können, dass Partizipation die Selbstbildungsprozesse der Kinder fördert, eine demokratische Erziehung unterstützt und die Wahrnehmung und Kommunikation zwischen allen Beteiligten positiv verändert. Es hat sich jedoch auch gezeigt, dass Partizipation gelernt sein will. Sie verlangt von den Erwachsenen insbesondere methodische Kompetenzen, eine hohe Verantwortungsbereitschaft gepaart mit der Bereitschaft zur Abgabe von Macht.*

Das Modellprojekt ›Die Kinderstube der Demokratie‹ hat inzwischen bundesweit Aufmerksamkeit erlangt. Das Projekt konnte zeigen, dass Partizipation in Kindertageseinrichtungen nicht nur demokratische Bildung ermöglicht sondern der Schlüssel für jegliche Bildungsförderung ist. Diese Ergebnisse schlugen sich in den Schleswig-Holsteinischen Leitlinien zum Bildungsauftrag der Kindertageseinrichtungen genauso nieder wie etwa im Bayerischen Bildungs- und Erziehungsplan.« (Dr. Gitta Trauernicht, Ministerin für Soziales, Gesundheit, Familie, Jugend und Senioren des Landes Schleswig-Holstein in: Hansen/Knauer/Friedrich 2006)

Von anderen lernen – Partizipation von Korzac bis zu den Maoris

Das Fortbildungskonzept

Das Modellprojekt sollte gleichzeitig auch ein *Fortbildungskonzept* für Kitas erproben, mit dem Partizipation nachhaltig verankert werden kann. Ein Kennzeichen des von Rüdiger Hansen, Raingard Knauer und Bianca Friedrich entwickelten Fortbildungskonzept ist die Partizipations- und Alltagsorientierung in den Fortbildungen selbst. In den Fortbildungen geht es nicht darum, Partizipation zu unterrichten oder den Fachkräften vorzuschreiben, wie sie Kinder beteiligen. Es geht vielmehr darin, die Fachkräfte darin zu unterstützen, im Alltag die Beteiligung der Kinder in ihrer Einrichtung zu erproben und Erfahrungen zu sammeln. Wobei und wie Kinder konkret beteiligt werden, entscheiden die Fachkräfte miteinander. Daher finden die Fortbildungsveranstaltungen auch mit dem gesamten Fachkräfteteam statt.

Die Teamfortbildungen bestehen aus folgenden Bausteinen:
- *Themenfindung und Zielabsprache:* Die Einrichtungen bewarben sich mit realen Partizipationsvorhaben für die Teilnahme an der Fortbildung
- *Teamfortbildung und Projektvorbereitung*: Die Kita-Teams beschäftigen sich mit Partizipationstheorien und -methoden und bereiten das Partizipationsprojekt zu ihrem Thema vor oder erarbeiten mit Unterstützung der Moderatoren eine Kita-Verfassung.
- *Selbstständige Projektdurchführung und Coaching:* Jedes Kita-Team führt ein Projekt durch oder plant die Einführung der Verfassung. Coachings unterstützen die Teams in dieser Phase.
- *Auswertung und Reflexion:* Alle Schritte werden gemeinsam mit den Fortbildnern reflektiert.

Partizipation ist machbar

Die zentralen Erkenntnisse des Modellprojekts »Die Kinderstube der Demokratie« lassen sich in folgenden Sätzen zusammenfassen:
- Partizipation beginnt in den Köpfen der Erwachsenen
- Partizipation ist der Schlüssel zu Bildung und Demokratie
- Partizipation braucht methodische Kompetenzen
- Partizipation entsteht durch Erfahrung und Reflexion
- Partizipation führt zu Teamentwicklungsprozessen
- Partizipation ist machbar

(Hansen/Knauer/Sturzenhecker 2009, S. 46)

Von anderen lernen – Partizipation von Korzac bis zu den Maoris

---

DVD-Tipp

Die Kinderstube der Demokratie

Wie Partizipation in Kindertageseinrichtungen gelingt

DVD von Lorenz Müller, Thomas Plöger

(2008), (32 Min.). Eine Produktion des Instituts für Partizipation und Bildung e. V., Kiel. Zu bestellen für 10 € beim Deutschen Kinderhilfswerk e. V., Leipziger Straße 116–118, 10117 Berlin, Tel. 0 30/730 86 93–0, Fax 030727 95 634, www.dkhw.de.

Der Film gibt einen Einblick, wie Partizipation in Kindertagesstätten realisiert werden kann. In vier Einrichtungen in Schleswig-Holstein wurde während der Beteiligung am Modellprojekt »Kinderstube der Demokratie« gefilmt. Es wird gezeigt, wie Mädchen und Jungen schon früh mit den Spielregeln der Demokratie vertraut gemacht werden können

---

Von 2009 bis 2010 wurde ein ähnliches Modellprojekt in Nordrhein-Westfalen durchgeführt (vgl. Hansen/Knauer/Sturzenhecker 2010). Auch hier zeigte sich, dass durch Partizipation demokratische und allgemeine Bildungsprozesse bei den Kindern befördert werden konnten.

Zur Bedeutung einer strukturellen Verankerung von Partizipation

Eine besondere Rolle in diesem Konzept spielt die *strukturelle Verankerung* von Partizipation. Nur wenn es gelingt, Beteiligung der Kinder in den Kitas als Recht zu verankern, dessen sich die Kinder auch ohne die »gnädige« Erlaubnis der Erwachsenen bedienen können, erfahren die Kinder die Kita als demokratisch gestaltet. Das Konzept »Die Kinderstube der Demokratie« versucht sehr konsequent Grundprinzipien der Demokratie auf die pädagogische Institution Kindertageseinrichtung zu übertragen.

Die weitgehendste Verankerung von Partizipation geschieht durch die Erarbeitung einer Kita-Verfassung, in der die Beteiligungsrechte der Kinder und die Beteiligungsverfahren (z. B. Kinderparlamente) festgeschrieben sind. Wie genau eine solche Verfassung erarbeitet wird, zeigt das Buch von Rüdiger Hansen, Raingard Knauer und Benedikt Sturzenhecker »Partizipation in Kindertageseinrichtungen. So gelingt Demokratiebildung mit Kindern!« (2011).

Multiplikatorenschulungen

Um den Transfer der in den Modellprojekten gewonnenen Erkenntnisse auch in andere Einrichtungen zu überragen, führte das Kieler Institut für Partizipation und Bildung von Juni 2006 bis Mai 2008 eine erste Multiplikatorenschulung für 20 Fachkräfte durch. In dieser Fortbildung wurden Fachkräfte darin ausgebildet, Kitas in der Einführung von Partizipation nach dem Konzept »Die Kinderstube der Demokratie« zu begleiten.

Die Multiplikatorenausbildung beinhaltet u. a.:
- Partizipation in Kindertageseinrichtungen
- Methodentraining (Moderation und Konsensverfahren)
- Didaktisch-methodisches Grundwissen für Fortbildner für Partizipation
- Vorbereitung der Praxisphase
- Praxiserprobung: Begleitung einer Kindertageseinrichtung bei der Planung und Durchführung eines Partizipationsprojekts durch jeweils zwei Auszubildende (diese Phase wurde bei Bedarf begleitet durch Coachings)
- Auswertung und Dokumentation

Die so ausgebildeten Multiplikatorinnen und Multiplikatoren haben in den letzten Jahren viele Kindertageseinrichtungen in der Einführung und Weiterentwicklung von Partizipation begleitet. 2011 begann eine bundesweite Multiplikatorenfortbildung in Kooperation mit dem Deutschen Kinderhilfswerk (DKHW), 2011, beginnt eine zweite Qualifizierung von Fachkräften in Schleswig-Holstein. Aktuelle Informationen finden sich unter www.partizipation-und-bildung.de.

Resultate des Projektes

Das Konzept »Die Kinderstube der Demokratie« konnte in vielen Einrichtungen zeigen, dass Beteiligung von Kindern im Elementarbereich möglich ist und die pädagogische Arbeit befördert. Partizipation beschränkt sich nicht auf eine bestimmte Altersstufe (so gerät derzeit die Beteiligung von Krippenkindern in den Fokus) oder auf bestimmte Themen. Kinder können sich an allen Entscheidungen und Planungen, die ihren Alltag betreffen, beteiligen. Gleichzeitig intensivieren Kinder, die sich beteiligen können, die ernst genommen werden und sich als sinnstiftende Mitglieder der Gemeinschaft wahrnehmen ihre Selbstbildungsprozesse und gewinnen hohes Vertrauen in ihre Handlungskompetenz.

Die pädagogischen Fachkräfte erfahren so, dass Kinder in der Lage sind, sich zu beteiligen und das auch mit großem Eifer und Erfolg. Dazu ist es allerdings notwendig, dass sie Macht abgeben. »Trotz aller Mühen äußerten sie sich letztendlich jedoch zufrieden und überzeugt: über die Bildungsfortschritte der Kinder, die Demokratisierung des Miteinanders und die Veränderung der eigenen Rolle« (Hansen 2005, S. 18). Die Wirkungen werden auch durch eine erste Evaluation des Projektes in Nordrhein-Westfalen belegt. Hier konnte gezeigt werden, dass durch die Einführung demokratischer Strukturen Kinder sowohl in ihren demokratischen als auch in allgemeinen Bildungsprozessen gefördert werden (Sturzenhecker, Knauer, Richter, Rehmann 2010).

Das Konzept wird von der Bundesregierung im Rahmen des Nationalen Aktionsplans als Qualitätsstandard für Beteiligung von Kindern in Kitas empfohlen. Im Konzept »Mitentscheiden und Mithandeln« wurde es im Rahmen des Projekts »jungbewegt« der Bertelsmann-Stiftung weiter entwickelt und derzeit in drei Bundesländern eingeführt (vgl. Knauer/Sturzenhecker/Hansen 2011; vgl. auch http://www.jung bewegt.de). Der Schwerpunkt dieses Konzepts liegt noch stärker auf der gemeinsamen Umsetzung der demokratischen Entscheidungen.

Partizipation – so wurde in all diesen Projekten deutlich, setzt einerseits eine spezifische »Haltung« und ein besonderes »pädagogisches Selbstverständnis« voraus. Partizipation gelingt nur, wenn die Erwachsenen den Kindern etwas zutrauen, sie als kompetent wahrnehmen, ihnen Selbstbildung zutrauen, sie ernst nehmen und achten. Wenn Kinderbeteiligung zu einem Kinderrecht werden soll, braucht Partizipation auch eine strukturelle Verankerung, in der für alle Beteiligten klar ist, wie Entscheidungen in der Einrichtung gefällt werden. Partizipation ist immer mit Machtabgabe verbunden.

2. Kindheit im Wandel – der Weg zum kompetenten Kind

2.1. Kindliche Lebenswelten heute

»*Kaum Kinder in Deutschland*« lautet eine Schlagzeile der Lübecker Nachrichten am 4. August 2011. Deutschland wird in diesem Artikel als das kinderärmste Land in Europa bezeichnet. Und im Tagesspiegel gleichen Datums heißt es sogar: »Immer weniger Nachwuchs: Wenn Kinder zum Angst-Thema werden.« *Gründe für das Sinken der Kinderzahlen werden viele genannt wie: Unvereinbarkeit von Familie und Beruf, zu wenig Plätze für Kinder bis 3 Jahren, Angst vor drohender Armut (trotz hohen Pro-Kopf-Einkommens) und »Franz Xaver Kaufmann, prägte schon 1995 den Begriff der ›strukturellen Rücksichtslosigkeit‹ gegenüber Familien – und damit dauerhaft die sozialen Vorsorgesysteme abzusichern. Das wird ohne Kinder und/oder harte Reformen nicht gehen.*«

(http://www.stern.de/panorama/presseschau-zur-kinder-statistik-deutschland-kinderarm-mit-armen-kindern-1713149.html am 04.08. 2011)

Aus der Vielfalt der kindlichen Lebenswelten werden an dieser Stelle nur die aufgegriffen, die im Zusammenhang mit Partizipation eine besondere Bedeutung haben. Dennoch sei nicht verschwiegen, dass es diverse Brennpunkte in Deutschland gibt, die hier nur Stichwortartig aufgeführt werden: »Neue« Armut, die Gesundheit von Kindern und Jugendlichen, Suchtmittelkonsum von Kindern und Jugendlichen, Suizid, Gewalt gegen Kinder und Jugendliche, Jugendgewalt, psychische Gesundheit von Kindern und Jugendlichen, Scheidung der Eltern, Ernährungsprobleme, Essstörungen, Alkoholkonsum, Rauchen, psychische und physische Gewalt gegen Kinder und Jugendliche, Vernachlässigung.

Mehr als genug Gründe, sich verstärkt für Partizipation einzusetzen.

Dass Partizipation in Kindertageseinrichtungen heute einen solchen Stellenwert eingenommen hat, jedenfalls soweit es die konzeptionelle Planung angeht, hängt auch mit dieser gesellschaftlichen Entwicklung zusammen. Während das Kind vor den siebziger Jahren noch nicht als vollwertiges Mitglied unserer Gesellschaft betrachtet wurde und ihm deswegen auch keine Rechte eingeräumt wurden, sind Kinder heute als Rechtsobjekte längst akzeptiert. Zumindest ist die politische Partizipation von Kindern seit 20 Jahren kein wirklich umstrittenes Thema mehr.

Kindheit im Wandel – der Weg zum kompetenten Kind

Aus erwachsener Perspektive wird Kindheit häufig pessimistisch bewertet: Kinder haben wenig Zukunftsperspektiven, Kinder haben als Erwachsene diverse Probleme zu lösen, die vorhergehende Generationen ihnen überlassen haben (Versorgung der immer größer werdenden Gruppe der alten Menschen, Alternativen für immer knapper werdenden Ressourcen, Einzahlungen in Renten- und Krankenkassen, Bewältigung von Armut).

> *»Reden Erwachsene in westlichen Industrieländern über Kindheit, kann man den Eindruck gewinnen, dass eine kulturkritische bzw. kulturpessimistische Sichtweise überwiegt, die das Phänomen des Wandels von Kindheit zitiert und die Gegenwart als schlecht und die Zukunft als noch schlechter diagnostiziert (Rienits 1988). Kindheit wird aus Erwachsenenperspektive oft negativ bewertet, wenn auch einige Erwachsene durchaus positive Aspekte des gegenwärtigen Kindseins formulieren. Diese ambivalenten Interpretationen können für das Freizeitverhalten von Kindern verdeutlicht werden: Vermissen die einen Kreativität und Eigeninitiative und bemängeln verplante Alltage sowie die passive Rezeption einer virtuellen Welt, betonen andere neue Qualitäten des Kindseins – etwa die Vielfalt an Optionen, die sich Kindern heute bieten, die Bereicherung durch das Erleben wechselnder Sozialbezüge und v. a. die Selbstständigkeit und die größeren Freiräume.«*

(Renate Kränzl-Nael/Johanna Mierendorff 2007: Kindheit im Wandel. Annäherung an ein komplexes Phänomen. In: SWS-Rundschau (47. Jahrgang) Heft 1/2007, S. 5) www.sws-rundschau.at

Die negative Sichtweise Erwachsener auf Kinder mag an der eigenen Biografie der sich äußernden Erwachsenen liegen, aber auch an ihren normativ geprägten Vorstellungen von Kindheit, die sich als ideales Bild zeigt: Das Kind als unfertiges zu beschützendes Wesen, dass erst durch Eltern geprägt wird und von ihnen und unterschiedlichen sozialen Instanzen seinen Weg gewiesen bekommt. Obwohl die Sichtweise auf das Kind auch positive Merkmale aufweist, ist nicht zu leugnen, dass Erwachsene Kindern häufig wenig zutrauen.

Ein Blick in die Geschichte zeigt aber auch hier eine positive Veränderung. Seit den 90er Jahren werden auch Kinder zu ihrer eigenen Lebenssituation befragt und im Rahmen soziologischer Untersuchungen als ernst zu nehmende Interviewpartner ak-

Kindheit im Wandel – der Weg zum kompetenten Kind

zeptiert. Bis dato haben ausschließlich Erwachsene die Lebenssituation von Kindern interpretiert.

Der wachsende Lebensstandard verändert Kindheit
Unser Lebensstandard wächst beständig. In vielen Haushalten gibt es mehrere Fernsehgeräte, Spielkonsolen und andere kinderspezifische Waren, die in Massen produziert werden und das Freizeitverhalten der Kinder beeinflusst. Dennoch ist nicht zu übersehen, die der Besitz dieser Waren auch Unterschiede zwischen den Familien deutlich macht und, dass es immer mehr Familien gibt, die am Wohlstand nicht partizipieren können. Kinder sind von der ungleichen Verteilung des Wohlstands besonders betroffen. Immer mehr Kinder werden an den Rand der Gesellschaft gedrängt.

> *»Der gestiegene gesellschaftliche Lebensstandard wird als Merkmal des heutigen westlichen Kinderlebens angeführt und etwa mit dem Schlagwort der Airbag-Kindheit umschrieben (Brinkhoff 1996, 32): Verglichen mit den Lebensbedingungen von Kindern in der sog. ›Dritten Welt‹ sind die materiellen Rahmenbedingungen des Kinderlebens im Großteil der westlichen, modernen Gesellschaften so gut wie nie zuvor. Die erweiterte Verfügbarkeit von Konsumgütern und die damit einhergehende Entdeckung von Kindern als KonsumentInnen wurde seit den 1980er-Jahren mit vielen Chiffren charakterisiert, wie z. B. Kommerzialisierung der Kindheit und Konsumkindheit (Hengst 1980, 1996, Rolff 1983).« Kränzel-Neal/Mierendorff S. 13*

Pluralisierung und Individualisierung
Wie Erwachsenen stehen auch Kindern viele Möglichkeiten offen, ihr Leben und ihren Alltag zu gestalten. Sie haben mehr Wahlmöglichkeiten, als jede Generation vor ihnen. Diese »Wahlfreiheit« ist auch mit Risiken verbunden. Sich für etwas zu entscheiden bedeutet auch immer, sich gegen etwas anderes entscheiden zu müssen. Je mehr Auswahl zur Verfügung steht, umso schwerer gestaltet sich die Entscheidung. Schon für kleine Kinder ist der Lebensalltag von »großen« und »kleinen« Entscheidungen geprägt. Das führt nicht selten zu Überforderung, Irritation und auch Orientierungslosigkeit. Kinder müssen entscheiden: Welchen Sport will ich ausüben? Welches Musikinstrument möchte ich erlernen? Welches Computerspiel wähle ich aus? Mit wem möchte ich mich heute verabreden? Möchte ich heute bei Mama oder Papa in der Wohnung schlafen? Welche Hose ziehe ich heute an? Was sollen meine Eltern mir zum Mittag kochen? Wenn es Kindern nicht gelingt, mit die-

Kindheit im Wandel – der Weg zum kompetenten Kind

ser Unübersichtlichkeit an Möglichkeiten fertig zu werden, ist es möglich, dass sie nur erfahren: Ich bin unfähig (richtige) Entscheidungen zu treffen.

Im 13. Jugendbericht heißt es dazu:

> »*Kinder und Jugendliche wachsen heute in einer Gesellschaft auf, die durch die Pluralisierung der Lebensstile, Werthaltungen und Ziele gekennzeichnet ist und in der sich die sozial strukturell gegebenen objektiven Lebenschancen höchst unterschiedlich darstellen. Eine solche Gesellschaft eröffnet für die Gestaltung des eigenen Lebens viele Optionen, die allerdings insofern auch mit Risiken verbunden sind, weil sich die Subjekte immer weniger auf vorgegebene Normen, Fahrpläne durch das Leben und Regeln beziehen können. Wer in dieser Gesellschaft zurechtkommen möchte, ist aufgefordert, die Verantwortung für sein Leben in die eigene Hand zu nehmen, also selbst zu entscheiden mit allen damit verbundenen individuellen Chancen und Risiken einerseits und ungleich verteilten objektiven Gestaltungsspielräumen andererseits.*«
> *(Beck 1997; Keupp u. a. 1999) (Deutscher Bundestag (2009): 13. Jugendbericht S. 57)*

Ulrich Beck und Elisabeth Beck-Gernsdorf haben ihre Aufsatzsammlung zu diesem Thema »Riskante Freiheiten« genannt. Der Titel deutet auf die Ambivalenz, die mit dieser Entwicklung für jeden Einzelnen verbunden ist hin: Mehr Freiheiten und damit größere Chancen auf der einen Seite gehen einher mit einem erhöhten Risiko zu scheitern, unter den vielen möglichen Entscheidungen die richtige getroffen zu haben. Die Menschen werden scheinbar selbst verantwortlich für die unerwünschten Folgen einer Entscheidung. Und häufig scheitern sie auch an der übergroßen Fülle von Möglichkeiten: Im »Zeitalter der Unübersichtlichkeit« (Sozialphilosoph Habermas) werden Entscheidungen beliebig – sie sind es aber letztlich doch nicht. Denn diese scheinbar unendlichen Sets von Wahlmöglichkeiten bedeutet keineswegs, dass soziale Ungleichheiten geringer werden. Nach wie vor haben Kinder aus gesicherten Verhältnissen, die aus ökonomisch gesicherten und sozial stabilen Familien kommen, größere Chancen, sich dieser vielfältigen Möglichkeiten zu bedienen.

Neben dem diesem Wandel vollzieht sich auch ein Wandel auf der Ebene der Werte und Normen. Traditionelle Werte und Normen verlieren immer mehr an Bedeutung. Das war unter anderem auch Grund, für die Neuseeländische Bildungspolitik, sich

Kindheit im Wandel – der Weg zum kompetenten Kind

wieder auf diese Werte und Normen zu besinnen, sie fest in ihrem Bildungsplan zu verankern.

Wir können heute davon ausgehen, dass (...) »feste Zugehörigkeiten und Milieus, kalkulierbare und klare Abfolgen von individuellen und familialen Lebensabschnitten, sichere ethische, moralische und soziale Standards sowie eindeutige Leitbilder an Bedeutung eingebüßt haben.« (Kränzel/Mierendorff, S. 9)

Auch das kann dazu führen, dass Kinder mit den an sie herangetragenen Erwartungen und Aufgaben überfordert werden. Die Unübersichtlichkeit der gesellschaftlichen Anforderungen erschwert es, das »richtige« Verhaltensrepertoire zu zeigen. Andererseits ist mit der zunehmenden Entscheidungsfreiheit auch die Chance verbunden, das Leben autonomer zu gestalten und bereits früh selbstbestimmt agieren zu können.

An dieser Stelle sei aber auch darauf hingewiesen, dass eine sich schrittweise ausweitende selbstbestimmte Kindheit häufig eher eine programmatische Absichtserklärung bleibt. Reale Mitwirkungsmöglichkeiten gibt es immer noch nur sehr wenige.

»Mit dem Trend zur Individualisierung ist auch die These der Pluralisierung von Familienformen verbunden. Das Leitbild der traditionell-bürgerlichen Kernfamilie verliert allmählich seine normative Bedeutung, und die zu beobachtende Vielfalt an familialen Lebensformen wird rechtlich und kulturell deutlich weniger als früher geächtet. In diesem Zusammenhang wird befürchtet, dass Kinder heute zunehmend in für sie unübersichtlich

gewordenen Familienkonstellationen aufwachsen. Als Indikatoren dieses

Wandels werden die in vielen europäischen Ländern steigenden Scheidungsraten bzw. die wachsende Anzahl der davon betroffenen Kinder herangezogen.« (Kränzel-Neal/ Mierendorff, S. 12)

Privatisierung von Kindheit

Im Gegensatz zu der Entwicklung in Neuseeland und in Reggio Emilia haben Kinder in Deutschland häufig keine ganzheitlichen Bezüge mehr. Sie sind häufig unfreiwillig allein, sind nicht Mitglied in einem Sportverein, leben in einer Ein-Kind-Familie, werden aufgrund ihres Migrationshintergrundes oder ihrer mangelnden Sprachkenntnisse ausgegrenzt.

Kinder bewegen sich heute vorwiegend in auf sie abgestimmte Räume, wie Kindertagesstätten, Spiel- und Bolzplätze; es gibt zwar vielfältige Fördermöglichkeiten, aber auch hier findet eine Form der Verinselung statt, weil die Kinder unter sich bleiben. Selbst in großen Kaufhäusern besteht die Möglichkeit, Kinder von ihren Eltern in dafür eigens bereitgestellten Räumen zu »isolieren«, damit Eltern ungestört einkaufen können. Bildungs-, Betreuungs- und Freizeiteinrichtungen favorisieren selten die Vielfalt.

Weitere Anzeichen von Privatisierung:
- Die Emotionalisierung der Eltern-Kind-Beziehung
- Eine immer stärkere Abschottung der Familie nach außen
- Geringes Interesse der Familie an der Gemeinschaft
- Die Homogenisierung von Kindheit (alle Kinder besuchen eine Kita und später eine Schule, die Familie ist zentraler Lebensmittelpunkt, alle gehen ähnlichen Freizeitaktivitäten nach, wie: Fernsehen, Computerspiele nutzen, ...)
- Kinderspezifische Waren werden in großen Massen produziert und einer großen Kindergruppe zugänglich gemacht (alle lieben die gleichen Merchandising-Produkte).

Die Pädagogisierung von Kindheit
Erziehungswerte wie: Selbstbestimmung, Selbstverwirklichung,

Individualisierung, Partizipation und Autonomie gewinnen immer mehr an Bedeutung, während Werte wie Gehorsam, Höflichkeit und Anpassung immer mehr an Bedeutung verlieren.

Erziehungsarbeit wird zunehmend als Beziehungsarbeit verstanden und immer mehr Eltern legen großen Wert auf die Bildung ihrer Kinder für die sie viel bereit sind, zu investieren. Eltern wollen, dass ihre Kinder schon in der Kita eine zweite Sprache lernen, Kinder erhalten Ballett-, Judo- und Musikunterricht.

»Der anhaltende Trend zur Pädagogisierung vollzieht sich aber nicht nur im Rahmen des Privaten, sondern erstreckt sich v. a. auch auf den institutionalisierten Freizeitbereich: professionelle Lernprogramme lösen dabei traditionelle Kindergruppen ab (Zeiher 1989, Timmermann/Melzer 1993). Nicht nur der Freizeitbereich, sondern auch der Betreuungsbereich wird von diesem Trend zunehmend erfasst: Mit der Devise ›Starting strong‹ (OECD 2001, 2006, Fthenakis 2003) wird z. B. gefordert, Bildungskonzepte in vorschulischen Einrichtungen stärker zu berücksichtigen, wie dies in anderen europäischen – v. a. skandinavischen – Ländern schon länger praktiziert wird. Generell wird der (weitere) Ausbau von außerfamiliärer Bildung gefordert, um die Förderung durch fachlich geschultes Personal effizienter zu gestalten und gleichzeitig zum Abbau sozialer Ungleichheiten beizutragen. Begründet werden solche Forderungen mit der empirischen Erkenntnis, dass Bildungskarrieren nach wie vor von der sozialen Herkunft bestimmt werden (z. B. Becker/Lauterbach 2004, Bacher 2005).

Parallel erfährt jedoch die Familie als Ort des ›informellen Lernens‹ zur Zeit wieder vermehrt Beachtung (z. B. Büchner/Brake 2006).«

(Kränzel-Neal/Miersdorff S. 20)

Verinselung von Kindheit

Kinder kommen trotz allem in der Welt von Erwachsenen immer seltener vor. Es werden »kinderfreie Zonen« geschaffen: Hotels signalisieren, dass Kinder unerwünscht sind, der Verkehr verhindert, dass Kinder auf der Straße spielen, Anwohner verhindern, dass eine Kindertagesstätte oder ein Spielplatz gebaut wird und auf großen Rasenflächen darf nicht gespielt werden.

Auf öffentlichen Plätzen fühlen sich Erwachsene von Kindern schnell gestört: Wozu – so ihr Argument – ist eigentlich ein Spielplatz da?

In der Arbeitswelt kommen Bedürfnisse von Eltern kaum vor, familienfreundliche Arbeitszeiten sind immer noch nicht selbstverständlich, berufstätige Mütter haben es immer noch schwer und betriebliche Betreuungsmöglichkeiten sind rar gesät.

Die Freizeitindustrie und »hohe Kultur« wird zwischen Kindern und Erwachsenen streng getrennt.

Aber selbst in speziell ausgewiesenen Kinderräumen sind Kinder vor Eingriffen nicht sicher. Es gibt immer wieder Beispiele dafür, dass Erwachsene bitteren Widerstand gegen den Lärmpegel von spielenden Kindern leisten. Erst 2011 hat der Gesetzgeber festgestellt, dass Kinderlärm keine Belästigung darstellt. Der Mieterbund hat postwendend darauf reagiert indem er darauf hingewiesen hat, dass dies kein Freifahrtschein für Kinderlärm sei.

Aus Sicht von Kindern, Vätern und Müttern sind Spielplätze häufig falsch konzipiert. Sie werden vor allen Dingen von Kindern im Vorschulalter besucht, während für Kinder zwischen 6 und 14 Jahren ein adäquates Angebot fehlt. Kinder dieses Alters scheinen überall zu stören. Sie sind offensichtlich zu laut und zu bewegungsfreudig.

Kindheit im Wandel – der Weg zum kompetenten Kind

Ein anderer Effekt dieser Entwicklung: Je mehr spezielle Kinderräume es gibt, desto weniger müssen Erwachsene Kinder in ihrem Alltagsleben wahrnehmen und auf sie Rücksicht nehmen; desto größer wird auch das Unverständnis zwischen den Generationen.

Kinder müssen sich entscheiden können
Aufgrund dieser Entwicklungen sind schon jüngere Kinder darauf angewiesen, ihre Rechte geltend zu machen, sich zu beteiligen und entscheiden zu können.

Kinder müssen unter vielem anderen
- Alternativen kennen: Sie müssen einen Überblick über den »Markt der Möglichkeiten«, der sich ihnen auftut haben;
- über Auswahlkriterien verfügen: Für welche der vielen Möglichkeiten entscheide ich mich? Was ist mir wirklich wichtig? Welche Maßstäbe sind mir wichtig;
- die Folgen ihrer Entscheidungen einschätzen können: Auf was muss ich verzichten, wenn ich diese Entscheidung treffe?
- Verantwortung für ihre Entscheidungen übernehmen.

Eine wichtige Rolle spielen moralische Kriterien. Sozial verantwortliche Entscheidungen können nur gefällt werden, wenn ein moralisches Kategoriensystem zur Verfügung steht, dass nicht zufällig (durch Medien) entwickelt wird, sondern in Auseinandersetzung mit Erwachsenen entsteht. Dabei müssen die Erwachsenen darauf achten, dass sie nicht mit einer »moralischen Frühförderung« des Kindes beginnen. Kinder dürfen nicht mit Selbstständigkeit überfrachtet werden! Ein Grundschüler der Schule »Glocksee« in Hannover fragte einmal einen Lehrer: »Muss ich jetzt schon wieder machen, was ich will?«

Es geht darum, Kindern orientiert an ihrem individuellen Entwicklungsstand Entscheidungsmöglichkeiten zuzugestehen und Entscheidungshilfen anzubieten.

Für Kinder und Erwachsene ist Mitgestaltungsfähigkeit zu einer entscheidenden Ressource geworden.

Erwachsene und Kinder müssen zunehmend über Partizipationsfähigkeit verfügen, um ihren Alltag kompetent gestalten zu können.

Ob Kinder die Möglichkeit haben, Entscheidungskompetenzen zu erwerben, ist neben den Erfahrungen, die sie in der Familie machen, u. a. abhängig von Pädagogen und Pädagoginnen. Diese müssen sich fragen:
- Wie viel Teilhabe sind wir bereit, Kindern zuzugestehen?
- Gestatten wir Kindern Teilnahme nur in besonders ausgewiesenen Bereichen oder

Kindheit im Wandel – der Weg zum kompetenten Kind

- Sehen wir Kinder grundsätzlich als gleichberechtigte in einer gemeinsamen Lebenswelt?

Kinder erfahren in unterschiedlichen Lebenszusammenhängen, wie es mit ihren Beteiligungsmöglichkeiten steht: in der Familie, in sozialen Nahräumen (Nachbarschaft, Wohnumfeld); in pädagogischen Einrichtungen, in denen sie sich aufhalten. Hier erfahren sie, ob ihre Belange und Wünsche ernst genommen und in Entscheidungsprozessen berücksichtigt werden. Hier erfahren sie auch, ob sie überhaupt Möglichkeiten haben, ihre Interessen und Bedürfnisse zu formulieren, und diese als wichtig oder unwichtig eingestuft werden.

Konsequenzen aus dem gesellschaftlichen Wandel:

Die größte Herausforderung wird es sein, die Partizipation von Kindern und Jugendlichen mit großen Schritten voranzutreiben. Nur kompetente und selbstbewusste Kinder, die in der Lage sind, ihre Beteiligungsrechte einzubringen, werden ein zufrieden stellendes Leben im 21. Jahrhundert führen und die »Zukunftsprobleme« bewältigen können.

Vorausgehen muss allerdings, dass der Grundgedanke der Partizipation als Querschnittsaufgabe der Pädagogik in die Köpfe Erwachsener (vor allen Dingen: Eltern und Pädagogen, Politiker) dringt, sich dort verankert und zu entsprechenden Handlungen führt.

Es gibt also gute Gründe dafür, dass Kindertagesstätten Partizipation als wesentliche Aufgabe in ihre Konzepte aufnehmen und in das Alltagsgeschehen integrieren sollten.

Politiker müssen sich müssen sich für Partizipation öffnen und Kinder als bedeutsame Klientel, die es wahrzunehmen und auf deren Interessen, Bedürfnisse und Meinungen Rücksicht zu nehmen ist, begreifen.

2.2. Erwartungen an das Kind des 21. Jahrhunderts

> *»Die Zukunft verlangt nicht Millionen von Leuten, die bereit sind, monoton-mechanische Tätigkeiten auszuführen, sondern solche, die in der Lage sind, ihren Weg in einer neuartigen Umwelt zu finden.«* *(Alwin Toffler, Zukunftsforscher)*

»Was Eltern ihren Kindern für die Zukunft mitgeben sollen, ist nicht erst seit heute ein existenzielles Problem: Zu allen Zeiten wünschten Eltern ihren Kindern das Beste, hofften, dass es ihnen einmal besser gehen würde als ihnen selbst. Warum ist es heute so besonders schwierig?

1. In Sachen Erziehung geht es uns wie mit den garantierten Diäten zum Abnehmen in 30 Tagen: Alles leuchtet ein – aber das genaue Gegenteil auch.
2. Kinder sind heute multipolaren Einflüssen ausgesetzt, die den bescheidenen Einflüssen der Eltern massiv Konkurrenz machen. Freundescliquen, Medien, Computer, Moden, Marken: da scheint am Ende für die Eltern nur noch eine eher servicehafte Funktion zu bleiben.
3. Während frühere Generationen realistisch davon ausgehen konnten, dass es ihren Kindern tatsächlich besser gehen würde als ihnen – die allmähliche Steigerung des Wohlstands trug diese Gewissheit –, dreht sich diese Perspektive heute nach und nach um. Wir ahnen, dass unsere Kinder in eine Welt hineinwachsen, in der die Grundkategorien unserer Lebenskultur – Beruf, Wissen, Erfolg, Lernen, Alter, Ehe und Familie – sehr viel anders aussehen werden als bisher« (Matthias Horx (2004) in: Murphy-Witt, Monika/Stamer-Brandt, Petra: Was Kinder für die Zukunft brauchen. Gräfe & Unzer. München S. 8).

Was Kinder vor allen Dingen brauchen, um all den neuen Anforderungen gerecht werden zu können, ist vor allen Dingen Weltvertrauen. Wir sind auf dem Weg in eine riskante Welt, die mit Traditionen bricht, Werte verändert, vielfältiger und individualisierter wird. Auch Kinder spüren das. Sie bekommen die Ängste der Erwachsenen mit, wenn ein Tsunami über die Küsten Thailands fegt, ein GAU in Japan die Menschen in Angst und Schrecken versetzt und in Somalia tausende Menschen an Hunger sterben. Erwachsene übertragen ihre Ängste und Sorgen auf Kinder. Angst ist aber kein guter Ratgeber, sie trägt eher dazu bei, dass Kinder im schlimmsten Falle depressiv werden. Kinder brauchen Vertrauen in die Zukunft. Sie müssen erfahren, dass sie etwas bewirken können, dass sich Engagement lohnt. Es geht nicht darum,

Kindheit im Wandel – der Weg zum kompetenten Kind

ihnen einen blauäugigen Optimismus zu vermitteln und die Augen vor den Problemen zu verschließen. Sie sollten erfahren, dass sie etwas bewirken können (wenn auch zunächst in ihrer kleinen Welt), dass ihre Stimme wichtig ist und zählt. Die Kindertagesstätte bietet das richtige Übungsfeld. Hier können Kinder erfahren, dass sie wirkungsvoll handeln können, dass sie ernst genommen werden und die Gemeinschaft sie braucht. Was unsere Kinder in dieser schnelllebigen und sich ständig verändernden Welt noch brauchen, zeigt folgende Grafik:

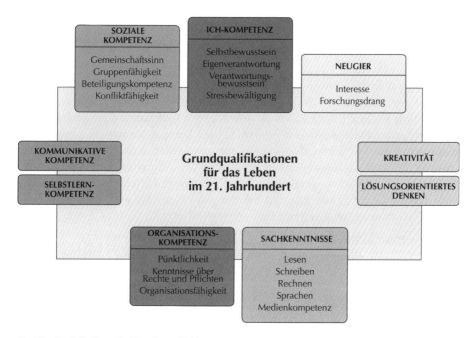

Grafik: Carl-C. Brandt, Hamburg 2011

Die meisten in der Grafik dargestellten Kompetenzen sind bereits selbstverständlich und in Konzepten von Kindertagesstätten verankert. Ein besonderes Augenmerk für das Leben im 21. Jahrhundert sollten Pädagogen auf drei, meiner Meinung nach bisher vernachlässigte Kompetenzen, werfen: Selbstlernkompetenz, Gemeinschaftssinn (nicht zu verwechseln mit Teamfähigkeit) und Selbstwirksamkeit.

> *Die Fragen des Kindes sind es, aus denen sich Wissen entwickelt. Denken Sie an folgende kindliche Frage: »Was tut der Wind, wenn er nicht weht?« (Erich Kästner)*

Kindheit im Wandel – der Weg zum kompetenten Kind

Gemeinschaftssinn oder auch Gesellschaftsfähigkeit ist viel mehr, als Team- oder Gruppenfähigkeit, sie geht darüber hinaus. Gemeinschaftsfähige Menschen stehen im Dialog mit anderen Menschen (auch mit denen, die zum Stadtteil, zur Gemeinde gehören), sie nehmen am gesellschaftlichen Leben teil (Kitas beziehen den Stadtteil in ihre Aktivitäten ein), fühlen sich mit anderen solidarisch, zeigen Hilfsbereitschaft und können auf Macht und autoritäres Verhalten verzichten.

Die Maoris haben die Bedeutung eines innergesellschaftlichen Zusammenhangs, insbesondere unter Berücksichtigung des zunehmenden Individualisierung längst erkannt und in »Te Whariki« als »Programmpunkt« aufgenommen. Auch bei uns ist es notwendig, wieder stärkere Impulse zur Förderung der Gemeinschaftsfähigkeit zu setzen.

»Die wachsende Individualisierung und Pluralisierung bringen für den Einzelnen einen Gewinn an Autonomie und Wahlmöglichkeiten. Sie ziehen aber auch eine Schwächung sozialer Bindungen nach sich, in denen traditionell Gemeinsinn erfahren und Gemeinschaftsfähigkeit erlernt werden konnte. Manch einer beschwört unter dem Eindruck drohender Atomisierung und Polarisierung bereits das Ende jeglicher Solidarität und sozialer Verantwortung herauf. Dem entgegen sprechen aktuelle empirische Studien, die zeigen, dass in den letzten Jahren weltweit zahlreiche neue Initiativen zur Förderung und Stärkung des Gemeinsinns entstanden sind.« www.bertelsmannstiftung.de/cps/rde/.../6341_6351.htm

Der Begriff der **Selbstwirksamkeit** wurde von dem kanadischen Psychologen Albert Bandura geprägt. Er beschreibt Selbstwirksamkeit als subjektive Überzeugung von den eigenen Fähigkeiten. Bandura geht davon aus, dass ein selbstwirksamer Mensch, also jemand, der selbst etwas herstellt (auch ein geistiges Produkt) künftige zukünftige Situationen besser meistern werden kann. Bandura kam zu folgendem Ergebnis: Ein hoher Selbstwirksamkeitsglaube

- stärkt das »Ich« und fördert das Verantwortungsbewusstsein;
- steigert die Handlungsqualität;
- fördert das Vertrauen in die eigenen Fähigkeiten und stärkt das Durchhaltevermögen;
- vermindert Stressoren.

Carina Fuchs beschreibt das so: »Das Konzept der Selbstwirksamkeit nach BANDURA besagt, dass der entscheidende Erfolgsfaktor für menschliches Handeln weniger mit Intelligenz, Wissen oder Können zu tun habe, als vielmehr mit der persönlichen Überzeugung, aus eigener Kraft etwas bewirken zu können. Diese These scheint einsichtig. Ein Mensch, der sich nichts zutraut wird tendenziell weniger errei-

Kindheit im Wandel – der Weg zum kompetenten Kind

chen, auch wenn beide über eine analoge Ausbildung und ähnliches Talent verfügen« (Fuchs, Carina 2005, S. 4)

Als **Selbstlernkompetenz** bezeichnen wir die Fähigkeit, die dazu führt, dass – unter Berücksichtigung der eigenen Stärken – Selbstlernprozesse initiiert werden. Die Selbstlernkompetenz umfasst Fähigkeiten wie Denken und Wissen, sowie die Fähigkeit, Probleme zu regeln.

Kinder sind von Geburt aus mit der Fähigkeit, selbst zu lernen, ausgestattet. Ohne großartig aufbereitete didaktische Verfahren lernen sie laufen, sprechen und vieles mehr. Das bleibt auch so, so lange bei Kindern ein Interesse am Lernen vorhanden ist.

Interesse ist aber nicht einfach automatisch vorhanden. Interesse entwickelt sich, wenn

- Lernarrangements zum Lernen einladen (eine vorbereitete Umgebung geschaffen worden ist, die zum Forschen, Experimentieren einlädt);
- Erwachsene ihre Rolle als Lernbegleiter/Coaches wahrnehmen, statt zu belehren. **Aktive Beteiligung** an allen, die Kinder betreffenden Belange ermöglicht wird. Nur so erfahren Kinder, dass ihr Tun wirksam ist, Sinn hat und es sich deswegen lohnt, Neues in Angriff zu nehmen, sich etwas zu trauen, sich etwas zuzumuten;
- Es Pädagogen gelingt, eine positive vertrauensvolle, **von Wertschätzung geprägte Beziehung** aufzubauen;
- **Freude** am Lernen der Motor ist.
- **Ko-Konstruktion** ermöglicht wird.

Etwas Lernen bedeutet, sich ein Bild von einer Sache machen können. Das kann ein Kind aber nur, wenn es nicht belehrt wird, sondern sich das Wissen weit gehend selbst aneignet, sich direkt, aktiv handelnd mit den interessanten Dingen des Lebens beschäftigt und nicht aus zweiter Hand lernen muss.

Da in unserer Wissensgesellschaft Bildung zum Schlüsselfaktor für eine erfolgreiche Teilnahme am Leben geworden ist, ist es notwendig alles zu tun, um Kindern einen leichten Zugang zum Bildungserwerb zu schaffen. Das Schlüsselwort dafür ist Beteiligung.

> *In einer Zeit dramatischer Veränderungen ist nur den Lernenden die Zukunft sicher. Die Wissenden sind gerüstet, in einer Welt zu leben, die nicht existiert. (Eric Hoffer)*

3. Die Rechte der Kinder

Kinder spielen in der heutigen politischen Diskussion durchaus eine Rolle. Inzwischen sind Kinderrechte auch an verschiedenen Stellen gesetzlich abgesichert. Ob Kinder die ihnen zustehenden Rechte auch nutzen oder gar einfordern können, hängt wesentlich von der Haltung und dem Engagement der Eltern und Pädagogen in den Tageseinrichtungen ab. Sie müssen die Rechte der Kinder kennen und sie müssen Sorge dafür tragen, dass auch Kinder ihre Rechte kennen lernen. Für die Arbeit mit Kindern bietet das am 1. Januar 1991 verabschiedete Sozialgesetzbuch (SGB) – Achtes Buch (VIII) – Kinder- und Jugendhilfe eine Rechtsgrundlage, die von der Rechtsstellung des Kindes und Jugendlichen ausgeht. Damit ist eine rechtliche Basis geschaffen, die bei entsprechender Berücksichtigung die pädagogische und sozialpädagogische Arbeit entscheidend beeinflusst.

3.1. Gesetzliche Grundlagen und Empfehlungen

Die Beteiligung von Kindern und Jugendlichen ist gesetzlich auf verschiedenen Ebenen verankert. Einige gesetzliche Grundlage werden hier vorgestellt, um deutlich zu machen, dass die Einforderung von Kinderrechten kein Hobby von Pädagoginnen ist. Die folgenden Ausführungen können nur einen kurzen, vielleicht auch oberflächlichen Eindruck vermitteln. Alle Grundlagen sind nicht aufzuzählen, weil auch die Bundesländer unterschiedliche Festschreibungen der Partizipationsrechte haben und es unterschiedliche Ausführungsgesetze gibt. Es wird also Ihre Aufgabe sein, so recherchieren, wie sie gesetzliche Grundlage für Partizipation in Ihrem Bundesland aussieht.

Das Recht der Mitbestimmung ist international festgeschrieben (allerdings als Empfehlung). Betrachten wir die Kinderrechtskonvention der Vereinten Nation vom November 1989, die 1992 in Deutschland in Kraft trat und bis 2003 von insgesamt 190 Staaten ratifiziert wurde, ist Mitbestimmung bereits ein »alter Hut«. Im Artikel 12 legen die Mitgliedsstaaten fest, dass Kinder das Recht auf Mitbestimmung in Angelegenheiten haben, die sie betreffen (vgl. http://www.national-coalition.de/pdf/UN-Kinderrechtskonvention.pdf).

UN-Konvention über die Rechte des Kindes
Artikel 3 [Wohl des Kindes]

(1) Bei allen Maßnahmen, die Kinder betreffen, gleichviel ob sie von öffentlichen oder privaten Einrichtungen der sozialen Fürsorge, Gerichten, Verwaltungsbehörden oder Gesetzgebungsorganen getroffen werden, ist das Wohl des Kindes ein Gesichtspunkt, der vorrangig zu berücksichtigen ist.

(2) Die Vertragsstaaten verpflichten sich, dem Kind unter Berücksichtigung der Rechte und Pflichten seiner Eltern, seines Vormunds oder anderer für das Kind gesetzlich verantwortlicher Personen den Schutz und die Fürsorge zu gewährleisten, die zu seinem Wohlergehen notwendig sind; zu diesem Zweck treffen sie alle geeigneten Gesetzgebungs- und Verwaltungsmaßnahmen.

(3) Die Vertragsstaaten stellen sicher, dass die für die Fürsorge für das Kind oder dessen Schutz verantwortlichen Institutionen, Dienste und Einrichtungen den von den zuständigen Behörden festgelegten Normen entsprechen, insbesondere im Bereich der Sicherheit **und der** Gesundheit sowie hinsichtlich der Zahl und der fachlichen Eignung des Personals und des Bestehens einer ausreichenden Aufsicht.

Artikel 4 [Verwirklichung der Kindesrechte]

Die Vertragsstaaten treffen alle geeigneten Gesetzgebungs-, Verwaltungs- und sonstigen Maßnahmen zur Verwirklichung der in diesem Übereinkommen anerkannten Rechte. Hinsichtlich der wirtschaftlichen, sozialen und kulturellen Rechte treffen die Vertragsstaaten derartige Maßnahmen unter Ausschöpfung ihrer verfügbaren Mittel und erforderlichenfalls im Rahmen der internationalen Zusammenarbeit.

Artikel 12 [Berücksichtigung des Kindeswillens]

(1) Die Vertragsstaaten sichern dem Kind, das fähig ist, sich eine eigene Meinung zu bilden, das Recht zu, diese Meinung in allen das Kind berührenden Angelegenheiten frei zu äußern, und berücksichtigen die Meinung des Kindes angemessen und entsprechend seinem Alter und seiner Reife.

(2) Zu diesem Zweck wird dem Kind insbesondere Gelegenheit gegeben, in allen das Kind berührenden Gerichts- oder Verwaltungsverfahren entweder unmittelbar oder durch einen Vertreter oder eine geeignete Stelle im Einklang mit den innerstaatlichen Verfahrensvorschriften gehört zu werden.

Der Artikel 12 deutet schon in seiner Formulierung auf Schwierigkeiten bei der Umsetzung hin. Rechte werden Kindern erst dann zugestanden, wenn sie als fähig erachtet werden, sich eine eigene Meinung zu bilden. Die Entscheidung darüber, wann das der Fall ist, treffen Erwachsene. Fraglich ist: Ist diese Fähigkeit alters- oder entwicklungsabhängig? Was passiert mit Kindern, die diese Fähigkeit (vermeintlich) nicht erlangen? Auch wenn es formale Rechte für Kinder gibt, bleibt es doch den Erwachsenen überlassen, Kindern diese Rechte auch in der Praxis einzuräumen. Das wird besonders deutlich, wenn wir an Kinder in Kindertagesstätten denken, die altersbedingt ihre Rechte noch gar nicht kennen.

Aus dem **Grundgesetz** lassen sich Rechte für Kinder nur begrenzt ableiten. Kinder sind noch keine ausdrücklich mit politischen Rechten ausgestatteten Bürger. Sowohl im Grundgesetz als auch im SGB IX ist vor allem das Recht von Eltern festgeschrieben. Diese »verfassungsrechtlich festgeschriebene Altersdiskriminierung« (Merk 1995, S. 66) ist durch den Artikel 20a GG, in dem die Verantwortung für künftige Generationen erstmals festgehalten ist, etwas abgeschwächt.

Artikel 20a

Der Staat schützt auch in Verantwortung für die künftigen Generationen die natürlichen Lebensgrundlagen und die Tiere im Rahmen der verfassungsmäßigen Ordnung durch die Gesetzgebung und nach Maßgabe von Gesetz und Recht durch die vollziehende Gewalt und die Rechtsprechung.

Dieser Artikel des Grundgesetzes kann mit dem ausdrücklichen Verweis auf die Verantwortung für künftige Generationen zu einer dramatischen Verstärkung der Kinder- bzw. Zukunftsinteressen führen, wenn der politische Wille zu Umsetzung vorhanden ist.

Wichtigste Rechtsgrundlage ist das **Sozialgesetzbuch (SGB) – Achtes Buch (VIII) – Kinder- und Jugendhilfe.** Eine Beteiligungspflicht junger Menschen ist hier an unterschiedlichen Stellen verankert.

§ 1 Recht auf Erziehung, Elternverantwortung, Jugendhilfe

(1) Jeder junge Mensch hat ein Recht auf Förderung seiner Entwicklung und auf Erziehung zu einer eigenverantwortlichen und gemeinschaftsfähigen Persönlichkeit.

(2) Pflege und Erziehung der Kinder sind das natürliche Recht der Eltern und die zuvörderst ihnen obliegende Pflicht. Über ihre Betätigung wacht die staatliche Gemeinschaft.

(3) Jugendhilfe soll zur Verwirklichung des Rechts nach Absatz 1 insbesondere
- junge Menschen in ihrer individuellen und sozialen Entwicklung fördern und dazu beitragen, Benachteiligungen zu vermeiden oder abzubauen,

Die Rechte der Kinder

- Eltern und andere Erziehungsberechtigte bei der Erziehung beraten und unterstützen, Kinder und Jugendliche vor Gefahren für ihr Wohl schützen,
- dazu beitragen, positive Lebensbedingungen für junge Menschen und ihre Familien sowie eine kinder- und familienfreundliche Umwelt zu erhalten oder zu schaffen.

Damit hat der Begriff der Kinderfreundlichkeit Eingang in die Gesetzesgrundlage der Jugendhilfe gefunden. Die Träger der Jugendhilfe sind dazu verpflichtet, Kinder- und Familienfreundlichkeit zu ihrer Aufgabe zu machen. Bislang ist auf juristischer Ebene die Bedeutung dieses Absatzes nicht entschieden. Nimmt man die Zielsetzung ernst, ergibt sich daraus selbstverständlich die Querschnittsaufgabe, Kinder- und Jugendfreundlichkeit umzusetzen.

Das würde bedeuten, dass Kinder- und Familienfreundlichkeit sich auf vielen Ebenen zeigt: in der Städteplanung, im öffentlichen Nahverkehr, bei der Gestaltung von Spielplätzen, ... Da diese Aufgaben unterschiedlichen Ressorts zugeordnet sind, lässt die Umsetzung allerdings heftig zu wünschen übrig.

Die Beteiligung von Kindern und Jugendlichen wird im Paragrafen 8 des SGB geregelt.

§ 8 Beteiligung von Kindern und Jugendlichen

(1) Kinder und Jugendliche sind entsprechend ihrem Entwicklungsstand an allen sie betreffenden Entscheidungen der öffentlichen Jugendhilfe zu beteiligen. Sie sind in geeigneter Weise auf ihre Rechte im Verwaltungsverfahren sowie im Verfahren vor dem Familiengericht und dem Verwaltungsgericht hinzuweisen.

(2) Kinder und Jugendliche haben das Recht, sich in allen Angelegenheiten der Erziehung und Entwicklung an das Jugendamt zu wenden.

(3) Kinder und Jugendliche können ohne Kenntnis des Personensorgeberechtigten beraten werden, wenn die Beratung aufgrund einer Not- und Konfliktlage erforderlich ist und solange durch die Mitteilung an den Personensorgeberechtigten der Beratungszweck vereitelt würde.

Hier ist die Beteiligung von Kindern und Jugendlichen ausdrücklich festgeschrieben. Die Reichweite des Paragrafen wird leider immer noch nicht von allen Pädagoginnen richtig begriffen und hat meines Erachtens auch an den Fachschulen noch nicht entsprechend Eingang gefunden, was höchst bedauerlich ist. Die Beteiligung von Kindern und Jugendlichen ist schließlich kein Gnadenakt der Erziehenden, sondern Recht von jungen Menschen. Nach dem Willen des Gesetzgebers soll dieses Recht auf verschiedenen Ebenen Eingang finden: zunächst geht es um die Beteiligung junger Menschen in Jugendhilfeeinrichtungen, darüber hinaus sind Kinder aber auch auf der Ebene kommunaler Planung zu beteiligen, soweit sie hiervon berührt sind – und das ist fast immer der Fall.

Darüber hinaus sind geeignete Instrumentarien zu entwickeln, die eine Beteiligung von Kindern und Jugendlichen sicherstellen.

Bei der Umsetzung von Kinderinteressen hat die Planung, die ebenfalls im SGB VIII festgeschrieben ist, eine zentrale Funktion. Dabei ist die Zusammenarbeit mit anderen Einrichtungen – also die Vernetzung der Jugendhilfe – eine Pflichtaufgabe der öffentlichen Jugendhilfe. Auf die Vernetzungsaufgabe weist auch der 12. Kinder- und Jugendbericht des Bundesministeriums für Familie, Senioren, Frauen und Jugend noch einmal ausdrücklich hin.

§ 80 Jugendhilfeplanung

(1) Die Träger der öffentlichen Jugendhilfe haben im Rahmen ihrer Planungsverantwortung
1. den Bestand an Einrichtungen und Diensten festzustellen,
2. den Bedarf unter Berücksichtigung der Wünsche, Bedürfnisse und Interessen der jungen Menschen und der Personensorgeberechtigten für einen mittelfristigen Zeitraum zu ermitteln und
3. die zur Befriedigung des Bedarfs notwendigen Vorhaben rechtzeitig und ausreichend zu planen; dabei ist Vorsorge zu treffen, dass auch ein unvorhergesehener Bedarf befriedigt werden kann.

(2) Einrichtungen und Dienste sollen so geplant werden, dass insbesondere
1. Kontakte in der Familie und im sozialen Umfeld erhalten und gepflegt werden können,
2. ein möglichst wirksames, vielfältiges und aufeinander abgestimmtes Angebot von Jugendhilfeleistungen gewährleistet ist,
3. junge Menschen und Familien in gefährdeten Lebens- und Wohnbereichen besonders gefördert werden,
4. Mütter und Väter Aufgaben in der Familie und Erwerbstätigkeit besser miteinander vereinbaren können.

(3) Die Träger der öffentlichen Jugendhilfe haben die anerkannten Träger der freien Jugendhilfe in allen Phasen ihrer Planung frühzeitig zu beteiligen. Zu diesem Zweck sind sie vom Jugendhilfeausschuss, soweit sie überörtlich tätig sind, im Rahmen der Jugendhilfeplanung des überörtlichen Trägers vom Landesjugendhilfeausschuss zu hören. Das Nähere regelt das Landesrecht.

Die Rechte der Kinder

(4) Die Träger der öffentlichen Jugendhilfe sollen darauf hinwirken, dass die Jugendhilfeplanung und andere örtliche und überörtliche Planungen aufeinander abgestimmt werden und die Planungen insgesamt den Bedürfnissen und Interessen der jungen Menschen und ihrer Familien Rechnung tragen.

§ 81 Zusammenarbeit mit anderen Stellen und öffentlichen Einrichtungen

Die Träger der öffentlichen Jugendhilfe haben mit anderen Stellen und öffentlichen Einrichtungen, deren Tätigkeit sich auf die Lebenssituation junger Menschen und ihrer Familien auswirkt, insbesondere mit
1. Schulen und Stellen der Schulverwaltung,
2. Einrichtungen und Stellen der beruflichen Aus- und Weiterbildung,
3. Einrichtungen und Stellen des öffentlichen Gesundheitsdienstes und sonstigen Einrichtungen des Gesundheitsdienstes,
4. den Stellen der Bundesagentur für Arbeit,
5. den Trägern anderer Sozialleistungen,
6. der Gewerbeaufsicht,
7. den Polizei- und Ordnungsbehörden,
8. den Justizvollzugsbehörden und
9. Einrichtungen der Ausbildung für Fachkräfte, der Weiterbildung und der Forschung im Rahmen ihrer Aufgaben und Befugnisse zusammenzuarbeiten.

Der Gesetzgeber hat diese Aufzählung bewusst unvollständig gelassen. Es muss mit allen Einrichtungen, die auf die Lebenssituation von Kindern Einfluss haben und zur Verbesserung der Kinderfreundlichkeit beitragen können, zusammengearbeitet werden. Auch diese Verpflichtung der Zusammenarbeit weist auf die Absicht des Gesetzgebers hin, Kinderpolitik zur Querschnittaufgabe zu machen.

Auch der § 3 Bundesbaugesetzbuch sieht eine Bürgerbeteiligung vor (und was sind Kinder, wenn nicht Bürger!). Bauleitplanung soll die kulturellen Bedürfnisse der Bevölkerung berücksichtigen, insbesondere die Bedürfnisse von Familien, der jungen und der alten Menschen und der Menschen mit Behinderung.

§ 3 Beteiligung der Öffentlichkeit
(1) Die Öffentlichkeit ist möglichst frühzeitig über die allgemeinen Ziele und Zwecke der Planung, sich wesentlich unterscheidende Lösungen, die für die Neugestaltung oder Entwicklung eines Gebiets in Betracht kommen, und die voraussichtlichen Auswirkungen der Planung öffentlich zu unterrichten; ihr ist Gelegenheit zur Äußerung und Erörterung zu geben.

Die Rechte der Kinder

Abs. 5 Satz 2 BBG

(2) Die Ausstattung des Gemeindegebiets

a) mit Anlagen und Einrichtungen zur Versorgung mit Gütern und Dienstleistungen des öffentlichen und privaten Bereichs, insbesondere mit der Allgemeinheit dienenden baulichen Anlagen und Einrichtungen des Gemeinbedarfs, wie mit Schulen und Kirchen sowie mit sonstigen kirchlichen, sozialen, gesundheitlichen und kulturellen Zwecken dienenden Gebäuden und Einrichtungen, sowie mit Flächen für Sport- und Spielanlagen.

Das ist eine ziemlich weitreichende Beteiligungsmöglichkeit im kommunalen Rahmen. Es stellt sich jedoch die Frage, in wieweit solche Partizipationsmöglichkeiten öffentlich gemacht und dann auch umgesetzt werden. Beteiligung auf kommunaler Ebene setzt Kenntnis voraus. Die finden wir häufig nicht einmal bei den politischen Vertretern. Ein weiterer kritischer Punkt besteht darin, dass Kinder die Sprache, die in politischen Gremien vorherrscht häufig nicht verstehen und so schnell entmutigt werden. Vielen Ämtern ist eine Einbindung von Kindern und Jugendlichen auch viel zu zeitaufwändig.

Jugendförderungsgesetz Schleswig-Holstein
§ 4 Beteiligung von Kindern und Jugendlichen

(1) Die Beteiligung von Kindern und Jugendlichen entsprechend ihrem Entwicklungsstand an allen sie unmittelbar betreffenden Entscheidungen und Maßnahmen der Träger der öffentlichen Jugendhilfe sind zu gewährleisten. Sie sollen rechtzeitig, in geeigneter Form und möglichst umfassend unterrichtet werden. Mit ihnen sollen persönliche Gespräche geführt werden. Sie sind berechtigt, eine Person ihres Vertrauens zu beteiligen.

(3) Kinder und Jugendliche sollen an Planungen in den Gemeinden in angemessener Weise beteiligt werden, soweit ihre Interessen hiervon berührt werden.

§ 47 f Beteiligung von Kindern und Jugendlichen

(1) Die Gemeinde muss bei Planungen und Vorhaben, die die Interessen von Kindern und Jugendlichen berühren, diese in angemessener Weise beteiligen. Hierzu muss l die Gemeinde über die Beteiligung der Einwohnerinnen und Einwohner nach den §§ 16 a bis 16 f hinaus geeignete Verfahren entwickeln.

(2) Bei der Durchführung von Planungen und Vorhaben, die die Interessen von Kindern und Jugendlichen berühren, muss die Gemeinde in geeigneter Weise darlegen, wie sie diese Interessen berücksichtigt und die Beteiligung nach Absatz 1 durchgeführt hat.

Die Rechte der Kinder

Die Gemeinden in Schleswig-Holstein sind verpflichtet, geeignete kinder- und jugendspezifische Beteiligungsverfahren zu entwickeln, wobei ihnen zugegebener Maßen ein großer Spielraum eingeräumt wird. Pädagogen sollten aber die Einflussmöglichkeiten im Interesse der Kinder nutzen und dafür sorgen, dass Beteiligung nicht zur Spielwiese verkommt, sondern zu einer kindorientierten Stadt- und Gemeindepolitik beiträgt.

Die anderen Bundesländer beziehen sich bei der Beteiligung von Kindern überwiegend auf die rechtlichen Grundlagen des SGB VIII und die Form der Bürgerbeteiligung, die in den jeweiligen Gemeindeverordnungen festgeschrieben sind. Ein Blick in die Gemeindeverordnung lohnt sich deswegen.

Wenn es um den Begriff Bürgerbeteiligung geht, wird automatisch vom erwachsenen Bürger ausgegangen. Dennoch kann sich niemand ernsthaft weigern, Kinder und Jugendliche als Bürger zu akzeptieren und ihre Themen, Fragen und Diskussionspunkte zuzulassen.

Zusammenfassend lässt sich sagen, dass Mitgestaltung von Kindern und Jugendlichen rechtlich längst verankert ist. Dennoch ist es scheinbar notwendig, dass ein Umdenken der Behörden und der Pädagogen in sozialpädagogischen Einrichtungen notwendig ist.

Pädagogen müssen zu Anwälten der Kinder werden und sich für ihre Rechte einsetzen. Ein Teil ihrer pädagogischen Arbeit besteht darin, eine Verbesserung der kindlichen Lebenswelten zu erreichen. Und das ist durchaus als politischer Auftrag zu verstehen.

3.2. Beteiligung von Kindern in Kindertageseinrichtungen

Welche Entscheidungen der Jugendhilfe betreffen Kinder? Im Prinzip muss die Antwort lauten: alle. Sowohl einmalige, grundlegende als auch alltägliche Entscheidungen prägen den Alltag von Kindern in pädagogischen Einrichtungen.

Kinder sind betroffen von der Entscheidung:
- wie die Mittel in der Jugendhilfe verteilt werden;
- welche Konzepte in pädagogischen Einrichtungen verwirklicht werden;
- welche Entscheidungen in Krisensituationen über sie persönlich gefällt werden.

Die Rechte der Kinder

Auch wenn es häufig schwierig erscheint, will der Gesetzgeber, dass Kinder in diese grundlegenden Entscheidungen einbezogen werden.

Der 10. Jugendbericht – Partizipation von Kindern und Jugendlichen im kommunalen Raum

Weitreichende Empfehlungen für die Beteiligung von Kindern und Jugendlichen finden wir im 10. Jugendbericht (Drucksache 13/11368 Deutscher Bundestag · 13. Wahlperiode)

Im Abschnitt B 10.2.2 **Tageseinrichtungen und die Verantwortung der Kinder** wird beschrieben, dass Kinder »recht genaue Vorstellungen darüber haben, was ihnen an ›ihrem‹ Kindergarten oder an ›ihrer‹ Kita gefällt und was sie stört; spontan äußern sie Vorschläge und Beschwerden. Die Wünsche beziehen sich auf Alltägliches: auf den Zugang zu Spielsachen, die Einrichtung und die Aufteilung des Raums, auf Regeln des Umgangs miteinander oder die Ziele von Ausflügen. Die Kinder kritisieren manchmal auch Anordnungen der Erzieherin. Es ist wichtig, dass diese Wünsche und Klagen der Kinder ernst genommen werden, denn in diesen Reaktionen zeigt sich ihre Erwartung, einen wichtigen Bereich ihres Lebens mitgestalten zu können. Bei diesen Bemühungen können Kinder wichtige Erfahrungen damit sammeln, wie eine Gruppe sich gute Lösungen erarbeitet. Kinder erleben, dass man selber etwas bewirken kann und dann allerdings auch verantworten muss.

(Drucksache 13/11368 Deutscher Bundestag · 13. Wahlperiode. S. 146)

Der Jugendbericht weist darauf hin, dass Kinder und Jugendliche ausdrücklich in die Gestaltung ihrer Einrichtung einbezogen werden sollen. Sie sollen über gemeinsame Regeln für den Umgang miteinander kommunizieren, damit ihre Anregungen in die inhaltliche Arbeit der Pädagoginnen einfließen. Aufgabe der Pädagoginnen ist es, die Kinder dabei zu ermutigen und zu unterstützen.

»Gesprächsrunden«, »Kinderkonferenzen« oder die Übernahme von Aufgaben durch Gruppen von Kindern bieten Kindern Möglichkeiten, gemeinsame Vorstellungen zu entwickeln und Vereinbarungen zu treffen.

Zweifellos kann man Kinder überfordern, wenn man ihnen eine stärkere Stellung in der Gestaltung des pädagogischen Alltags ihrer Einrichtungen zuerkennt. Immer wieder wird betont, dass sich die größere Selbstständigkeit der Kinder nur in einem gemeinsam verabredeten und verantworteten Rahmen entfalten kann (Dörfler 1994). Besondere Attraktivität erlangen unter diesem Gesichtspunkt Traditionen der Kleinkindpädagogik, die schon immer Kinder als Akteure mit individuellen Bedürfnissen und eigenen Wegen des Lernens und Problemlösens gesehen haben, wie etwa die Pädagogik Freires, die Reggio-Pädagogik oder die Montessori-Pädagogik (10. Jugendbericht S. 147).

In den Empfehlungen für Schule und Kindertageseinrichtungen heißt es dann:

B 10.4 Empfehlungen

Es gehört zu den Bildungsaufgaben der Tageseinrichtungen, Raum für Aktivität zu lassen, für die sich Kinder nach ihren eigenen Präferenzen entscheiden können. Wichtige Themen des Zusammenlebens von Menschen wie Streit, Fairness, Gerechtigkeit, Freundschaft, Hilfe, sollten zum ausdrücklichen Thema in Schulen und Tageseinrichtungen werden, damit Kinder sich die Grundprinzipien des sozialen Zusammenlebens erarbeiten und eigene Erfahrungen sammeln können. Dafür müssen praktische Herausforderungen im Alltag der Einrichtungen geschaffen werden. (...)

B 11.2 Besonderheit von Kinderrechten

Kinder sind im Verhältnis zu Erwachsenen grundsätzlich gleichberechtigt, gleichwertige Menschen und für die Gesellschaft von gleicher Bedeutung (vgl. Herzka 1989). Der Würde von Kindern und Erwachsenen sowie dem Schutz ihrer Person ist dementsprechend Rechnung zu tragen. Aber die Kinder sind für ihr Aufwachsen und selbstständig werden physisch und psychisch auf die Unterstützung der Erwachsenen angewiesen. Dieses Angewiesen sein kommt zum Ausdruck in dem existentiellen Bedarf z. B. an Versorgung und Betreuung sowie an Geborgenheit, Anregung, Räumen für Erfahrungen mit sich und anderen, Ermutigung und Trost.

Rechte der Kinder müssen so beschaffen sein, dass sie die Subjektstellung der Kinder und die Bedingungen ihres Aufwachsens deutlich regeln. Dafür reicht es nicht aus, dass Kinder »nur« den Erwachsenen rechtlich gleichgestellt werden. Wegen der unterschiedlichen Ausgangslage würde es sich sonst größtenteils nur um »Pseudorechte« handeln. So ist darauf abzustellen, dass Minderjährige – im Unterschied zu Erwachsenen – ein »Recht auf eine Entwicklungsphase haben, in der sie die Chance erhalten, ohne den Druck einer umfassenden Verantwortung für andere eigene Bedürfnisse und Fähigkeiten auszubilden« (Rauschenbach, B. 1996, S. 38). Die Bedingungen dafür zu schaffen – auf der Basis wechselbezüglicher Auseinandersetzungen zwischen Eltern und Kindern und im Zusammenwirken mit Leistungen der staatlichen Gemeinschaft- gehört zu der Verantwortung der Erwachsenen (von Devivere/ Irskens/Lipp-Peetz/Preissing 1993) (10. Jugendbericht S. 158 ff.)

Die Notwendigkeit, Kinder und Jugendliche direkt an allen sie betreffenden Belangen zu beteiligen hat in den vergangenen Jahren im politischen Raum durchaus an Bedeutung gewonnen. So wird im Zehnten Kinder- und Jugendbericht (S. 149 ff.)

Die Rechte der Kinder

festgestellt, dass sich zunehmend die Einsicht durchsetzt, dass Kinder- und Jugendliche als eigenständige Personen mit Selbstbestimmungsrechten stärker und direkter an den sie betreffenden Planungsprozessen und politischen Entscheidungen zu beteiligen sind. Im 10. Jugendbericht wird außerdem darauf hingewiesen, dass:

- bei der Durchführung der Beteiligungsformen auf altersgerechte Methoden zu achten ist,
- allen Kindern Partizipationsmöglichkeiten eröffnet werden müssen, egal aus welcher sozialen Schicht sie kommen, welche ethnische Herkunft oder religiöse Zugehörigkeit sie haben,
- Beteiligungsvorhaben finanziell vernünftig ausgestattet sein und von kompetenten Erwachsenen begleitet werden müssen,
- Beteiligungsmodelle einen überschaubaren Zeitrahmen haben, damit Kinder auch die Verwirklichung ihrer Anstrengungen erleben können.

Das Recht auf Beteiligung kann auf zwei Arten erfolgen:

Auf der einen Seite können und müssen Eltern als gesetzliche Vertreter der Kinder befragt werden. Welche Form und welche Strukturen z. B. der Elementareinrichtungen sind für sie sinnvoll? Solange es um formale Fragen wie Öffnungszeiten von Kindertagesstätten geht, ist das noch relativ einfach. Schwierig wird es, wenn auch das pädagogische Konzept und Strukturen der Einrichtung mit Eltern diskutiert werden.

Am Beispiel nach dem Wunsch vieler Eltern nach einer Vorbereitung der Kinder des Kindergartens auf die Schule wird das Problem deutlich. Mitgestaltung der Eltern bedeutet nicht einfach, einen Fragebogen auszuteilen und quantitativ auszuwerten, sondern pädagogisch professionell vorbereitete Mitgestaltung. Hier gilt es also, Überzeugungsarbeit zu leisten.

In Kindertageseinrichtungen wird auf Elternversammlungen regelmäßig über die zukünftige pädagogische Arbeit gesprochen. Heute fragen einige Eltern der fünfjährigen Kinder gezielt nach: »Wie werden unsere Kinder eigentlich auf den Schulstart vorbereitet?« Es fallen Stichworte wie »Schreibvorübungen«, Entwicklung mathematischer Vorläuferfähigkeiten, Englischunterricht. Mitbestimmung kann nun nicht bedeuten, diesem Wunsch einfach per Abstimmung nachzukommen. Aus pädagogischer Sicht ist ein Training, wie es manchen Eltern offensichtlich vorschwebt, nicht sinnvoll.

Stattdessen bitten die Erzieherinnen, dieses Thema auf den nächsten Elternabend zu vertagen, den sie sorgfältig planen. An diesem Abend, an dem auch die künftige Klassenlehrerin der Grundschule eingeladen ist, wird den Eltern Zeit gegeben, ihre Erwartungen an die Schulvorbereitung zu formulieren und die Unsicherheiten

Die Rechte der Kinder

zu konkretisieren. Schnell stellt sich heraus, dass die Beweggründe der Eltern sehr unterschiedlich sind. Während einige Erfahrung mit Geschwisterkindern haben, beziehen sich andere eher auf die eigenen Erinnerungen an die eigene Schulzeit. Schließlich wird eine Liste der Fähigkeiten aufgestellt, die Kinder aus Sicht der Eltern zum Schulbeginn haben sollten. Die Grundschullehrerin kann diese Liste etwas relativieren, was die Eltern sehr beruhigt. Anschließend erläutern die Erzieherinnen inwiefern sie den Kindern, ihrem Konzept entsprechend (nach dem Situationsansatz oder im Rahmen des projektorientierten Lernens) Möglichkeiten geben, genau diese Fähigkeiten zu erwerben – allerdings nicht in Form isolierten Trainings, sondern in situativen Zusammenhängen und weil die Kinder selbst es so wünschen.[1]

Die Erzieherinnen in einer städtischen Einrichtung stellen anhand der Erzählungen der Kinder fest, dass die Kinder nachmittags kaum draußen spielen. Als sie der Frage weiter nachgehen, wird deutlich, dass viele Eltern in diesem Stadtteil den Kindern ein selbstständiges Verlassen der Wohnung aus Angst vor Gefahren verbieten: Es gibt kaum wohnraumnahe Spielflächen, der Straßenverkehr gefährdet die Kinder, größere Kinder verunsichern die Kleinen.

Als diese Beobachtungen in der Mitarbeiterbesprechung thematisiert werden, stellt eine Kollegin fest: Eigentlich ist es doch unsere Aufgabe, uns darum zu kümmern. In einem Projekt »Wo ich wohne – wo ich spiele – was ich mir wünsche« wird die desolate Spielsituation aufgegriffen und Wünsche aus Sicht der Kinder formuliert. Ergebnis ist eine Ausstellung, zu der die Eltern sowie Politiker und Politikerinnen eingeladen werden. Das ist eine Form, wie Kinderrechte durchzusetzen sind.

Wir kennen mehrere verschiedene Formen der Beteiligung, die in Praxis Eingang gefunden haben:
- Erwachsene vertreten die Rechte der Kinder und verfolgen dabei auch die Interessen der Kinder (wobei zu Fragen bleibt, woher die Erwachsenen die Gewissheit haben, dass es sich tatsächlich um Kinderinteressen handelt)
- In parlamentarischen Formen (Kinderkonferenzen, Kinderversammlungen) vertreten sich die Kinder selbst
- Offene Formen der Mitbestimmung/alltägliche Partizipation: Kinder entscheiden über ihre Belange in der Kita selbst, im Morgenkreis, in Gesprächen, sie wählen eigenständig Aktivitäten, Essen, Zeitrhythmus, Raumgestaltung, ...)

---

1 Auf der anderen Seite geht es um die direkte Beteiligung der Kinder. Und zwar nicht nur innerhalb der Institution; Erzieherinnen sind auch für die Schaffung einer kinder- und familienfreundlichen Umwelt zuständig.

Die Rechte der Kinder

- Projektorientierte Partizipationsverfahren (Projekte wie: Wir gestalten unseren Gruppenraum/Spielplatz neu, Unser Stadtteil)

Mit den parlamentarischen Mitbestimmungsverfahren sind insbesondere kleine Kinder häufig überfordert. Sie sind wenig kindgerecht, verlangen ein hohes Maß an Disziplin und geduldiges Zuhören. Die Regeln werden häufig von **Erwachsenen** bestimmt und so verkommen solche Verfahren häufig zu Alibiveranstaltungen. Es besteht auch eine »Gefahr« darin, dass sich in Kinderkonferenzen und ähnlichen Veranstaltungen nur privilegierte Kinder, die über hohes Selbstbewusstsein verfügen und rhetorisch geschickt sind, sich durchsetzen können.

Im Rahmen offener Formen der Kinderbeteiligung können Kinder ihre Anliegen direkt an Politiker oder die kommunale Verwaltung herantragen. Experten diskutieren dann in kindgerechter Form die Anliegen der Kinder (geeignet für Kinder etwa ab 6 Jahren).

Projektorientierte Modelle zeichnen sich dadurch aus, dass Kinder – auch im Rahmen der sie betreuenden Institution – ganz konkret an sie betreffenden Anliegen oder Planungsvorhaben arbeiten. Das geschieht Mithilfe kreativer Methoden und unter Einbeziehung eines ganzheitlichen Ansatzes (Stadtteilerkundung, Spielplatzumgestaltung, Gruppenraumumgestaltung). Die Kinder haben bei diesem Ansatz die Möglichkeit ihren Fähigkeiten entsprechend Ideen einzubringen. Der Planungszeitraum ist überschaubar, die Kinder können den Erfolg ihrer Initiative selbst erleben und damit auch die Wirksamkeit ihres Tuns. Die Integration aller Kinder mit ihren vielfältigen Fähigkeiten ist weitgehend gewährleistet.

4. Die Bedeutung der Partizipation in der Pädagogik

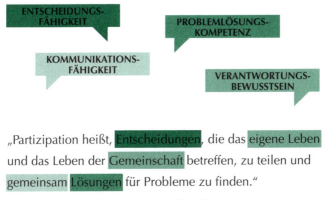

„Partizipation heißt, Entscheidungen, die das eigene Leben und das Leben der Gemeinschaft betreffen, zu teilen und gemeinsam Lösungen für Probleme zu finden."

Dr. Richard Schröder, Pro-Kids der Stadt Herten

Grafik: Carl-C. Brandt, Hamburg 2011

»Kindertageseinrichtungen stehen in der Verantwortung, der Kinderbeteiligung als ›gelebter Alltagsdemokratie‹ einen hohen Stellenwert und einen festen Platz einzuräumen. Um sich zu beteiligen sind Kinder und Erwachsene herausgefordert, ihre eigenen Interessen wahrzunehmen, auszudrücken und in gemeinsame Entscheidungsprozesse einbringen zu können – hier sind Kinder, aber auch viele Erwachsene erst einmal Lernende. Partizipation heißt nicht, dass nur die Themen der Kinder aufgegriffen werden. Vielmehr fordert der Bildungsplan das pädagogische Personal heraus, bei Kindern das Interesse für neue Themen zu wecken. Eine Bildungspraxis, die Entfaltung der Lernpotenziale der Kinder optimal unterstützt, legt das Hauptgewicht auf partizipative Bildungsprozesse im Alltags- und Lebensweltbezug und weniger auf vorgefertigte Programme, gleich wie wirksam sie auch sein mögen. Programme bergen stets die Gefahr, Kindern Themen ›überzustülpen‹. Dieser Gefahr können pädagogische Fachkräfte zwar verantwortungsvoll begegnen, sie aber nie ganz beseitigen« *(Bayrischer Bildungs- und Erziehungsplan S. 403)*.

Die Bedeutung der Partizipation in der Pädagogik

4.1. Rechte von Kindern als Ausgangspunkt für pädagogisches Handeln

Kinder werden selbstständig durch Ausprobieren und Handeln. Dafür benötigen sie überschaubare und weit gehend »erwachsenenfreie« Proberäume und, sie brauchen um Entscheiden zu lernen, Alternativen, zwischen denen eine echte Entscheidung auch möglich ist.

Aufgabe der Pädagogik ist es, Räume zu schaffen, in denen Kinder Partizipation leben können.

- Wenn Kinder aus Erwachsenenwelten immer stärker verdrängt werden, muss die Pädagogik Räume schaffen, in denen eine Begegnung zwischen Kindern und Erwachsenen stattfinden kann.
- Wenn Kinder aus der Öffentlichkeit in »Kinderräume« verbannt werden, muss die Pädagogik einen Teil dieser Erwachsenen vorbehaltenen Räume wieder für Kinder zurück gewinnen und es als ihre Aufgabe betrachten, Kindern in ihrem Wohnumfeld Spiel- und Erfahrungsräume zu vermitteln.

Diese Anforderungen werden in sozialräumlichen Konzepten, wie sie der situationsorientierte Ansatz für den Elementarbereich, bzw. der »Lebensweltorientierte Ansatz« für die Jugendhilfe darstellt, aufgenommen. Hier wird die Öffnung der Einrichtungen, die Gemeinwesenorientierung und damit auch die öffentliche Einflussnahme auf soziale Lebensräume zum wichtigen Prinzip der pädagogischen Arbeit. Pädagogik sollte weniger hinter verschlossenen Türen stattfinden als vielmehr in öffentlichen Räumen Vernetzungen schaffen.

Die Entscheidung, Kinder teilhaben zu lassen, muss auf verschiedenen Ebenen getroffen werden.

1. Sie ist eine **gesellschaftliche Entscheidung:** Dabei ist zu überprüfen, welche Rolle die Gesellschaft und ganz konkret, das politische Umfeld (der Stadtteil, die Gemeinde) den Kindern einräumt. Wie ernst werden die Bedürfnisse der Kinder genommen?
Hierzu gehört die Frage, ob Deutschland »kinderfreundlich« ist und was uns unsere Kinder »wert« sind. Empfindet die Mehrheit der Bevölkerung Kinder als ein besonderes Gut für Gegenwart und Zukunft, so wie wir es bei den Maoris kennengelernt haben? Oder stellen Kinder eher eine Belastung für Erwachsene dar? Erwarten wir einfach nur, dass sie gut funktionieren und dem Idealbild vom angepassten Kind entsprechen?

Die Bedeutung der Partizipation in der Pädagogik

2. Sie ist eine **politische Entscheidung**: Politik steckt den Rahmen dafür ab, wie Kinder leben. Sie entscheidet über die finanziellen Verhältnisse (Kindergeld, Unterstützungsangebote, Umgang mit Armut, Bereitstellung von institutioneller Unterstützung). Hier ist auch zu fragen, welche Rolle kindliche Lebensäußerungen in politischen Planungsprozessen spielen. Welche Wohnsituationen finden Kinder vor? Welche gefahrlos zu benutzenden Spielflächen und Erlebnisräume bieten sich Kindern? Welche ökologischen Bedingungen prägen ihr Aufwachsen? Welchen Stellenwert haben Investitionen in kindliche Lebenswelten wie Kindertagesstätten, Jugendhilfeeinrichtungen, Kinder- und Familienzentren, Schulen, Familienberatungen?
3. Sie ist eine Entscheidung der pädagogischen Fachkräfte. Diese müssen sich überlegen, welche Rechte sie bereit sind, den Kindern zuzugestehen. Von ihrem Menschenbild hängt ab, wie viel Beteiligung sie Kindern »zumuten«. Sind Kinder bereits mit vielen Entscheidungskompetenzen ausgestattet, oder sind sie unfertige ungebildete Wesen, die erst durch Erziehungskräfte zu »Mitentscheidern« werden können? Sind sie vielleicht sogar gleichberechtigte Partner, die mit Rechten ausgestattet sind und deren Interessen ihre Berechtigung haben, auch wenn sie nicht denen der Erziehungskräfte entsprechen?

Weiterhin gilt Folgendes zu bedenken: Beschränkt sich die Pädagogik auf den Raum, der ihr zugewiesen wird – auf die direkte Arbeit in »kindgerechten Räumen« – oder geht sie darüber hinaus und mischt sich in gesellschaftliche und politische Entscheidungen ein? Erst in jüngster Zeit ist es gelungen, Erzieherinnen für die eigenen und die Belange der Kinder zu mobilisieren.

> *»Wie Erzieherinnen sich öffentlich Gehör verschaffen können, zeigte sich in beeindruckender Weise bei den Streiks 2009: 17 Tage lang gingen pädagogische Fachkräfte in vielen deutschen Städten auf die Straße. Und 2011 demonstrierten tausende Erzieherinnen in sechs Bundesländern, um die Einführung eines Tarifvertrags zur betrieblichen Gesundheitsförderung anzumahnen.« (Stamer-Brandt, Petra: Wer macht sich stark für Sie als Fachkraft? In: Kindergarten heute, Heft 9/11 S. 20)*

Spätestens seit 2009 zeigt sich immer wieder, dass Pädagoginnen bereit und in der Lage sind, sich erfolgreich für die eigenen Belange und auch für die Belange der Kinder (Mobilisierung gegen die Standardabsenkungen) einzusetzen. Sie nehmen vermehrt ihre Rolle als »Lobbyisten für Kinder« ein, mit dem Ziel, die Kinder zu stärken.

Die Bedeutung der Partizipation in der Pädagogik

Partizipation geht über das, was häufig als Mitbestimmung bezeichnet wird hinaus. Es geht nicht nur darum, Kinder und Jugendliche nach ihrer Meinung zu fragen und sie quantitativ abstimmen zu lassen, sondern es geht darum, mit ihnen in einen ernsthaften Dialog zu treten, um dann zusammen mit ihnen die gemeinsamen Lebensräume zu gestalten. Es geht darum, kindliche Bedürfnisse und kindliche Weltsichten im Alltag wahrzunehmen, zu respektieren und die eigenen Weltinterpretationen immer wieder in Frage zu stellen.

Ich erinnere mich noch gut an folgende Situation: Erzieherin X bemüht sich mit großem Engagement darum, die müde Leila (4) für eine Beschäftigung zu motivieren. Sie macht unzählige attraktive Angebote und ihre Überredungskunst klingt ziemlich überzeugend, weil engagiert. Aber Leila wird immer missmutiger. Nach einiger Zeit meldet sich Lotta zu Wort:»Lass‹ sie doch endlich mal in Ruhe!« Genau das war‹s: Leila war müde und wollte ihr Recht, nichts zu tun in Anspruch nehmen. Die Erzieherin hat Leilas Befinden und Wunsch ignoriert, als engagierte Kita-Mitarbeiterin fühlte sie sich verpflichtet, alle Kinder ständig zu beschäftigen.

Ich bin mir sicher, Pädagogen sind als Fachleute viel eher als andere Berufsgruppen in der Lage, den Dialog mit Kindern zu inszenieren. Damit tragen sie auch eine besondere Verantwortung. Ein sinnvoller Dialog mit Kindern kann sich immer dann ergeben, wenn Erzieherinnen die Sprachen der Kinder verstehen, nicht in Erwachsenensprache übersetzen, was Kinder sagen, nicht deuten und nicht mit schnellen Antworten parieren. Lothar Klein sagt: Die Sprache stehen zu lassen, das authentisch zu nehmen und nicht zu deuten und zu übersetzen, ist die Kunst. Man darf sich nicht sofort ›pädagogisch‹ rauf stürzen.« (Klein, Lothar, 2011 S. 47).

Statt erwachsene Formen der Mitgestaltung (Konferenzen und andere verbale Formen) müssen kindgerechte Kommunikationsformen, wie wir es bei Reggio Emilia kennengelernt haben, gefunden werden. Kinder drücken ihre Wünsche und Pläne anders aus: sie bewegen, sie spielen, sie gestalten und zeigen ihre Wünsche sehr viel direkter und gleichzeitig sehr viel indirekter als Erwachsene. Wir müssen also unsere Augen und Ohren für kindliche Ausdrucksformen öffnen, um sie wahrnehmen zu können. Und wir müssen Kindern überhaupt erst einmal die Möglichkeit geben, ihre Gestaltungswünsche ausdrücken zu können.

Die Bedeutung der Partizipation in der Pädagogik

4.2. Partizipation in den Bildungsempfehlungen und Leitlinien

Partizipation ist ein wichtiges Thema in vielen Bildungsempfehlungen unterschiedlicher Bundesländer. Das ist erfreulich. Dennoch bleibt festzustellen, dass es keinen länderübergreifender Bundes-Rahmenbildungsplan gibt so, wie wir aus z.B. aus Neuseeland kennengelernt haben und so, wie es auch in Schweden der Fall ist, was zu einer ziemlich hohen Verbindlichkeit führt. In Deutschland ist es möglich, dass Partizipation in manchen Bundesländern gar kein Thema ist. Und selbst dort, wo Beteiligung im Bildungsplan verankert ist, ist nicht gewährleistet, dass auch eine Umsetzung der Beteiligung von Kindern erfolgt. Letztendlich ist die Umsetzung der Bildungspläne vom Willen der Träger abhängig.

Partizipation wird in vielen Bildungsempfehlungen als Querschnittaufgabe, die alle Bildungsbereiche durchzieht dargestellt, und/oder (zum Beispiel im »Bayrischen Bildungsplan) darauf hingewiesen, dass das Demokratieprinzip, auf dem der Partizipationsgedanke beruht, das gesamte Bildungsgeschehen prägt. Dazu heißt es im Bildungsplan der Bayern:

Das Demokratieprinzip prägt das gesamte Bildungsgeschehen und trägt die Idee von »gelebter Alltagsdemokratie in sich. Es basiert auf einer Kultur der Begegnung, die demokratischen Grundsätzen folgt, und damit auf Partnerschaft und Kooperation. Wenn das Bildungsgeschehen eine soziale und kooperative Ausrichtung erfährt, vereint sich diese Kultur der Begegnung mit einer Kultur des Lernens, die auf das Wohlbefinden und die Engagiertheit aller Akteure setzt. Partnerschaft gründet auf Gegenseitigkeit, Gleichberechtigung und Wertschätzung. Sie bedeutet, sich respektvoll zu begegnen und als Partner zusammenzuwirken, denn jeder hat seine besonderen Stärken und kann etwas einbringen. Partnerschaft erfordert angemessene Beteiligung an Entscheidungsprozessen in gemeinsamen Angelegenheiten, mit dem Ziel ko-konstruktiver Aushandlung und Mitbestimmung. Beschwerde- und Streitkultur sowie eine Kultur der Konfliktlösung sind weitere Aspekte von Demokratie. In Bildungseinrichtungen sind alle Personen Partner: die Kinder, Eltern, Pädagogen, Träger und weitere Beteiligte« (Bayrisches Staatsministerium für Arbeit und Sozialordnung, Familie und Frauen/Staatsinstitut für Frühpädagogik München: Der Bayrische Bildungs- und Erziehungsplan für Kinder in Tageseinrichtungen bis zur Einschulung Kap. 2.10, S. 34).

Der Bayrische Bildungs- und Erziehungsplan für Kinder in Tageseinrichtungen bis zur Einschulung beinhaltet zum Thema Partizipation sehr umfassende und weitrei-

Die Bedeutung der Partizipation in der Pädagogik

chende Angaben. Der Leitgedanke zur Mitwirkung der Kinder am Bildungs- und Einrichtungsgeschehen (Partizipation) wird wie folgt formuliert:

»Kinder haben das Recht, an allen sie betreffenden Entscheidungen entsprechend ihrem Entwicklungsstand beteiligt zu werden. Es ist zugleich ein Recht, sich nicht zu beteiligen. Diese Freiwilligkeit seitens der Kinder, ihr Recht auszuüben, steht jedoch die Verpflichtung der Erwachsenen gegenüber, Kinder zu beteiligen, ihr Interesse für Beteiligung zu wecken (Art. 12 UN-Kinderrechtskonvention, § 8 Abs. 1 SGB VIII, Art. 10 Abs. 2 BayKiBiG).

›Beteiligung‹ bedeutet ›Partizipation‹ im Sinne von Mitwirkung, Mitgestaltung und Mitbestimmung. Sie gründet auf Partnerschaft und Dialog. Partizipieren heißt, Planungen und Entscheidungen über alle Angelegenheiten, die das eigene Leben und das der Gemeinschaft betreffen, zu teilen und gemeinsam Lösungen für anstehende Fragen und Probleme zu finden. Sie zeichnet sich aus, durch ergebnisoffene Situationen, in denen Willensbildungsprozesse gemeinsam erfolgen und Ergebnisse anders als erwartet ausfallen können. Kinderbeteiligung umfasst Mit- und Selbstbestimmung. In Tageseinrichtungen ist jedem Kind zu ermöglichen, Eigenverantwortung zu übernehmen und eigene Aktivitäten zu gestalten, soweit sich dies mit seinem Wohl und dem der Gemeinschaft vereinbaren lässt. Als (Mit-) Betroffene und ›Experten in eigener Sache‹ werden alle Kinder in Bildungs- und einrichtungsbezogene Planungs-, Aushandlungs- und Entscheidungsprozesse regelmäßig mit einbezogen. Es wird ihnen dabei ernsthaft Einflussnahme auf Inhalte und Abläufe zugestanden. Wen Erwachsene und Kinder gemeinsam planen und entscheiden, kann es zu Konflikten kommen. Konflikte werden im vorliegenden Plan als Chance zur Entwicklung und Verbesserung verstanden. Es werden gemeinsame Lösungen gesucht, die alle mittragen können. Durch Mitsprache lernen Kinder Mitverantwortung zu übernehmen, aber auch dadurch, dass ihnen zunehmend Verantwortungsbereiche für andere oder die Gemeinschaft übertragen werden. (…)

Partizipative Bildungsprozesse verklammern und verknüpfen alle Kompetenz- und Bildungsbereiche, sie fordern und stärken die Kinder in ihrer gesamten Persönlichkeit. Partizipation zielt auf Mündigkeit, die Fähigkeit zur Selbst- und Mitbestimmung, die Kinder nur selbsttätig erwerben können. Durch Anerkennung ihrer unterschiedlichen Vorerfahrungen und Ausdrucksweisen ermutigen die Erwachsenen Kinder, eigene Wege zu gehen, sich an gemeinschaftlichen Gestaltungsprozessen zu beteiligen sowie Vertrauen in die eigene Beteiligungskompetenz zu setzen. Dieser Vertrauensvorschuss ist wesentlich« *(Bayrischer Bildungs- und Erziehungsplan S. 401 f.)*

Die Bedeutung der Partizipation in der Pädagogik

Es wird weiter beschrieben, dass Beteiligung nicht auf eine bestimmte Altersgruppe beschränkt ist. Das Alter spielt lediglich für die Form der Beteiligung eine Rolle. D. h., auch Kinder bis 3 Jahren können am Einrichtungsgeschehen beteiligt werden, wenn Pädagogen die geeignete Form, um mit ihnen in den Dialog zu treten, finden. Das setzt eine gute Beobachtungsgabe der Pädagoginnen voraus. Signale der Kinder und ihre Körpersprache müssen wahrgenommen und richtig interpretiert werden. Kleine Kinder brauchen die Unterstützung Erwachsener, aber keine Bevormundung. Sie sind durchaus in der Lage auszudrücken, was sie beschäftigt, sie können Wünsche und Bedürfnisse deutlich machen und können ihren Lebensalltag mitgestalten. »Sie können sehr genau sagen, was sie beschäftigt, äußern auf Nachfrage spontan ihre Ideen und Vorstellungen, sind in ihren Äußerungen konkret und handlungsorientiert« (*Bayrischer Bildungs- und Erziehungsplan S. 401*)

Ein gutes Beispiel finden wir auch in Schleswig-Holstein. Dort wird Partizipation als Querschnittsdimension beschrieben, die sich durch den Alltag der Kinder zieht. Anders als in anderen Bundesländern weisen die Leitlinien zum Bildungsauftrag in SH auch auf das Miteinander der Generationen hin und auf die Beziehung der Kinder zu den sie betreuenden Erwachsenen.

»Partizipationsorientierung meint, die Gestaltung des Alltags in der Kindertageseinrichtung als gemeinsame Aufgabe von Kindern und Erwachsenen zu verstehen. Im Alltag der Einrichtungen geht es immer wieder darum, unterschiedliche Interessen wahrzunehmen, zu thematisieren und auszugleichen. Partizipation ist mehr als eine punktuelle Beteiligung von Kindern bei einzelnen Fragen. Sie zieht sich als pädagogisches Prinzip durch den gesamten Alltag der Kindertageseinrichtung (...) Bei der Partizipationsorientierung geht es um die Gestaltung symmetrischer Beziehungen zwischen gleichwertigen (nicht gleichen!) Partnern. Partizipation konkretisiert sich im Dialog zwischen Kindern und pädagogischen Fachkräften. Sie beinhaltet das Miteinander-Verhandeln, das Aushandeln von Interessen und letztlich gemeinsam getroffene Entscheidungen. Um sich in ihre eigenen Angelegenheiten einmischen zu können, müssen Kinder erleben, dass ihnen zugehört wird, dass ihre Meinung gefragt ist und ihre Interessen berücksichtigt und mit einbezogen werden« (Knauer/Hansen 2009, S. 16). Ausgangspunkt für die Verankerung von Partizipation in den Leitlinien für Kindertageseinrichtungen in SH ist das Kindertagesstättengesetz.

Die Bedeutung der Partizipation in der Pädagogik

> *§ 16 Kindertagesstättengesetz*
>
> *Schleswig-Holstein*
>
> *(2) Die Kinder in Kindertageseinrichtungen sind entsprechend ihrem Entwicklungsstand, insbesondere im schulpflichtigen Alter, bei Angelegenheiten, die ihren Tagesablauf betreffen, zu beteiligen.*

Kinderbeteiligung ist das Kernelement einer zukunftsweisenden Bildungs- und Erziehungspraxis

Kinderbeteiligung so heißt es in den verschiedenen Bildungsplänen, ist »der Schlüssel zur Bildung und zur Demokratie« (Das ist der Kernsatz der »Kinderstube der Demokratie«, der sich inzwischen in vielen Veröffentlichungen und auch in manchen Bildungsempfehlungen wiederfindet). Sie führt Kinder in die Regeln demokratischen Verhaltens und Verhandelns ein und bietet Kindern ein ideales Erfahrungsfeld, um demokratisches Verhalten einzuüben. Indem Kinder in viele Entscheidungen aktiv einbezogen werden, erweitern sie ihre Kompetenzen, erfahren die Wirksamkeit ihres Handelns und werden ermutigt, sich auch in Zukunft und in anderen Gruppierungen einzusetzen und die eigene Meinung zu äußern.

»Die geschützte Öffentlichkeit der Tageseinrichtung ist dafür ein ideales Erfahrungs- und Übungsfeld. Wenn in Beteiligungsprojekten Themen aufgegriffen werden, die ins Gemeinwesen führen, dann werden Tageseinrichtungen auch öffentlich wahrgenommen. Es entstehen wertvolle Kontakte zu anderen Institutionen, zur Kommunalverwaltung und Kommunalpolitik, aber auch zu Medien, die über solche Projekte berichten. Für Kinder wird Politik dadurch konkret erfahrbar« (*Bayrischer Bildungs- und Erziehungsplan S. 402*).

Kinderbeteiligung findet dabei auf unterschiedlichen Ebenen/Stufen statt, unterliegt unterschiedlichen Beteiligungsstufen und hat es mit einer unterschiedlichen Verteilung von Macht zu tun. Kita-Teams müssen sich entscheiden, welche Form der Beteiligung sie sich für ihre Einrichtung wünschen.

Die Bedeutung der Partizipation in der Pädagogik

Stufen	Beteiligungsintensität	Machtverteilung
Mitsprache und Mitwirkung	• Kinder und Jugendliche werden um ihre Meinung zu einem Vorhaben gebeten. • Kinder und Jugendliche bekommen Raum und Unterstützung, um auf kreative Art und Weise ihre Ideen für die Gestaltung ihrer Lebenswelt einzubringen. • Das Ergebnis der Befragung bzw. der kreativen Gestaltung wird öffentlich bekannt gemacht. • Kinder und Jugendliche werden in die Beratungsprozesse der Entscheidungsträgerinnen und -träger einbezogen.	Die Meinungen und Ideen werden von den erwachsenen Entscheidungsträgerinnen und -trägern zur Kenntnis genommen und fließen in die Entscheidung ein. **Die Entscheidung liegt bei den Erwachsenen.**
Mitbestimmung	• Den Kindern und Jugendlichen wird bei Entscheidungen über Projekte, Vorhaben und Leistungen ein Stimmrecht eingeräumt. • Das Stimmrecht ist gleichwertig mit dem Stimmrecht Erwachsener. • Das Stimmrecht kann nicht durch ein Veto Erwachsener weggenommen werden. • Die Kinder und Jugendlichen tragen für einen angemessenen Teilbereich Mitverantwortung für das Vorhaben.	Den Kindern und Jugendlichen wird zu bestimmten Projekten, Vorhaben oder Abstimmungen ein **gleichberechtigtes Stimmrecht** zugesprochen.
Selbstbestimmung	• Kindern und Jugendlichen wird für einen angemessenen Teilbereich des Vorhabens alleinige Entscheidungsmacht übertragen. • Den Kindern und Jugendlichen wird für das gesamte Vorhaben die Entscheidungsmacht übertragen. • Die Kinder und Jugendlichen verantworten das Vorhaben allein.	Kinder und Jugendliche erhalten die **alleinige Entscheidungsmacht** über das komplette Vorhaben oder Teile des Projektes.

in Anlehnung an: Verwaltungshandbuch Kinder- und Jugendbeteiligung Flensburg, Ergebnis des Qualitätszirkels 47f GO, Flensburg 2009, S. 6. Aus:

Bundesministerium für Familie, Senioren und Frauen (bmfs) Hrsg. 2003: Für ein kindgerechtes Deutschland. Qualitätsstandards für die Beteiligung von Kindern und Jugendlichen

Kinderbeteiligung spielt für die Erweiterung der Sprachkompetenz eine Rolle

Im »Bayrischen Bildungsplan« wird auch darauf hingewiesen, dass partizipative Bildungsprozesse mit ihrer besonderen Gesprächskultur dazu beitragen die Sprachkompetenz der Kinder zu fördern. Das geschieht auf vielerlei Wiese: Im Rahmen

Die Bedeutung der Partizipation in der Pädagogik

von Beteiligung an Kinderkonferenzen, im Dialog zwischen Kinder-Kinder und Pädagogen-Kinder, im Morgenkreis, wenn Kinder erzählen, was sie bewegt. Insbesondere auf dadurch wachsende Chancen von Kindern mit Migrationshintergrund wird ebenso hingewiesen. Jeder von Kindern genutzte Gesprächsanlass ermutigt die Kinder, sich zu äußern und trägt dazu bei, ihnen Freude am Sprechen zu vermitteln.

Sprache ist ein ganz besonders wichtiger Schlüssel zur Welt: Sie ist der Schlüssel zur Bildung, zu guten schulischen Leistungen, zur Teilhabe, zu Integration und sie verbessert spätere berufliche Chancen.

Wortschatz und Sprachfähigkeit hängen von der Erfahrungswelt des Kindes ab. Im Rahmen von partizipativen Projekten und anderen Beteiligungsformen erleben die Kinder unzählige Situationen, die sie dann auch in Sprache fassen oder den Dialog darüber mit anderen Kindern und der Erzieherin führen. Sprache und Wortschatzerweiterung werden nicht in ein didaktisches Konzept gepackt oder in verschulter Weise trainiert, sondern quasi spielerisch und nebenbei.

Kinderbeteiligung verändert die Erwachsenen-Kind-Beziehung

Wenn Kinder beteiligt werden, steht nicht mehr das Interesse der Erwachsenen im Mittelpunkt, schnelles Eingreifen und für Kinder Entscheidungen fällen, ist nicht mehr erwünscht. Das bedeutet nicht, dass Erwachsene sich völlig aus der Verantwortung stehlen. Auch sie bringen weiterhin ihre Standpunkte ein, vermeiden es aber, die Kinder zu bevormunden. Die veränderte Erwachsenen-Kind-Beziehung spielt auch in den Leitlinien des Landes Schleswig-Holstein eine entscheidende Rolle. Sie wird wie folgt beschrieben:

»Kinder sind aufgrund ihrer Erziehungsbedürftigkeit immer von Erwachsenen abhängig. Sie brauchen Liebe und Geborgenheit, Bindung und Schutz, Anregung und Begleitung. Aufgabe und Verantwortung der Erwachsenen ist es, diese Bedürfnisse von Kindern zu erfüllen. Kinder und Erwachsene sind aufgrund der Erziehungsbedürftigkeit von Kindern immer ungleiche Partner. Kinder bringen sehr unterschiedliche familiäre Erfahrungen über das Verhältnis von Kindern und Erwachsenen in Kindertageseinrichtungen mit. **Die Querschnittsdimension** der Partizipationsorientierung beschäftigt sich mit der Frage, wie Fachkräfte in Kindertageseinrichtungen diese ungleiche Partnerschaft gestalten wollen: ›Welche Konstellation zwischen ungleichen Partnern halten wir für angemessen?‹ (Kupffer 1980, S. 19).

Die Abhängigkeit der Kinder von den Erwachsenen geht einher mit einer ungleichen Verteilung von Macht. Erwachsene treffen in vielen Fragen Entscheidungen für Kinder. Sie entscheiden auch darüber, ob sie den Kindern die Freiheit zugestehen, über bestimmte Fragen mit oder selbst zu bestimmen. ›Die Freiheit des jungen Menschen ergibt sich nicht von selbst, sie muss gewollt, beschlossen und gestaltet werden‹ (Kupffer 1980, S. 19). Demokratie als Leitprinzip fordert dazu auf, das pädagogische Verhältnis zwischen Kindern und Erwachsenen in Kindertageseinrichtungen demokratisch zu gestalten. Ein demokratisches Verhältnis zwischen Kindern und Erwachsenen beruht auf Partizipationsrechten der Kinder« (Knauer/Hansen 2008, S. 15).

Kinderbeteiligung und das Prinzip der Nachhaltigkeit aus Sicht des Landes Schleswig-Holstein

In den Leitlinien des Landes wird, was wir in anderen Bundesländern nicht finden, das Prinzip der Nachhaltigkeit beschrieben:

»Demokratisches Denken und Handeln entsteht nicht von selbst. Niemand wird als Demokrat geboren. Zu den Grundkompetenzen für Demokratie gehören die Fähigkeiten, die eigenen Interessen zu erkennen und anderen gegenüber zu vertreten, sich in andere hineinzuversetzen, soziale Situationen zu analysieren, Konflikte wahrzunehmen und zu klären, Handlungsalternativen zu erkennen und ihre Folgen einzuschätzen. Der Erwerb dieser Fähigkeiten kann schon in Kindertageseinrichtungen beginnen und in der Schule weiter entwickelt werden. Zum Leitprinzip Demokratie gehört auch das Prinzip der **Nachhaltigen Entwicklung**, das als Leitbild für die Gestaltung unserer Zukunft fungiert. Mit Nachhaltigkeit ist die Aufgabe beschrieben, bei allem Streben nach mehr Lebensqualität und wirtschaftlichem Aufschwung auch die natürlichen Lebensgrundlagen und die soziale Gerechtigkeit zwischen den Menschen als Maßstab für alle Entscheidungen zu nehmen. Das bedeutet, dass Nachhaltigkeit auf die Verantwortung, nicht nur für alle Menschen weltweit, sondern auch für die nachfolgenden Generationen verweist.

›Nachhaltige Entwicklung ist eine Entwicklung, die die Lebensqualität der gegenwärtigen Generation sichert und gleichzeitig zukünftigen Generationen die Wahlmöglichkeit zur Gestaltung ihres Lebens erhält‹ (Hauff 1987).

Nachhaltigkeit konkretisiert sich nicht nur in der achtsamen Begegnung mit der Natur. Nachhaltigkeit ist ein Grundprinzip, das verlangt, in allen Bereichen die sozialen, ökologischen, kulturellen und ökonomischen Folgen des eigenen Handelns zu berücksichtigen. Nachhaltige Entwicklung fordert Kinder und pädagogische Fachkräfte gleichermaßen. Die Orientierung an der Nachhaltigkeit ist eine ethische Entscheidung zu der sich ca. 180 Staaten dieser Welt auf der Weltkonferenz zu Umwelt und Entwicklung 1992 in Rio de Janeiro bekannt haben. Demokratie und Nachhaltigkeit sind in Kindertageseinrichtungen gleichzeitig Erziehungsziele und Handlungsprinzip« (Knauer/Hansen 2009, S. 14).

Die Bedeutung der Partizipation in der Pädagogik

Bildungs- und Erziehungsziele
Im Rahmen der partizipativen Prozesse erwerben die Kinder, so formuliert im »Bayrischen Bildungsplan« folgende Kompetenzen:
- Soziale Kompetenzen
- Die Fähigkeit und Bereitschaft zur demokratischen Teilhabe
- Die Fähigkeiten und Bereitschaft zur Verantwortungsübernahme

Deutlich kürzer, aber auch deutlich wird im Berliner Bildungsprogramm Teilhabe (im Sinne von Partizipation) formuliert, dort heißt es:

Teilhabe ist zunächst demokratisches Recht und in der Folge auch demokratische Pflicht.

Das Recht des Kindes, gehört zu werden, mitentscheiden zu dürfen, wird mit der Zeit gestärkt durch die innere Einstellung, sich beteiligen zu wollen und Verantwortung zu übernehmen.

Kitas werden in der neueren Literatur auch als Kinderstube der Demokratie beschrieben. In dieser Formulierung scheint die fundamentale Bedeutung der Kita für entwickelte Gesellschaften auf, die nicht immer genügend beachtet wird. Die Institution Kita, so wie sie funktioniert, so wie ihr Alltag gestaltet ist, wirkt auf die Kinder ein – vermutlich mehr und dauerhafter als alle beabsichtigten pädagogischen Angebote zusammen. In der Kita machen die Kinder erste Erfahrungen mit den Spielregeln unserer Gesellschaft. Darum kommt es für den Erfolg aller Bildungsangebote entscheidend darauf an, den Alltag in der Einrichtung nach den demokratischen Grundprinzipien unserer Gesellschaft zu strukturieren, die aus Prinzipien dieses Programms sind. Zusammenarbeit, Kommunikation und Entscheidungsprozesse zwischen Kindern und Erwachsenen untereinander müssen stets im Geist der Demokratie gestaltet werden. In der Kita müssen die Kinder am eigenen Leibe erfahren können, was Demokratie ausmacht. In dem Maße, in dem

Kinder an für sie wichtigen Entscheidungen beteiligt werden, werden sie sich als selbstwirksam erfahren und ihr Recht sowie ihre Pflicht auf Teilhabe an der Gemeinschaft zunehmend wahrnehmen können. Dabei geht es bei den kleinen Kindern zunächst weniger um formale Entscheidungsprozesse, sondern vielmehr darum, dass ihre Bedürfnisse und Interessen aufmerksam wahrgenommen und in der Gestaltung des Alltags und der pädagogischen Angebote angemessen berücksichtigt werden (Senatsverwaltung für Bildung, Jugend und Sport (Hrsg.) 2004: Berliner Bildungsprogramm. Verlag das netz. S. 123).

Die Bedeutung der Partizipation in der Pädagogik

Partizipationskultur als Baustein der Personal- und Organisationsentwicklung

Es ist Aufgabe des Teams und der Leitungskraft, Partizipationsprozesse anzustoßen. Darauf wird im Berliner Bildungsprogramm hingewiesen und ebenso auch im Bayrischen Bildungsplan. Die Bayern machen es der Leitungskraft zur Aufgabe, für die konsequente Umsetzung der Beschlüsse Sorge zu tragen.»Partizipation im Team ist die Basis für Partizipation der Kinder. Sie setzt voraus, im Team das eigene pädagogische Selbstverständnis und die Gestaltung der pädagogischen Arbeit regelmäßig zu reflektieren. Leitung und Träger tragen die Verantwortung, den strukturellen Rahmen für reflexive Teamprozesse zu schaffen und das Konzept durch sorgfältiges Personalmanagement zu sichern« (Bayrischer Bildungsplan S. 410).

Anforderungen an die Kitaleitung wie sie im Berliner Programm formuliert sind:

»Teamentwicklung ist Angelegenheit jedes Teammitglieds, doch richtig ist auch, dass den Leitungskräften eine Schlüsselrolle in der Personal- und Organisationsentwicklung zukommt. Von ihrer Einstellung, von ihrem Leitungsstil und ihrem Aufgabenverständnis hängt vieles ab. Ihre Vorstellung von Demokratie, ihr Umgang mit den Mitarbeiterinnen und Mitarbeitern und ihre Haltung zum pädagogischen Handeln der Erzieherinnen und Erzieher sowie zu den Eltern wirken nachhaltig auf den Stil des Hauses und somit auch auf die Bildungsumwelt der Kinder« (Berliner Bildungsprogramm S. 124).

Partizipative Elemente einer umfassenden Kinderbeteiligung im Bayrischen Bildungsplan

»**Gestaltung der pädagogischen Beziehung.** Wie gut es den Erwachsenen gelingt, den Kinder in ihren Beziehungen Partizipationsmöglichkeiten zu eröffnen, hängt davon ab, inwieweit sie mit Kindern in einen offenen Dialog eintreten, ihnen Eigenverantwortung zugestehen und sie bei der Entwicklung notwendiger Gesprächs-, Konflikt- und Beteiligungskompetenzen unterstützen.

Alltagsgespräche. Innerhalb von Gesprächssituationen zwischen Erwachsenen und Kindern, die auf ernst gemeinte Dialoge ausgerichtet sind, können mit den Kindern die im Alltag anliegenden Themen und individuellen Probleme angesprochen, Erfahrungen ausgetauscht, Konflikte bearbeitet oder gemeinsame Aktivitäten geplant und entschieden werden (z. B. direkter Dialog mit einzelnen Kindern, Anbahnung und Moderation des Dialogs unter Kindern, Gespräche mit der Kleingruppe).

Stuhlkreis am Morgen. Bei dieser in Tageseinrichtungen gängigen Beteiligungsform sitzen die Kinder einer Gruppe mit ihren pädagogischen Fachkräften zusammen. Sie

Die Bedeutung der Partizipation in der Pädagogik

erhalten Gelegenheit, von ihren Erlebnissen zu erzählen, ihre Gefühle zu schildern und ihre Wünsche zu äußern sowie neue Dinge von den anderen zu erfahren. Auf Initiative von Erwachsenen werden überschaubare Zeitabschnitte reflektiert, künftige Aktivitäten geplant, Gruppenregeln entwickelt und Stimmungslagen in der Gruppe aufgegriffen. Sprache, Artikulation, freie Rede mit Mimik und Gestik werden eingeübt.

Tägliche Reflexion mit Kindern. Da die Themen für den Tag regelmäßig feststehen, erweisen sich kurze Reflexionsphasen mit den Kindern als sinnvolle Strategie, um etwaige Veränderungen herbeiführen zu können. So kann vorausschauend geplant werden. Wenn mit den Kindern im Morgenkreis eine Vorschau ›Was mache ich heute?‹ und zu Mittag ein Rückblick ›Was habe ich gemacht? Was hat mir gefallen?‹ durchgeführt worden, dann lernen die Kinder zu planen.

Kinderbefragungen über ein bestimmtes Thema (z. B. Ausflug, Projekt).

Wunsch- und Mecker-Kasten. Kinder können ihre Wünsche und Anregungen, Beschwerden und Beanstandungen oder auch Fragen in Bildern, Zeichnungen oder Symbolen zum Ausdruck bringen und diese ›Botschaften‹ an das pädagogische Personal sodann in einen auf kindgerechte Höhe angebrachten Kasten werfen« (Bayrischer Bildungsplan S. 410).

4.3. Das Gemeinwesen braucht engagierte Kinder und engagierte Pädagogen

»Beteiligung von Kindern und Jugendlichen bedeutet, der nachfolgenden Generation das Recht einzuräumen, an der Gestaltung ihrer/unserer Lebenswelt aktiv mitzugestalten.« http://www.komgeit.de/kinderbeteiligung.htm

In der Gemeindeordnung von Schleswig-Holstein heißt es:

Gemeindeordnung für Schleswig-Holstein
(Gemeindeordnung – GO –)
in der Fassung vom 28. Februar 2003

§ 47 f

Beteiligung von Kindern und Jugendlichen

Die Bedeutung der Partizipation in der Pädagogik

(1) Die Gemeinde muss bei Planungen und Vorhaben, die die Interessen von Kindern und Jugendlichen berühren, diese in angemessener Weise beteiligen. Hierzu muss die Gemeinde über die Beteiligung der Einwohnerinnen und Einwohner nach den §§ 16a bis 16f hinaus geeignete Verfahren entwickeln.

(2) Bei der Durchführung von Planungen und Vorhaben, die die Interessen von Kindern und Jugendlichen berühren, muss die Gemeinde in geeigneter Weise darlegen, wie sie diese Interessen berücksichtigt und die Beteiligung nach Absatz 1 durchgeführt hat.

Neben dieser gesetzliche verankerten Beteiligungspflicht sagt uns aber auch unser Demokratieverständnis, dass es notwendig und sinnvoll ist, Kinder und Jugendliche zu beteiligen, sie mitreden, -gestalten, -entscheiden zu lassen. Sie sind künftige Wahlbürger und sollten frühzeitig in die Lage versetzt werden, ihre demokratischen Rechte kompetent wahrzunehmen. Frühzeitige Beteiligung hilft, gesellschaftlichen Fehlentwicklungen wie Politikverdrossenheit, mangelndes Bewusstsein in Bezug auf die eigenen Rechte, mangelndes Interesse am Geschehen innerhalb des Gemeinwesens, entgegenzuwirken. Wenn Kinder erleben, dass ihre Interessen wahrgenommen und umgesetzt werden, dann kann das dazu führen, dass sie beginnen sich für ihren Lebensraum zu interessieren und sich künftig für ihn einzusetzen. Das ist eine der ersten einfachsten Formen der politischen Bildung.

Und auch die politischen Vertreter des Gemeinwesens ziehen Gewinn aus der Beteiligung von Kindern und Jugendlichen. Sie erhalten Einblick in die Wünsche und Interessen der Kinder, sie erleben, wie Kinder sich mitteilen und sie erkennen, dass Kinder durchaus in der Lage sind, Entscheidungen zu treffen, die für alle akzeptabel sind und sie zeigen Bereitschaft, Verantwortung zu übernehmen.

Kinder, die frühzeitig lernen, sich einzubringen, die erfahren, dass sie ihr Lebensumfeld mitgestalten können, sich als aktiv gestaltend in der Gemeinde oder im Stadtteil erleben, sind später auch als Erwachsene engagiert und am politischen Geschehen interessiert. Sie haben schließlich erfahren, dass sie Expertenwissen besitzen und dieses auch von Erwachsenen für ihre Planungen relevant ist.

»Beteiligung, Mitwirkung und Mitbestimmung von Kindern und Jugendlichen sind wichtige Hebel, um individuelle und gesellschaftliche Entwicklungsprozesse nachhaltig positiv zu beeinflussen, denn

Partizipation bedeutet Bildungschancen für den Einzelnen: Durch die aktive Teilnahme an gesellschaftlichen Prozessen erwerben Kinder und Jugendliche Gestaltungskompetenzen, lernen Verantwortung zu übernehmen und gewinnen die Fähigkeit, ihre Standpunkte in Aushandlungsprozessen konstruktiv einzubringen.

Die Bedeutung der Partizipation in der Pädagogik

Partizipation ist ein Ansatz zu wirksamer Integration: Durch den Dialog unterschiedlicher Gruppen der Bevölkerung wird dazu beigetragen, dass eine solidarische Gesellschaft entsteht. Partizipation dient dem sozialen Frieden und wirkt intoleranten und radikalen Haltungen entgegen.

Partizipation fördert den Standort: Durch die Beteiligung von Kindern und Jugendlichen wird die Qualität von Planungsprozessen verbessert und ein kinderfreundliches Umfeld geschaffen. Damit steigt die Attraktivität von Kommunen für Familien mit Kindern – angesichts des demographischen Wandels ein entscheidender Vorteil im Standortwettbewerb.

Partizipation stiftet Identifikation mit dem Lebensumfeld: Durch die frühe Erfahrung, das eigene Lebensumfeld mitgestalten zu können, wächst die Bindung an Stadt und Region. Dies ist ein wesentlicher Faktor, um junge Menschen nach Abschluss ihrer Ausbildungsphase als Einwohner (zurück-)zugewinnen.

Partizipation ist Voraussetzung einer nachhaltigen Demokratieentwicklung: Die Auseinandersetzung mit individuellen Ansprüchen und übergreifenden Gemeinschafts- und Gesellschaftsinteressen ist Lebenselixier für die Weiterentwicklung der Demokratie. Durch frühzeitige Teilhabemöglichkeiten erfahren junge Menschen unser Gemeinwesen als gestaltbar und werden zu eigenem Engagement motiviert« (Bertelsmannstiftung (Hrsg.) in: mit Wirkung! eine Initiative zur Stärkung der Kinder- und Jugendbeteiligung S. 1).

Kinderbeteiligung kann ein Hebel sein, um:
- Stadtteile kinderfreundlicher zu gestalten und damit auch an Attraktivität zu gewinnen und den Zuzug junger Familien forcieren,
- die Lebensqualität der Kinder zu verbessern,
- die Demokratiefähigkeit der Kinder zu erhöhen,
- der Politikverdrossenheit entgegenzuwirken,
- die Identifikation mit der Lebenswelt zu stärken und damit auch Vandalismusschäden vorzubeugen,
- kinderfreundliche Impulse in die Planungen einzubringen,
- ein besseres Verständnis zwischen Kindern und Erwachsenen herzustellen

Beteiligung darf aber kein einmaliger Vorgang sein, der nach seiner medienwirksamen Vermarktung wieder in die Versenkung geschickt wird. Beteiligung bedarf Kontinuität und Beteiligung braucht einen Rahmen. Sie muss fester Bestandteil innerhalb der Gremien sein.

Wenn Kinder im Rahmen von Kinderparlamenten, Projekt- und Arbeitsgruppen beteiligt werden, ist es Aufgabe der politisch Verantwortlichen dafür Sorge zu tragen,

Die Bedeutung der Partizipation in der Pädagogik

dass die Formen der Beteiligung mit Rücksicht auf das Alter der Kinder, ihre Herkunft und ihr Geschlecht genommen wird. Das Geschehen muss für Kinder durchschaubar, transparent und nachvollziehbar sein, sie müssen ernst genommen werden und ihre Wirksamkeit erfahren.

Nun ist aber nicht davon auszugehen, dass Politik schon überall auf Beteiligung von Kindern vorbereitet ist. Das bedeutet nicht, dass Sie abwarten müssen, bis sich etwas in Ihrer Region bewegt. Aufgabe der Pädagoginnen ist es auch, sich einzumischen und sich als Lobby für Kinder zu begreifen. Sie können durch Ihre Initiative dazu beitragen, dass Kinder in ein lebendiges Gemeinwesen einbezogen werden. Das geschieht in erster Linie dadurch, dass Sie die Kita nach außen öffnen. Holen Sie die Öffentlichkeit in die Einrichtung.

Eine Öffnung der Einrichtung muss auch konzeptionell verankert werden, soll die Initiative nicht versanden.

Folgende Möglichkeiten der Begegnungen (an deren Planung die Kinder beteiligt sind) bieten sich an:
- Hospitationstage für Eltern und andere an der Bildung und Betreuung von Kindern interessierte Menschen, insbesondere auch für Politiker des Gemeinwesens
- Öffnung des Außenspielbereichs für Freunde der Kinder
- Aufenthaltsmöglichkeiten für alle Interessierten in einem »Elternkaffee«
- Gemeinsame Fortbildungen und Workshops für Erzieherinnen der Einrichtung, Eltern, Politiker und Lehrkräfte der Fachschulen für Sozialpädagogik
- Kooperation mit Sportvereinen
- Kontakte zu anderen Einrichtungen
- Gegenseitige Nutzung der Räume (Fachschulen öffnen ihre Funktionsräume für die Kita, die Kita stellt außerhalb der Öffnungszeiten Räume für Mutter-Kind-Gruppen u. a. zur Verfügung)
- Gemeinsame Feste und Veranstaltungen
- Zusammenarbeit mit der Grundschule
- Ausstellungen in Geldinstituten und Einkaufszentren
- Kleider- und Spielzeugtauschmärkte
- Offener Mittagstisch
- Podiumsdiskussionen (mit Kinderbeteiligung)

Eine Einrichtung, die sich dem Gemeinwesen öffnet, arbeitet lebensweltorientiert. Sie schafft Netzwerke, die den Lebensalltag der Kinder uns ihrer Familien erleichtern. Sie richten Tauschbörsen, ermöglichen Kontakte der Familien untereinander, schaffen Unterstützungsmöglichkeiten für benachteiligte Familien und helfen bei Betreuungsengpässen aus. Aus der Einrichtung heraus werden Foren gebildet, die

Die Bedeutung der Partizipation in der Pädagogik

helfen, die besonderen Interessen der Familien im Gemeinwesen zu vertreten (verbesserte Öffnungszeiten und Betreuungssituationen, Beseitigung von Gefahren auf dem Schulweg, warmen Mahlzeiten für Kinder, die im Elternhaus nicht ausreichend versorgt werden, Freizeit- und Sportangebote, Physiotherapie, ...). Die Angebote der Einrichtung zielen auf die tatsächlichen Bedürfnisse der Familien ab und fordern gleichzeitig auch die Initiative der Familien ein.

In den Leitlinien zum Bildungsauftrag in Kindertagesstätten des Landes Schleswig-Holstein heißt es:

»**Lebensweltorientierung** meint, die konkrete Lebenswelt der Kinder zum Ausgangspunkt der pädagogischen Arbeit zu machen, sie als Lernfeld zu begreifen und in alle Belange der Kindertageseinrichtung mit einzubeziehen. Erzieherinnen und Erzieher, die lebensweltorientiert arbeiten

- wissen, wo und wie ihre Kinder wohnen
- erkunden, wie die Lebens- und Bildungsqualität des Stadtteils/der Kommune aussieht
- wissen, welche Hobbys und Interessen Kinder haben
- kennen die Familien und sozialen Netzwerke der Kinder
- mischen sich mit ihren Kindern, den Müttern und Vätern in die Gestaltung des Gemeinwesens ein.

Die Lebensweltorientierung der pädagogischen Arbeit verbessert die Bildungszugänge für jedes Kind in allen Bildungsbereichen. (...)

Wege in die größere Gesellschaft zeigen Kindertageseinrichtungen können Kindern auch Wege in die größere Gesellschaft vor Ort eröffnen – wenn die pädagogischen Fachkräfte die Querschnittsdimension der Sozialraumorientierung in ihrer Arbeit umsetzen. Kinder besuchen den Bäcker um die Ecke oder das Rathaus, sie übernehmen Patenschaften für einen Spielplatz oder planen ein Stadtteilfest mit. Pädagogische Fachkräfte können dazu beitragen, dass Kinder auch außerhalb ihrer Einrichtungen Erfahrungen mit der Gestaltung öffentlicher Räume machen. Wenn sie mit ihren Kindern öffentlich wahrgenommen werden, bewirken sie vielleicht auch, dass Kinder in der Öffentlichkeit wieder stärker sichtbar werden« (Ministerium für Bildung und Kultur des Landes Schleswig-Holstein (Hrsg.) 3. Auflage 2009: Erfolgreich starten. Leitlinien zum Bildungsauftrag in Kindertageseinrichtungen S. 23 und S. 40).

Mit Hilfe eines **Gesprächsleitfadens können Sie Ihre Partizipationspraxis** überprüfen.

Die Bedeutung der Partizipation in der Pädagogik

Füllen Sie zunächst den Fragebogen für sich alleine aus. Treffen Sie sich dann mit einer Gruppe »kritischer Freunde« (das sind Menschen, die sie mögen, die aber auch durchaus kritisch Stellung beziehen) und diskutieren Sie ihre Einschätzungen.

Gesprächsleitfragen: Partizipation in unserer Kindertagesstätte

1. Die Kinder werden intensiv und regelmäßig beobachtet. Die gemeinsame Analyse der Beobachtungen bietet die Grundlage für Impulse.
Notizen:

2. Bei uns werden keine Vorgaben gemacht, wir initiieren.
Notizen:

3. Bei uns werden die Räume anregend gestaltet und Materialien ausgewählt, die für Kinder frei zuägnglich sind und zum Forschen, Entdecken und Experimentieren anregen.
Notizen:

4. Das Tun der Kinder findet vorwiegend dort statt, wo die Kinder Erfahrungen aus erster Hand machen können.
Notizen:

5. Unsere Einrichtung praktiziert unterschiedliche kinderspezifische Beteiligungsformen.
Notizen:

Beispiele:

Die Bedeutung der Partizipation in der Pädagogik

6. In Gesprächssituationen übernehmen Kinder die Gesprächsleitung.
Notizen:

7. Die Kinder erhalten umfangreiche Möglichkeiten, ihre Interessen und Bedürfnisse zu äußern und in Handlungen umzusetzen.
Notizen:

8. Erzieherinnen begreifen sich als Wegbegleiterinnen.
Notizen:

Äußerungsformen:

9. Wir arbeiten sozialraumorientiert (lebensweltorientiert).
Notizen:

Beispiele:

10. Kinder werden darin unterstützt, ihre Beteiligungsmöglichkeiten wahrzunehmen.
Notizen:

Die Bedeutung der Partizipation in der Pädagogik

Beispiele:

11. Vielfalt wird bei uns wahrgenommen, thematisiert und genutzt.
Notizen:

Beispiele:

12. Es ist uns gelungen, Eltern von unserer partizipativen Arbeit zu überzeugen.
Notizen:

Beispiele:

13. »Partizipation« ist in unserer Konzeption verankert.
Notizen:

Beispiele:

Kinder brauchen vor allem Pädagogen, die ihnen vorleben, was Gemeinwesenarbeit bedeutet. Sie brauchen Pädagogen, die
- dafür Sorge tragen, die Einrichtung nach außen zu öffnen,
- sich für die eigenen und die Belange der Kinder und der Einrichtung engagieren,
- Kontakt zu Trägern und Politikern halten,
- Podiumsdiskussionen und »Runde Tische« organisieren, um sich dort auszutauschen und Pädagogik zum gesellschaftlichen Interesse zu machen,

- dabei helfen, die Kindertagesstätte zu einem Ort des öffentlichen Interesses und Geschehens zu machen,
- für fortlaufende Interaktion mit dem sozio-kulturellen Umfeld Sorge tragen und das Verständnis von »richtiger« pädagogischer Arbeit klären,
- mit Kindern gemeinsam Kontakte zu Einrichtungen des Sozialraumes knüpfen,
- sich im Stadtteil/in der Gemeinde engagieren und den Zusammenhang von Kultur, Politik, Pädagogik und Bildung nicht nur erkennen sondern auch in ihrem Engagement und ihrem Verhalten ausdrücken,

4.4. Partizipation und Inklusion

> *»Jede individuelle Ansicht eröffnet eine einzigartige Perspektive auf eine größere Realität. Wenn ich die Welt ›mit Ihren Augen‹ sehe, und Sie die Welt ›mit meinen Augen‹ sehen, werden wir beide etwas erkennen, was wir allein niemals entdeckt hätten.«* (Peter Senge)

»Inklusion« leitet sich aus dem Lateinischen »Einschluss« ab. Für die pädagogische Arbeit in Kindertageseinrichtungen bedeutet das, eine Weiterentwicklung des Integrationsbegriffs: Alle Kinder, egal welcher Herkunft sie sind, welche religiöse Orientierung sie haben, mit welche Besonderheiten sie ausgestattet sind, werden gemeinsam betreut und ihre Unterschiedlichkeit als Bereicherung betrachtet. So können alle Kinder gemeinsam ihr Recht auf adäquate Bildung, Betreuung und Erziehung mit dem Ziel wahrnehmen, ein weit gehend selbstbestimmtes und eigenverantwortliches Leben zu führen. Inklusive Pädagogik setzt auch auf die Pädagogin als Lern- oder Bildungsbegleiterin, sie unterstützt die Kinder auf dem Weg zur Selbstständigkeit und stellt die dafür notwendigen Ressourcen zur Verfügung.

Inklusion ist eine Pädagogik der Vielfalt, niemand wird ausgegrenzt oder zeitweise separiert. Damit wird das Recht auf Gleichbehandlung konsequent umgesetzt. Für die Pädagogen stellt sich das als ein sehr anspruchsvolles und nicht ganz einfach zu verwirklichendes Ziel dar. Wenn alle Kinder in derselben Institution betreut werden, und alle »auch die auch Kinder mit Funktionsbeeinträchtigungen, die Inhalte und Aktivitäten gemeinsam erleben und Nutzen daraus ziehen« (Haug 2008), dann bedarf es besonders gut ausgebildeter Erziehungskräfte, die insbesondere über eine gute Beobachtungsgabe verfügen, um »Angebote« ganz individuell auf die Lebens-

Die Bedeutung der Partizipation in der Pädagogik

situation und den Entwicklungsstand der Kinder zugeschnitten gestalten können. Ziel ist, die pädagogische Arbeit so zu gestalten, dass sich alle Kinder optimal entwickeln können.

»Inklusion ist ein Begriff, der zunächst im sonderpädagogischen Bereich beheimatet war. Diese sonderpädagogische Orientierung wurde von Organisationen wie UN, UNICEF und der OECD übernommen und ausgeweitet. Dass der Inklusionsbegriff so sehr an Bedeutung gewonnen und einen Durchbruch erzielt hat, liegt an der Salamanca-Erklärung der UNESCO von 1994: ›Inklusion wird als Voraussetzung dafür angesehen, dass alle Freude und Nutzen vom Besuch der Einrichtung haben. Die Hauptidee ist, die gesamte Tätigkeit so zu verändern, dass alle Kinder die Möglichkeit einer befriedigenden Entwicklung erhalten‹ (Haug 2008). Das bedeutet, dass Kinder aller sozialer Schichten, unterschiedlicher Herkunft und mit unterschiedlichen Fähigkeiten Gleichheit und Gerechtigkeit erfahren, miteinander und voneinander lernen. Das kann im Rahmen von Projektarbeit, wo jedes Kind seinen Fähigkeiten und Bedürfnissen entsprechend agieren kann, in besonderer Weise geschehen« (Stamer-Brandt, Petra (2011) Projektarbeit in Kita und Kindergarten. Herder, Freiburg. S. 19).

Ganz praktisch bedeutet das, dass Kinder sich eigenständig ihre spielerischen Aktivitäten und ihre Spielpartner selber wählen. Sie bestimmen ihr Spieltempo selbst und haben in allen sie betreffenden Angelegenheiten ein altersentsprechendes Mitspracherecht. Pädagogen geben Impulse und bereiten die Umgebung so vor, dass die Kinder ihre Unterschiedlichkeit wahrnehmen und schätzen lernen. Im Rahmen einer inklusiven Pädagogik können Kinder erfahren, »dass Unterschiede in der körperlichen und intellektuellen Entwicklung oder der Herkunft zum Gelingen eines Projektes führen bzw. es zumindest bereichern. Inklusion schließt auch, wie es in der Projektarbeit Routine sein sollte, Reflexion ein sowie die Überzeugung von Werten wie Gleichheit, Freiheit, Mitgefühl, Fairness, Respekt vor Unterschieden und Partizipation« (Stamer-Brandt S. 19).

Die Maoris in Neuseeland »leben« eine inklusive Pädagogik. Sie gestalten ihr Umfeld so, dass alle an Erziehung beteiligten und interessierten Menschen in die Betreuung und Bildung der Kinder einbezogen werden und ein hohes Maß an Wertschätzung erfahren. Sie erkennen Unterschiede der Kulturen, des Interesses, des Leistungsvermögens; des Entwicklungsstandes, der Erfahrungen, der sexuellen Orientierung und der körperlichen Fähigkeiten an. Inklusion kann »als die aktive Umsetzung von Werten, die sich mit Themen wie Gleichheit, Rechten, Teilhabe, Lernen, Gemeinschaft, Anerkennung von Vielfalt, Vertrauen und Nachhaltigkeit, aber auch

Die Bedeutung der Partizipation in der Pädagogik

mit zwischenmenschlichen Qualitäten wie Mitgefühl, Ehrlichkeit, Mut und Freude auseinander[setzen]« verstanden werden (Booth 2008, S. 5).

Inklusion zielt u. a. auch darauf ab,
- Beteiligungsmöglichkeiten von Kindern und Jugendlichen auszuweiten und Ausgrenzung auszuschließen.
- Die Barrieren die gemeinsames Spiel, gemeinsames Lernen und Partizipation einschränken, abzubauen.
- »Unterschiede der Kinder wahrzunehmen, ihnen ausdrücklich Beachtung zu schenken und mit den Unterschieden konstruktiv umzugehen. (...)
- Kinder in ihrer Individualität wahrzunehmen und zu fördern. Das heißt, dass die unterschiedlichen Startbedingungen der Kinder, ihre unterschiedlichen Interessen, Erfahrungen und Lernbedingungen Berücksichtigung finden.

»Der Index (= Anleitung) für Inklusion wurde in Großbritannien von einem Pädagogenteam erarbeitet. Mit dem Index sollte Schulen geholfen werden, das Bewusstsein der Lehrkräfte für Verschiedenheit zu stärken und Entwicklungsthemen in den Blick zu nehmen, die sonst vernachlässigt worden wären. Eine erste deutsche Fassung existiert seit 2003 und seit 2007 gibt es eine deutsche Fassung, die auch für sozialpädagogische Arbeitsfelder von Bedeutung ist« (Booth u. a. in: GEW 2006).

Anders sein
Alt sein, schwach sein
Verrückt sein
Dick sein, dünn sein
Krank sein, anders sein
Schwarz sein, weiß sein
Braun sein, anders sein
Christ sein, Moslem sein
Atheist sein, anders sein.
Jung sein, alt sein
Kind sein, anders sein.
Mann sein, Frau sein
Lesbe sein, anders sein.
Typisch sein, Mensch sein.
(Prof. Dr. Uwe Sielert, Kiel (2008) im Rahmen eines Vortrags in Hamburg an der FSP 2)

Die Bedeutung der Partizipation in der Pädagogik

Vielfalt nutzen – Unterschiedlichkeit respektieren – inklusiv arbeiten
Noch heute werden häufig Kinder die nicht der Norm entsprechen ausgegrenzt, separiert. Sie werden in speziellen Einrichtungen untergebracht und mit einem defizitären Blick betrachtet und »behandelt«. Und manchmal wird Unterschiedlichkeit in Einrichtungen gar nicht wahrgenommen und deswegen bei der »Angebotsplanung« auch gar nicht berücksichtigt. Recherchieren Sie doch mal in Ihrer Einrichtung: Wie viele Kinder

- wachsen zweisprachig auf?
- haben mehr als 3 Geschwister?
- leben in Patchworkfamilien?
- haben Großeltern, die in einem anderen Land leben und eine andere Sprache sprechen?
- sind nicht getauft?
- können ein Videogerät programmieren?
- gehen regelmäßig zur Krankengymnastik?
- haben eine Allergie?
- essen kein Schweinefleisch?
- können schon eine kleine Mahlzeit selbst zubereiten?
- können ein Lied in ihrer Erstsprache singen?

Diese ganze Palette der Unterschiedlichkeiten kann zur einer großartigen Bereicherung führen, denn alle Kinder und natürlich auch die Erwachsenen, die in der Einrichtung arbeiten, bringen einen reichen und sehr unterschiedlichen Erfahrungs- und Wissensschatz mit. Pädagogen müssen diesen Schatz erkennen, dann können sie ihn auch nutzen und für alle Kinder zugänglich machen. So lernen Kinder aufeinander Rücksicht zu nehmen, sich gegenseitig zu ergänzen, sich zu akzeptieren und zu wertschätzen.

Pädagogen, die inklusiv arbeiten, wissen:»Der Beitrag eines jeden Einzelnen ist unverzichtbares ›Puzzleteil‹ für die Gestaltung einer Gemeinschaft, in der Stärken, Schwächen, Auffälligkeiten und Bedürfnisse ohne Wertung zum Ausdruck kommen und einander ergänzen« (www.aktioncourage.de/vielfalt_gestalten_dossier_inklusion_platte).

Inklusiv arbeitende Pädagogen haben in ihrem Team Unterschiedlichkeiten aufgespürt und sie für ihre pädagogische Arbeit nutzbar gemacht. Sie haben über den Begriff der Normalität diskutiert und überlegt, wer eigentlich bestimmt, was »normal« ist und wann (bzw. ob überhaupt) Ausgrenzung oder Separierung akzeptabel sein könnte. Inklusiv arbeitende Pädagogen akzeptieren Kinder wie sie sind und geben ihnen die Möglichkeit, sich ihren Fähigkeiten entsprechend einzubringen. Ihr Blick auf das Kind ist von Wertschätzung geprägt. Es ist nicht an Defiziten orientiert.

4.5. Projektarbeit setzt auf Partizipation

Projektarbeit wird häufig als eine Form authentischen Lernens beschrieben. Kinder lernen im Rahmen von Projektarbeit selbstständig zu handeln, sie folgen ihren eigenen Interessen und Bedürfnissen, forschen, handeln und denken miteinander und machen sich immer stärker von Autoritäten unabhängig. Im Rahmen eines Projektes setzen sich die Kinder intensiv mit einem Thema auseinander, klären aufgetretene Fragen weit gehend selbstständig. In den Leitlinien Schleswig-Holstein heißt es dazu:

»Kennzeichen von Projekten sind:

Themen- und Produktorientierung: Projekte setzen sich mit klar umrissenen Themen auseinander und enden häufig mit einem Produkt oder einer Abschlusspräsentation.

Zielgruppenorientierung: Projekte befassen sich mit Themen, die für die jeweilige Kindergruppe von Bedeutung sind. Sie werden so geplant, dass sie allen Kindern, die am Projekt teilnehmen, individuelle Zugänge zum Projektthema eröffnen.

Zeitliche Begrenzung: Projekte sind zeitlich begrenzt. Wenn ein Produkt erstellt ist oder ein Thema erschöpfend behandelt wurde, ist das Projekt beendet. Dabei kann der zeitliche Umfang eines Projekts sehr unterschiedlich sein.

Partizipative Orientierung: In Projekten können die Kinder in allen Projektphasen an den Entscheidungen bezüglich des Projekts beteiligt sein: von der Themenfindung über die Zielformulierung, die Planung und die Durchführung bis zur Auswertung.

Projekte, die in Kindertageseinrichtungen durch den Situationsansatz eine lange Tradition haben, ermöglichen allen Kindern, sich mit einem Aspekt des gewählten Themas auf individuelle Weise zu beschäftigen. Sie können eine Eigendynamik entwickeln und Kinder (und auch pädagogische Fachkräfte oder Eltern) dazu motivieren, immer neue Aspekte zu verfolgen« (Knauer/Hansen 2008, S. 49).

Projekte sind immer demokratisch: sie setzen Partizipation, kooperative und solidarische Arbeitsformen voraus.

Die Bedeutung der Partizipation in der Pädagogik

Projektarbeit erfordert von Kindern aber auch die Fähigkeit, mit anderen zu kooperieren und demokratische Aushandlungsprozesse zu führen, um ein gemeinsames Ziel zu erreichen. Während des Projektes werden die Kinder mit für sie spezifischen demokratischen Arbeits- und Ausdrucksformen vertraut gemacht. Sie treffen sich morgens zur Besprechung an »Runden Tischen«, bilden Planungsgruppen, tagen in Kinderkonferenzen und nehmen an Zukunftswerkstätten teil. Sie teilen ihre Meinung auf Wandzeitungen mit und äußern sich mit Hilfe von kreativen Techniken. Dabei erleben sie, dass ihr Interesse im Mittelpunkt steht und dass sie wirksam werden können, dass es sich lohnt, Engagement zu entwickeln.

Auch in der Reggiopädagogik spielt die Projektarbeit eine bedeutsame Rolle. Im Projekt ergibt sich die Gelegenheit »die sogenannten expressiven Ausdrucksformen des Kindes in den Vordergrund zu stellen« (Malaguzzi, 1984, S. 1). Die Kinder lernen gemeinsam, lustvoll und in sozialen Kontexten. Kindliches Lernen sollte sich immer spielerisch, handlungsorientiert und in projektorientierten Angeboten vollziehen. Dabei spielen gerade auch in der Reggiopädagogik die reflexiven Phasen eine große Rolle. In dem Kinder Gelegenheit erhalten, über ihr Tun zu sprechen, begreifen sie wie sie lernen. Dafür brauchen sie Erwachsene, die Fragen stellen, die Kinder beobachten, Impulse geben, das Lerngeschehen im Blick haben und es dokumentieren. »Kinder lernen in Reggio primär in Projekten, und die Dokumentationen belegen dies. Die aktuelle bildungspolitische und wissenschaftliche Debatte rückt das Lernen in den Fokus, wie es die Reggianer seit Jahrzehnten realisieren, allerdings ohne das Primat von Kognition und Metakognition. Dort steht eindeutig das Kind mit seinen hundert Sprachen im Zentrum und nicht das Interesse des Arbeitsmarktes, wie Fthenakis es zutreffend kritisiert« (Küppers, S. 104).

Die Bedeutung der Partizipation in der Pädagogik

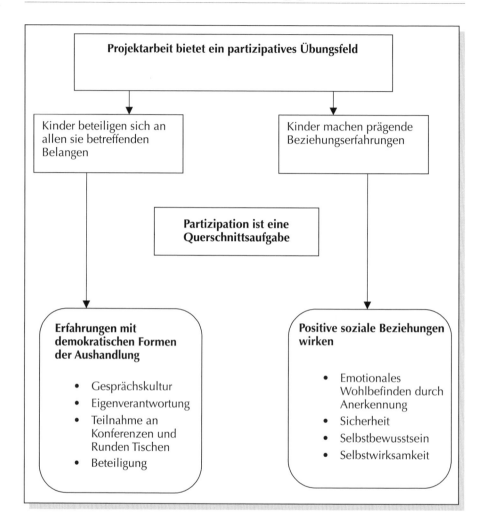

5. Die Rolle der Pädagogen

5.1. Pädagogen werden zu Lernbegleitern/Coaches

Im Wesentlichen geht es darum, Kinder ernst und als gleichberechtigt wahrzunehmen. Jedes Kind erfährt in seinem Alltag, wie es mit der eigenen Wichtigkeit bestellt ist. Beziehungen zu Erwachsenen spielen dabei eine wichtige Rolle. In ihnen spiegelt sich die Überzeugung der Erwachsenen davon, welche Rechte Kinder haben. Sie bestimmen die Atmosphäre in den Lebensräumen von Kindern. Auf diese Weise erfahren Kinder etwas über den Stellenwert, den sie bei Erwachsenen einnehmen: Werde ich geliebt? Erfahre ich Wertschätzung? Werden meine Wünsche akzeptiert? Werde ich als Individuum wahrgenommen? Kann ich meinen Alltag selbst gestalten?

Und auch die Pädagogen in der Kindertagesstätte zeigen durch Ihre Haltung den Kindern gegenüber, wie es mit ihrem Beteiligungswillen bestellt ist.

Morgens in der Kindertagesstätte: Lotta stöhnt: »Ich hab' noch keinen Hunger und das blöde Quarkbrot mag ich sowieso nicht.«

Jacob möchte gerne an seiner Burg weiter bauen. Aber gemeinsames Frühstück ist angesagt. Lotta fragt, ermutigt durch ein Gespräch mit ihren Eltern: »Können Jacob und ich nicht später zusammen frühstücken? Wir möchten jetzt lieber spielen. Wenn wir Hunger haben, essen wir was und räumen auch alles wieder weg. Geht das?« Die Erzieherin ist skeptisch: »Ich möchte aber gerne mit euch essen. Dann können wir auch miteinander reden. Viele Kinder aus unserer Gruppe kennen gar kein gemeinsames Frühstück. Für die wäre es auch schön, wenn wir alle gemeinsam am Tisch sitzen.« Die Kinder verstehen den Einwand und Lotta hat auch gleich einen Vorschlag: »Wir essen einfach heute wann wir wollen und an den anderen Tagen essen wir alle zusammen.« Das findet auch die Erzieherin klasse.

Dienstagmorgen im Montessori-Kindergarten. Max fällt plötzlich etwas ein. Er hat am Wochenende etwas Aufregendes erlebt und muss das unbedingt den anderen mitteilen. Er geht zu Jane, dass ist die Erzieherin, und sprudelt los: »Jane, Jane, ich muss was erzählen. Gestern war die Feuerwehr bei uns in der Straße. Der Papiercontainer hat gebrannt, und dann kam die Feuerwehr mit zwei Löschwagen…«, Max will gar nicht mehr aufhören zu erzählen. Jane hört geduldig zu und erinnert Max dann: »Das finden die anderen Kinder bestimmt auch ganz aufregend. Willst du nicht die Glocke zum Stuhlkreis läuten und den anderen erzählen, was du erlebt hast?«

Die Rolle der Pädagogen

Die Idee, eine Glocke zu läuten, wenn es etwas Interessantes zu berichten gibt, wurde von den Kindern selbst entwickelt. Die Pädagoginnen waren zunächst unsicher: Würde es nicht ständig zu Störungen kommen, weil die Kinder so viel Spaß am Läuten der Glocke entwickeln? Nach einer Weile des Ausprobierens hat sich das System als brauchbar erwiesen. Max konnte von seinem spannenden Erlebnis berichten, was dazu führte, dass nun das Thema Feuerwehr in der Kita einen breiten Raum eingenommen hat.

Lea ist morgens immer noch sehr müde. Sie mag weder mit anderen Kindern spielen, noch deren Lärm hören. Frau P., die Erzieherin ist sehr rührend um Lea bemüht und möchte sie ins Spielgeschehen einbeziehen. Sie macht ein Angebot nach dem anderen, aber Lea wird immer quengeliger. Dann kommt Hans dazu und sagt: »Lass sie doch einfach in Ruhe, sie ist müde.«

Viele Einrichtungen haben Beteiligung längst in ihren Konzepten und Pädagogen Beteiligung in ihren Köpfen verankert. Dennoch sieht die Praxis manchmal anders aus. Der heimliche Lehrplan, der in den Köpfen mancher Pädagogen zu finden ist, steht manchmal im Widerspruch zum Wunsch nach Beteiligung. Die Strukturen der pädagogischen Organisation bauen immer auf zum Teil unhinterfragten Grundüberzeugungen auf, die wiederum auf dem Menschenbild der in der Institution arbeitenden Kollegen beruhen. Damit verweisen Strukturen der Institutionen auf das zugrundeliegende Menschenbild, das wiederum die Strukturen legitimiert. Dabei handelt es sich häufig nicht um die Vorstellung, dass Kinder in der Lage sind, Rechte auszuüben und sich zu beteiligen. Vielmehr glauben Erwachsene häufig immer noch genau zu wissen, was für Kinder gut ist: Wann sie frieren, wann sie Hunger haben, was für ein Essen für sie gut ist, wann sie müde sein müssen und vieles mehr.

Die Rolle der Pädagogen

Ein heimlicher Lehrplan in einer Kindertagesstätte kann so aussehen:

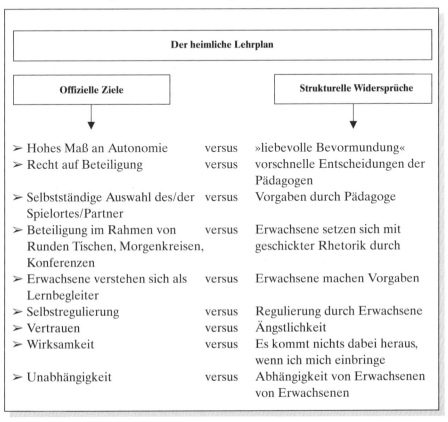

»Verhalte dich so, wie du behandelt werden möchtest«, lautet der Slogan einer Kindertagesstätte. Im täglichen Leben erfährt Jonas etwas anderes. Er kommt morgens in die Einrichtung, sagt fröhlich Guten Tag und sieht sich nach einem Spielpartner um. Die Pädagogin K. hat Jonas noch gar nicht bemerkt, Sie ist intensiv damit beschäftigt, die Dekoration für das Sommerfest zu basteln. Dann endlich nimmt sie Jonas wahr. »Jonas, willst du nicht herkommen und mich begrüßen?« Zähneknirschend geht Jonas zur Pädagogin. Er wundert sich aber, dass er sich um sie bemühen muss und nicht umgekehrt.

»Hannes, spielst du mit uns Memory?« Die Kinder freuen sich, denn Hannes stimmt zu, er spielt gerne mit ihnen, sagt er). Aber er ist nicht aufmerksam, was die Kinder natürlich wahrnehmen. Er geht zwischendurch ans Telefon, hilft den anderen Kin-

Die Rolle der Pädagogen

dern und wechselt ein paar Worte mit den Kolleginnen. Hatte Hannes wirklich Zeit und Lust zum Spielen?

In vielen pädagogischen Einrichtungen wirken »heimliche undemokratische Strukturen«. Das bedeutet, dass Kinder strukturelle undemokratische Erfahrungen machen, die den offiziell formulierten durchaus demokratischen Lernzielen entgegenstehen.

Der *heimliche Lehrplan der Demokratie* wirkt mehr als alle Absichtserklärungen: Erfahren und üben Kinder ihre Partizipationsmöglichkeiten in der Einrichtung, in der sie viele Stunden des Tages verbringen nicht als Selbstverständlichkeit, lernen sie, dass sie ohnmächtig sind, ihre Einlassungen keinerlei Auswirkungen haben, dann kann das zur späteren Unfähigkeit zur Mitgestaltung und zur Politikverdrossenheit führen. Und sie werden auch kaum durch Appelle und moralische Aufforderungen abgebaut werden, da tief greifende Alltagserfahrungen mit überermächtigen und übergreifenden Erwachsenen dagegen stehen.

Die Pädagogin als Lernbegleiterin/Coach
- macht keine Vorgaben, sie initiiert und gibt Impulse;
- prägt das Lernen der Kinder indem sie Lust am Lernen, Freude und Spontaneität fördert;
- begibt sich mit den Kindern dorthin, wo Lernen aus erster Hand möglich ist;
- beobachtet, dokumentiert, analysiert und baut in ihrem pädagogischen Handeln auf den Ergebnissen auf;
- betrachtet die Räume als Werkstätten, gestaltet sie entsprechend, stellt anregende Materialien/Medien bereit und betrachtet den Raum als Experimentierfeld und dritten Erzieher;
- vertraut auf die hundert Sprachen des Kindes und hat deswegen keine Antworten, sondern Fragen parat;
- greift Anregungen der Kinder auf und ermutigt sie, eigene Wege zu finden;
- setzt nur dort Grenzen, wo Gefährdung droht;
- erkennt, Interessen und Bedürfnisse von Kindern, die »zwischen den Zeilen« zu erkennen sind und greift sie auf;
- unterstützt Kinder im Rahmen der Reflexionsrunden, soweit die Kinder das wünschen;
- verfügt über ein hohes Maß an pädagogischer Professionalität, sie stellt Beziehung und Dialog in den Mittelpunkt ihrer Arbeit;
- initiiert Beteiligungsprozesse;
- bietet den Kindern die Möglichkeit, sich eigenständig als »Forscher« zu betätigen;

Die Rolle der Pädagogen

- unterstützt die Kinder dabei, sich gegenseitig zu helfen, statt die Hilfe der Pädagogen in Anspruch zu nehmen;
- ermutigt die Kinder, eigene Wege zu gehen und zeugt ihnen dabei viel Achtung;
- plant zielgruppen- und beteiligungsorientiert;
- verfügt über ein großes methodisches Repertoire und kann dieses situationsspezifisch einsetzen;
- verfügt über kommunikative Kompetenzen;
- ist mutig genug, kontroverse Auseinandersetzungen zu führen;
- besitzt Selbstvertrauen und die Fähigkeit zur Selbstkritik;
- setzt sich mit dem eigenen Selbstverständnis auseinander und diskutiert es im Team;
- hinterfragt ihr eigenes Bild vom Kind;
- ist im Gemeinwesen engagiert;
- kann Eltern einbeziehen und durch Argumente überzeugen.

In der Reggiopädagogik heißt es: »Sie verstehen sich als Begleiter und nicht als »Belehrer« von Kindern und sehen ihre vorrangige Aufgabe darin, die Kinder zu beobachten, sie kennenzulernen und verstehen zu lernen und sich ihren Aktivitäten anzuschließen. (...). Eine wichtige Aufgabe sehen Erzieherinnen (...) darin, zu einem Zeugen der kindlichen Entwicklungsschritte und darüber hinaus auch selbst zu einem Forscher zu werden« (Dreier, S. 91).

Die Pädagoginnen geben auf Fragen der Kinder keine fertigen Antworten, sondern machen diese Fragen zum Ausgangspunkt gemeinsamer Forschung. Nicht das Erklären der Welt durch Erwachsene steht im Vordergrund, sondern das Erforschen der Welt durch die Kinder.

Wie das vor sich geht macht Annette Dreier anschaulich:

»In dem Kindergarten Diana hatte eine Erzieherin einen Papiervogel an die Fenster geklebt. Der Schatten des Vogels erschien auf dem Fußboden des Gruppenraumes. Irgendwann entdeckten die vierjährigen Kinder den ›Besucher‹, begrüßten ihn, brachten ihm Wasser und Futter und bauten ihm eine Fernsehecke zur Entspannung. Danach wandten sie sich anderen Beschäftigungen zu. Doch das Interesse an dem Vogel erwachte erneut. Hat er wohl das Wasser getrunken, hatte er gefressen? Die Rückkehr zu ihm brachte eine Überraschung mit sich: Er war ein Stück weitergeflogen. Das Erstaunen der Kinder war groß. Nach einigen Diskussionen kamen sie auf die Idee, ihn festzuhalten. Mit Kreidestrichen malten sie seinen Umriss auf den Boden. Doch er ›flog‹ weiter. Vielleicht könne ein Käfig ihn halten? Mit Klebeband wurde ein Gitter um ihn herum befestigt. Doch wieder wanderte er weiter. Es gab Nachdenklichkeit und Diskussion darüber, wie der Vogel wohl fliegen könnte. Zur

Die Rolle der Pädagogen

Lösung des Rätsels wurden die älteren Kinder aus der Nachbargruppe befragt. Diese hatten eine Idee: Man müsse sich verstecken und den Gast beobachten; denn in Anwesenheit von Menschen würde der Vogel sein Geheimnis nicht preisgeben. Gesagt, getan, aus ihrem Versteck heraus beobachteten die Kinder den Vogel. Doch auf ihre Frage fanden sie keine Antwort. Ein bisher unbeteiligtes Kind kam zur Gruppe und fragte, was denn los sei. Dann erklärte es auf einen Schlag das Phänomen: Der Gast sei doch der Schatten des Vogels an der Scheibe, ob dies denn so schwer zu verstehen sei? Die Erzieherinnen hatten diese Begebenheit aufmerksam beobachtet und machten sie zum Ausgangspunkt für vielfältige Projekte zum Thema Licht und Schatten« (ebd., S. 76 f.).

Die Art und Weise, wie Erwachsene den pädagogischen Alltag gestalten, zeigt, wie es um die individuelle und strukturelle Partizipation der Einrichtung bestellt ist. Je jünger die Kinder sind, desto wichtiger ist es, ihnen eigene Wege zuzugestehen und nicht erwachsene Wege der Erfahrung aufzuzwingen.

Dem »Flirt mit der Welt« (Dreier 1993, S. 76) eine Chance geben. Auch das ist Partizipation!

5.2. Das Menschenbild des partizipativ arbeitenden Pädagogen

Für die »partizipative Pädagogin« ist es selbstverständlich, dass Kinder mit Rechten ausgestattet sind. Sie wissen: »Dieses Kind gehört nicht dir, Vater oder Mutter, dieses Kind gehört sich selbst und hat als solches Rechte. Mütter und Väter dürfen nicht mehr das Recht haben, den Schatten auf das Kind zu legen ...« (Malaguzzi, in: Berentzen 1987, S. 14). Das gilt auch für Pädagogen in sozialpädagogischen Einrichtungen. Im Mittelpunkt ihrer Arbeit stehen immer die Kinder. Ihr Leben, ihre Gewohnheiten, ihre Sicht der Welt, ihre Fantasie und Kreativität, ihre Neugier, ihre Fragen sind Ausgangspunkt der Pädagogik. Ein weitere Ausgangspunkt ist die Annahme, dass Kinder »aktive Gestalter ihrer Entwicklung«, »Hauptakteure ihrer Lern- und Gestaltungsprozesse« und »Konstrukteure ihrer Kenntnisse« sind (Stenger 2001, S. 9). Unser Blick auf das Kind ist optimistisch, denn wir wissen heute, dass es kompetent und reich an Potenzialen ist. Kinder verfügen über einen unschätzbaren Reichtum an Fantasie und Kreativität, sie verfügen über Eigensinn und wissen demzufolge sehr gut, was sie wollen und was ihnen gut tut.

Die Rolle der Pädagogen

Die partizipative Pädagogin hat ein systemisch geprägtes Menschenbild, sie gesteht Kindern deswegen zu, eigene Entscheidungen zu treffen, die sie nicht bewertet.

Ein systemisches Menschenbild geht von der Vorstellung aus, dass Menschen autonom sind und Eigenverantwortung tragen. Jeder Mensch ist frei für eigene Entscheidungen. Der Mensch entscheidet für sich allein, welches Verhalten für ihn Sinn macht, welches richtig ist. Das bedeutet jedoch nicht, dass andere Menschen mit diesem Verhalten einverstanden sein müssen. Ein zur Verfügung stehender Handlungsspielraum bietet verschiedene Optionen, die dann gemeinsam ausgelotet werden müssen. Das geschieht immer dann, wenn das Handeln der Kinder untereinander zu Konflikten führt oder Kinder und Erwachsene im Tun der Kinder nicht gleichermaßen einen Sinn entdecken. Häufig hilft es, wenn Erwachsene sich in die Kinderperspektive begeben, um das Problem zu lösen. Oder nachfragen: Wem schadet es, wenn Kinder ihre Interessen (die nicht meine, die der Pädagogin) sind, durchsetzt? Warum darf/kann das Kind nicht eigene Erfahrungen machen? Warum scheint meine Entscheidung mehr Sinn zu erzeugen (tut sie das wirklich)?

Jeder Mensch hat das Bedürfnis, für sich selbst das Beste zu erreichen. Das ist natürlich abhängig von dem ihm zur Verfügung stehenden Mitteln, Möglichkeiten und dem eigenen Willen.

Aufgabe der Pädagogen ist es, Kinder auf dem Weg, diese Mittel (Ressourcen) zu entdecken, zu unterstützen. Das machen sie, indem sie Empathie für die Kinder entwickeln und ihnen Wertschätzung entgegen bringen. Sie achten die Kinder, stärken ihre Eigenverantwortung und begeben sich in einen fortlaufenden Dialog. Im Sinne von Virginia Satir muss insbesondere die Eigenverantwortung des Kindes einen hohen Stellenwert erhalten. Pädagogen geben keine Anweisungen und Ratschläge, sie ermutigen die Kinder, eigene Ideen, Spielformen, »Forschungsaufträge« und Lösungswege zu erfinden, auszuprobieren und evtl. auch wieder zu verwerfen. So lernen Kinder: Nicht die erste Lösung muss immer die Beste sein.

Häufig gehen Pädagogen automatisch davon aus, dass Teammitglieder über ein gleiches Verständnis vom Bild des Kindes verfügen. Die Praxis zeigt immer wieder, dass es deutliche Unterschiede gibt. Es gibt immer noch die bewahrende und behütende Erzieherin, die den Kindern wenig zutraut und es gibt auch die »Besserwisserin« und »Bestimmerin«. Treten Sie miteinander in den Dialog, lernen Sie voneinander und überprüfen Sie ihr eigenes Bild vom Kind. Klären Sie in und für Ihre Einrichtung, welches Bild vom Kind Ihrem Tun zugrunde liegt. Ein Hilfsmittel dafür können folgende Leitfragen sein:

Die Rolle der Pädagogen

Leitfragen zum Menschenbild
(auf Metaplankarten in Kleingruppen sammeln)

- Wie hat sich mein Menschenbild entwickelt? Welchen Einflüssen habe ich unterlegen?
- Welches Bild habe ich von mir als Erzieherin?
- Welches Kindheitsbild habe ich vor Augen, wenn ich an meine eigene Kindheit denke?
- Wie autonom, gleichberechtigt, unterdrückt oder abhängig habe ich mich damals gefühlt?
- Hat sich mein Bild vom Kind in den letzten Jahren verändert? Woran könnte das liegen?
- Betrachte ich die Kinder als defizitäre Wesen oder als aktiv konstruierende?
- Von welchem Alter an können Kinder Partizipation in der Kita praktizieren?
- Mein aktuelles Menschenbild würde ich wie folgt beschreiben: _____
- Meine Schlussfolgerungen aus diesem Menschenbild für meine künftige pädagogische Arbeit lauten: _____

Aus: Stamer-Brandt, 2010, S. 18

Für die Diskussion im Team bietet sich folgende Methode an:

Teamdiskussion-Karussell
Sie brauchen, je nach Teilnehmer-Zahl 4–6 Plakate. In der Mitte eines jeden Plakates finden die Kleingruppen, die je ein Plakat bearbeiten, ein Statement zum Thema Partizipation. Die Gruppe diskutiert die Aussage und nimmt dazu auf dem Plakat schriftlich Stellung. Sie lässt dabei Raum für Kommentare der anderen Gruppen. Nach 10 Minuten gehen die Teilnehmer im Uhrzeigersinn weiter zum nächsten Plakat. Das wird angeschaut, diskutiert und kommentiert (schriftlich). Das dauert 10 Minuten, dann gehen die Gruppen wieder im Uhrzeigersinn weiter zum nächsten Tisch und zum nächsten Thema. Das geht so lange, bis jede Gruppe wieder vor ihrem Ursprungsplakat steht. Nun werden die Kommentare betrachtet und eine kurze Zusammenfassung entwickelt (mündlich oder auf einem neuen Plakat). Die Ergebnisse werden nun im Plenum vorgestellt.

Hinweis: Es sollten nicht mehr als 6 Gruppen gebildet werden und keine Gruppe mehr als 8 Teilnehmer haben. Die Präsentation ermüdet sonst und läuft ins Leere.

Die Rolle der Pädagogen

Die Zeiten der Durchgänge sollten nach dem zweiten Durchgang gekürzt werden, da dann bereits viel zum Thema gesagt wurde.

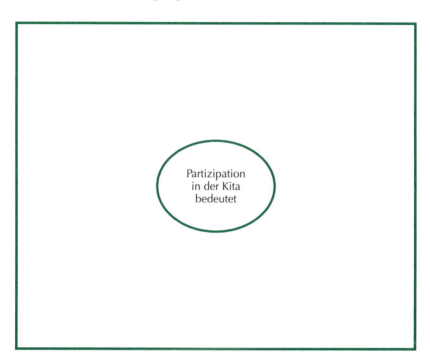

Weitere mögliche Themen, die parallele bearbeitet werden können:
- Was Partizipation in der Kita für die Eltern bedeutet
- Wie Eltern in das Thema Partizipation »verliebt« gemacht werden können
- Anforderungen an die »partizipative« Pädagogin
- Strukturelle Veränderungen in der Kita, wenn Partizipation umgesetzt werden soll
- Das Bild vom Kind in der partizipativen Kita
- Grenzen der Partizipation

Die Rolle der Pädagogen

5.3. Vom Umgang mit kritischen Eltern

Auch Eltern müssen beteiligt werden. Es ist sinnvoll, sie von Anfang an in die Partizipationsbestrebungen der Einrichtung einzubeziehen und behutsam zu informieren und zu überzeugen. Ohne Eltern geht eigentlich gar nichts. Im Kreis der Familie machen Kinder schließlich ihre ersten und prägendsten Erfahrungen. Familiäre Einstellungen und Handlungsweisen bieten den Kindern das Erfahrungsfeld, das ihre Einstellung und ihre Mitgestaltungsfähigkeiten prägen. Auch erste Demokratieerfahrungen machen Kinder in ihrer Familie. Hier sind es die alltäglichen Erfahrungen und Verhaltensweisen, die vor allem die Beziehungen der Familienmitglieder untereinander bestimmen.

Für Kinder ist es entscheidend, ob:
- Regeln transparent gemacht und gemeinsam entwickelt werden;
- Sie sich als gleichberechtigte Partner in der Familie erfahren;
- Ihre Wünsche Gewicht haben oder grundsätzlich nachrangig sind;
- Ihnen Entscheidungs- und Verantwortungsspielraum zugestanden wird;
- Erwachsene ihnen zuhören und Fragen stellen, statt anzuordnen und zu belehren;
- Erwachsene grundsätzlich ihre Interessen durchsetzen;
- Der Alltag durch Gewalt bestimmt ist.

Letztlich beginnt das Wissen von Kindern um ihre Einflussmöglichkeiten mit der Geburt: Werden Stillen, Wickeln, Schmusen oder Schlafen gehen nach der Uhr bestimmt, oder beginnt hier der Dialog mit den Eltern.

Holen Sie die Eltern nicht mit ins Boot, ist ein Loyalitätsprinzip zwischen Kindern und Eltern vorprogrammiert.

Eltern sind Experten für das eigene Kind

Ziel ihrer pädagogischen Bemühungen ist es, alles zum Wohle der Kinder zu tun. Das kann nur gelingen, wenn Sie Kinder ernst nehmen und sie beteiligen und ebenso die Eltern mit all ihren Kompetenzen, aber auch den Sorgen und Nöten Gehör verschaffen und sie ernst nehmen. Erziehung gelingt nur, wenn die Beziehung im Dreieck Pädagogen, Eltern, Kinder professionell gestaltet wird.

Lea (4) wird um 13:00 aus der Kita abgeholt. Sie hat einen Bärenhunger und ihre Mutter wundert sich, denn schließlich gibt es in der Kita um 12:00 Essen. Aber Lea mochte die »Grießpampe« nicht und hat nichts gegessen. Leas Mutter ist empört: »Das kann doch nicht sein, dass unser Kind sich weigern kann, etwas zu essen.«

Die Rolle der Pädagogen

Aber genau das ist der Fall. Lea entscheidet selbst, ob sie etwas essen möchte oder nicht. Für mich ist es selbstverständlich, dass ich nur esse, wenn ich Hunger habe und dann nur das, was mir schmeckt. Warum sollen eigentlich für Kinder andere Regeln gelten?

Aber wie transportiere ich diese Meinung in die Köpfe der Eltern?
Besonders wichtig ist es, dass Eltern die Handlungsweisen der Pädagoginnen nachvollziehen können und dass sie nicht mit solchen Entscheidungen überfahren werden. Eltern müssen wissen, was sie in der Kita erwartet und sie müssen es verstehen können. Das können sie aber nur, wenn sie ein gewisses Grundverständnis von Partizipation besitzen. Da das auch nicht unbedingt bei allen Pädagoginnen vorausgesetzt werden kann, empfiehlt es sich, einen gemeinsamen **Workshop** zu besuchen oder eine hausinterne **Fortbildung** zu buchen (es gibt inzwischen eine Reihe von Instituten, die so etwas anbieten und sehr erfolgreich arbeiten).

Eltern wollen, genau wie die Kita-Pädagogen das Beste für die Kinder. Sie sind aber unsicher, ob das, was man den Kindern in der Kita zutraut auch richtig ist. Sie sind es vielleicht auch gewohnt, für ihre eigenen Kinder zu denken und zu entscheiden und nehmen diese Form der Bevormundung selbst gar nicht wahr. Was ihre Kinder wirklich zu entscheiden in der Lage sind, ist ihnen gar nicht bewusst. Da helfen häufig auch keine Gespräche. Aber Sie sollten den Eltern **Hospitationen** anbieten. Lassen Sie die Eltern selbst dabei zusehen, wie souverän ihr Kind mit Messer und Gabel isst, wie gut es entscheiden kann, ob es Mütze und Schal braucht, weil es draußen kalt ist und mit welchem Geschick es durch die Bewegungsbaustelle gleitet. Aber auch das Mittel der **Videografie** eignet sich hervorragend, um Eltern zu zeigen, wie kompetent das eigene Kind sein Leben in die Hand nehmen und vernünftige Entscheidungen treffen kann. Mit einem kurzen Video können Sie mehrere kleine Situationen aufzeichnen, die die Selbstbestimmungsfähigkeit der Kinder dokumentieren.

Ein weiterer Schritt besteht dann darin, den Dialog mit den Eltern darüber zu führen, was schrittweise an Beteiligungsmöglichkeiten für Kinder eingeführt werden kann. Das kann damit beginnen, dass Kinder über das Essen entscheiden (in vielen Kitas gibt es Selbstbedienungsrestaurants, die habe ich auch schon in Einrichtungen für Kinder bis 3 gesehen und war erstaunt, wie die Kleinen das angenommen haben), selbst bestimmen, welche Angebote sie wahrnehmen und mit wem und wo sie spielen wollen.

Die Rolle der Pädagogen

Was Sie sagen können, wenn Eltern wissen wollen, warum Partizipation so wichtig ist?

Jüngere Forschungsergebnisse belegen, dass Kinder schon von Geburt an die Fähigkeit haben, sich die Welt selbst anzueignen. Sie probieren aus, sie schauen sich Dinge ab und lernen in der Auseinandersetzung mit Menschen und Dingen. H. J. Laewen zeichnete vor Jahren einmal den eigenständigen Lernprozess von Kindern im Bällebad auf. Dort durften, wegen der vermeintlichen Gefahr, immer nur drei Kinder zur Zeit spielen. Die Pädagogen wurden nun vom Laewenteam gebeten, das Verbot aufzuheben und geduldig das Geschehen zu beobachten. So konnten die Pädagoginnen sehen, wie die Kinder, nachdem sie erfahren mussten, wie schwierig es ist, wenn viele Kinder auf einmal in das Bällebad springen, dass die Kinder begannen verschiedene Möglichkeiten auszuprobieren (alle Kinder stellen sich hintereinander auf und springen der Reihe nach, zwei oder drei Kinder fassen sich an den Händen und springen gemeinsam,...). Nachdem sie das getan hatten, wurden Regeln aufgestellt – von den Kindern. Ein überzeugendes, weil wirkungsvolles Beispiel. Die Regeln wurden befolgt, weil sie aus einer Einsicht heraus entstanden und von den Kindern selbst entwickelt worden sind.

> *»Wenn Kinder verlässlich beteiligt werden, hat das auch immer Auswirkungen auf die Atmosphäre in der Kita und auf die Beziehungen zwischen Kindern und Erwachsenen. In Beteiligungsprozessen erfahren Kinder, dass ihr Handeln Folgen hat. Sie erleben, dass ihnen zugetraut wird, selbst zu entscheiden, wenn es ihre Bedürfnisse betrifft. Dies ermöglicht ihnen, Bedürfnislagen einzuschätzen (›Mir ist kalt‹), Vorgehensweisen zu erproben (›Ich sage das der Erzieherin‹, ›Ich laufe ganz schnell, bis mir warm ist‹ oder »Ich hole mir eine Jacke«) und Handlungsweisen zu überdenken. So lernen Kinder nach und nach Verantwortung für sich zu übernehmen und die Konsequenzen ihrer Entscheidungen zu tragen. Dafür brauchen sie die Begleitung durch Erwachsene, die es ihnen ermöglichen, ihre Bedürfnisse und Gefühle bewusst wahrzunehmen und geeignete Handlungsstrategien zu entwickeln. Mit Hilfe von Fragen können Erwachsene den Prozess in Teilschritte zerlegen: ›Ist dir vielleicht kalt?‹ – ›Hast du eine Idee, was du tun kannst?‹ – ›Welche Hilfe brauchst du, um ...?‹*

Die Rolle der Pädagogen

Dieses Verständnis setzt voraus, Kinder nicht als Wesen zu sehen, die ständig beschützt werden müssen und die Erwachsene brauchen, die ihnen sagen, was gut für sie ist, sondern sie als Experten für ihre eigenen Angelegenheiten wahrzunehmen und zu respektieren.« (Regner/Schubert-Suffrian (2011) in: Das Leitungsheft kindergarten heute '3/2011: Dürfen Kinder denn alles entscheiden? S. 14)

Sie können Eltern klar machen, dass es nicht notwendig ist, in allen Lebensbereichen gleich zu handeln. Am Beispiel Großeltern/Eltern gelingt das ganz gut. Kinder wissen, bei Oma und Opa ist manche anders, in der Kita auch. Damit können Kinder gut leben, sie stellen sich darauf ein. Wichtig ist es trotzdem, dass die Eltern hinter den Entscheidungen des »Kita-Parlamentes« stehen. Eltern brauchen Aufklärung über das was in der Kita geschieht, besser noch: Mitspracherecht. Im engen Kontakt und Dialog mit den Eltern sollte es gelingen, Überzeugungsarbeit zu leisten. So können Sie Eltern

- für die Sichtweisen des Kindes sensibilisieren,
- verdeutlichen, zu welchen Fähigkeiten und Leistungen ihr Kind fähig ist,
- den Austausch mit anderen Eltern und pädagogischen Fachkräften ermöglichen, um Handlungsweisen durchschauen zu können,
- von der Sinnhaftigkeit ihres Tuns überzeugen (wann, wenn nicht jetzt sollen Kinder lernen eigenständige Entscheidungen zu treffen und dafür zu stehen?).

»Die Entwicklung partizipativer Bildungskonzepte verlangt also (wie jede grundlegende Neuerung), dass die Fachkräfte wissen, was sie warum tun (wollen), und dies auch anderen, insbesondere Müttern und Vätern, vorstellen und begründen können. Wenn sie die Kinder selbst entscheiden lassen wollen, ob sie draußen eine Jacke tragen wollen oder nicht, könnten Fachkräfte Eltern erläutern, dass ihr Ziel darin besteht, dass die Kinder, wenn sie zur Schule kommen, selbst einschätzen können, wie sie sich der Witterung angemessen kleiden. Denn dann wird ihnen niemand mehr sagen, was sie in der Pause anziehen sollen; dann sollen sie es allein beurteilen können. Da das Wärmeempfinden aber, wie nahezu alles, was die Sinne, die Gefühle oder die Bedürfnisse eines Menschen betrifft, individuell sehr unterschiedlich ist, muss jedes Kind für sich selbst herausfinden, wann es eine Jacke oder eine Mütze benötigt. Damit ein Kind, wenn es auf sich selbst gestellt ist, diese Frage für sich angemessen beantworten kann, muss es nicht lernen, wann Erwachsene es für angemessen halten, dass alle Kinder eine Jacke tragen, sondern es muss sich mit sich selbst auseinandersetzen und für sich erleben, wann es gut tut, sich etwas überzuziehen. Kinder können nur lernen, wann sie eine Jacke brauchen, wenn sie auch einmal

Die Rolle der Pädagogen

ohne Jacke zu frieren beginnen. Sie müssen diese Grenze berühren und auch einmal überschreiten, um sie später rechtzeitig zu erkennen. Die Fachkräfte könnten noch hinzufügen, dass sie die Kinder dabei nicht sich selbst überlassen.

Kinder, die fragen, ob sie eine Jacke anziehen müssen, werden vielleicht gebeten, selbst nachzusehen, wie kalt es draußen ist, oder die Jacke mitzunehmen und anzuziehen, wenn sie sie brauchen. Und Kinder, die dann ohne Jacke in einer schattigen Ecke im Sand buddeln, werden durchaus angesprochen und gefragt, ob ihnen nicht kalt sei. Nur: Die letzte Entscheidung darüber wird ihnen nicht abgenommen, denn – so der dänische Familientherapeut Jesper Juul (1997, S. 209) – »wenn man über ausreichend lange Zeit etwas für Menschen tut, was sie an sich selbst können, werden sie hilflos und abhängig«

(Hansen 2008, S. 2).

Dieses Vorgehen ist für Eltern gut durchschaubar. Sie erfahren, dass ihre Kinder entscheidungsfähig sind. Sie erleben, dass die Entscheidungen vernünftig sind und keine negativen Folgen mit sich bringen und sie können, so wie es auch die Erziehungspersonen machen, schrittweise den Radius der Entscheidungsmöglichkeiten ausweiten. Sie können aber auch für sich entscheiden, diesem Vorgehen im Elternhaus nicht zu folgen. Wichtig ist, dass die Eltern den Pädagogen, die ja auch über das entsprechende fachliche Wissen verfügen zutrauen, vernunftgesteuerte Entscheidungen zu treffen, die dem Wohl der Kinder dienen. In einem fortlaufenden konstruktiven Dialog zwischen Eltern und Pädagogen sollte das gelingen. Dazu braucht es allerdings kompetente Fachkräfte, die nicht nur pädagogische und Entwicklungspsychologische Kenntnisse besitzen, sondern auch in der Lage sind, sich kompetent und wertschätzend mit Eltern in den Dialog zu begeben (egal auf welchem Wissensstand sich diese befinden und über welches Demokratieverständnis sie verfügen) und die eigene Haltung (im Sinne einer partizipativen Pädagogik) nicht nur theoretisch deutlich machen, sondern sie auch leben, als Pädagogin den Kindern gegenüber, im Team und als Mitglied einer Gemeinde, eines Stadtteils.

Der Umgang mit »schwierigen« Eltern

Zunächst einmal gilt es wahrzunehmen, dass Kitas keine Elternarbeit mehr betreiben, sondern mit Eltern eine Partnerschaft zum Wohle der Kinder eingehen. Das darf nicht nur ein geschriebener Satz bleiben, sondern das muss sich im Verhalten der Pädagogen auch deutlich zeigen. Eine gut funktionierende Partnerschaft basiert auf: Vertrauen, Ehrlichkeit, Toleranz, Respekt, Offenheit, Wertschätzung. Sie akzeptiert unterschiedliche Positionen und hält Konflikte aus. Das ist natürlich ein idealtypisches Bild, das so in der Praxis nicht immer funktioniert. Dennoch sollten Pädagogen sich bemühen, diesem Bild von Partnerschaft nahe zu kommen. Dann haben sie eine gute Ausgangsposition und können eine Kultur der konstruktiven Auseinandersetzung schaffen.

Dieses Verständnis von Erziehungspartnerschaft sollte bereits in Ihrer Konzeption verankert sein und sie muss Bestandteil der Erstinformation für Eltern sein. Dabei sollten Sie keinen Hehl daraus machen, dass es nichts Verwerfliches ist, wenn unterschiedliche Erziehungsvorstellungen, Einstellungen über Beteiligung in der Kita und die Zusammenarbeit zwischen Eltern und Einrichtung kommt. Diskussionen unterschiedlicher Positionen können dazu führen, dass streitende Parteien ihr Wissen erweitern und dazu lernen. Erziehungspartnerschaft bedeutet auch, dass Sie sich an die Seite der Eltern stellen. Das kann Ihnen gelingen, wenn Sie immer mal wieder einen Perspektivwechsel vornehmen oder im Team verschiedene Rollen einnehmen (die der Eltern, der Kinder und der Pädagogen) und Probedialoge führen. Dabei liegt der Blick immer zuerst auf dem Kind und dann auf den Erwachsenen. Bei dem Blick auf Kind und Eltern geht auch darum, die Stärken zu sehen und sie zu nutzen, statt nach Schwächen zu suchen. Das schließt dann automatisch eine Form der Belehrung aus.

Erziehungspartnerschaft

»Erziehungspartnerschaft begreift die Zusammenarbeit von Eltern und Erzieherinnen in Kindertageseinrichtungen. Der Aspekt der Zusammenarbeit unterscheidet Erziehungspartnerschaft von Elternarbeit. Bei der Erziehungspartnerschaft handelt es sich hier nicht um einen einseitigen Informationsfluss, ausgehend von der Erzieherin hin zu den Eltern. Erziehungspartnerschaft ist vielmehr ein partnerschaftlicher Lernprozess: Eltern und Erzieherinnen diskutieren über Ziele und Methoden der Erziehung von Kindern, die dabei auftauchenden Probleme und Lösungsvorschläge. Dabei bringen Eltern und Erzieherinnen gleichberechtigt ihre spezifischen Kompetenzen für das Kindeswohl in die Erziehungspartnerschaft ein.«

Nach: Deutscher Verein für öffentliche und private Fürsorge, 1997.

In einer guten Erziehungspartnerschaft richten Sie gemeinsam mit den Eltern den Blick auf die Kinder und ihre Lebenssituation. Sie betrachten gemeinsam, über welche Fähigkeiten das Kind verfügt, was ihm zumutbar ist und welchen Raum für Entwicklung dem Kind gegeben werden muss. Anhand von Videoaufzeichnungen und/oder Beobachtungen lernen Sie gemeinsam das Verhalten des Kindes kennen, lernen

Die Rolle der Pädagogen

es einzuschätzen und diskutieren sinnvolle Interventionsmöglichkeiten (bzw. klären, dass keine Interventionen notwendig sind).

Ihre Beziehung zu den Eltern sollte einerseits partnerschaftlich, andererseits auch professionell sein. Das bedeutet für Sie, dass Sie die Balance zwischen Nähe und Distanz halten müssen. Auf diese Weise ist es möglich, auch schwierige Situationen zu meistern.

Wichtige Schritte auf dem Wege zur Partizipation

1. Klären Sie die Eltern gleich zu Beginn Ihrer Zusammenarbeit über Ihr Grundverständnis von Partizipation auf
2. Klären Sie im Team, welche Partizipationsschritte Sie zu gehen wünschen und wie Sie die Eltern auf diesem Weg mitnehmen können
3. Überlegen Sie, welche Angebote Sie Eltern machen können, damit sie Ihren Weg nachvollziehen und mitgehen können (Hospitationen, Videografie)
4. Denken Sie in schwierigen Situationen oder Konstellationen über sinnvolle Patenschaften nach (Wer führt mit welchen Eltern Einzelgespräche)
5. Überlegen Sie, welche vertrauten Handlungsmuster der Familie Sie durch Ihre partizipative Arbeit in Frage stellen und entwickeln Sie im Team eine Strategie, wie Sie damit umzugehen gedenken.
6. Schaffen Sie gemeinsam mit den Eltern einen Rahmen für künftige Partizipationsstrukturen (regelmäßige Kinderkonferenzen, Einrichtung eines Eltern-Kind-Pädagogen-Cafés, gemeinsame Fortbildungen, Feste und andere Veranstaltungen, Öffentlichkeitsarbeit)
7. Reflektieren Sie regelmäßig mit den Eltern den Stand Ihrer Bemühungen. Klären Sie, was in der Kita und in der Familie schon gut klappt und woran noch gearbeitet werden sollte.
8. Informieren Sie Eltern laufend und gut (Sinn und Ziele von Partizipation, rechtliche Grundlagen, Schritte der Einrichtung)

Wie Eltern den Partizipationsprozess erleben

Viele Eltern sind zunächst einmal skeptisch. Sie fürchten, dass ihre Kinder überfordert werden oder noch gar nicht in der Lage sind, wichtige Entscheidungen alleine zu treffen. Andere befürchten, dass die Kinder alle Macht bekommen. Die Stimme einer Mutter:

»Zuerst habe ich gedacht, sollen die Kinder jetzt alles bestimmen? Dann haben wir darüber diskutiert, was das Mitbestimmen für unsere Kinder bedeutet und was die Kinder in der Kita selbst entscheiden dürfen. In der ganzen Diskussion ist mir immer mehr klar geworden, wie wichtig das Mitreden und Mitbestimmen für meinen Sohn

Die Rolle der Pädagogen

und sein späteres Leben ist. Vom Kopf her war mir das dann alles klar. Aber so wirklich zugetraut habe ich das meinem Sohn nicht. Durch den ganzen Prozess in der Kita hat sich das aber verändert. Ich höre mehr auf das, was mein Sohn will und ich traue ihm jetzt mehr zu« (Sturzenhecker et al. 2010, S. 45 ff.).

An dieser Aussage ist ganz deutlich zu erkennen, dass Eltern ihr Kind durchaus plötzlich mit anderen Augen betrachten, bzw. eine neue Entwicklung entdecken. Das gelingt nur, wenn auch Eltern wirklich beteiligt werden und erleben, wie Kinder auf Beteiligungsprozesse reagieren. Es ist auch zu beobachten, dass Eltern immer häufiger ihr eigenes Verhalten hinterfragen: Ist es jetzt wirklich notwendig, Lotta eine Mütze aufzusetzen obwohl sie das partout nicht will? Muss Leon jetzt etwas essen, weil ich gerade Hunger habe? Manchmal muss man Sachverhalte auch geduldig mit Kindern klären: Was machen wir jetzt? Ich bin der Meinung, dass es zu kalt ist um nur im T-Shirt nach draußen zu gehen. Du sagst, du frierst nicht. Hast du eine Idee, wie wir das lösen können?

Ein weiterer Aspekt, den Sie Eltern deutlich machen können ist der, der widersprüchlichen Botschaften, mit denen wir Kinder häufig konfrontieren, insbesondere Eltern. Einerseits sagen sie Kindern: »Du bist doch schon groß, du musst doch nicht weinen!« Andererseits heißt es: »Das kannst du noch nicht, dazu bist du zu klein!«. Manchmal erleben Kinder diesen Widerspruch auch ohne dass er ausgesprochen wird. Sie helfen z. B. beim Abwasch, werden auch dafür gelobt und dann spülen die Erwachsenen nach und demonstrieren damit das unausgesprochen: Du bist noch zu klein, du machst es nicht gut genug. Das Ende von kindlicher Hilfsbereitschaft ist in einem solchen Fall vorauszusehen.

Sie können diese Widersprüche in der Zusammenarbeit mit Eltern sichtbar machen und über alternativen Verhaltensweisen nachdenken, die für Kinder hilfreich sind. Im Rahmen eines Workshops mit Eltern und Pädagogen können Sie am Thema »Widersprüchliche Botschaften« arbeiten.

1. Bitten Sie die Eltern und auch die Kollegen, auf (3–6) Metaplankarten zu notieren, in welchen häuslichen Bereichen (die Pädagogen im Kita-Bereich) das Kind Verantwortung übernehmen darf (Haushalt, Einkauf, Ordnung im eigenen Zimmer, Freizeitgestaltung, Kleidung,)
2. Im zweiten Schritt wird für jede Karte eine weitere, andersfarbige Karte ausgewählt, auf der notiert wird, wie die elterliche Reaktion auf die Aktivität des Kindes hin aussieht.
3. Nun finden sich die Eltern und Pädagogen in Kleingruppen (4–6 Personen) zusammen. Sie stellen einander die Arbeitsergebnisse vor und wählen 3 typische Beispiele zur weiteren Bearbeitung aus.

Die Rolle der Pädagogen

4. Für die ausgewählten Bereiche werden nun neue Lösungen diskutiert, bzw. begründet, warum bestimmte Reaktionen sinnvoll sind.
5. Gibt es nicht mehr, als 3–4 Arbeitsgruppen werden die Ergebnisse im Plenum vorgestellt. Handelt es sich um eine sehr große Gruppe werden nur einige Beispiele vorgestellt, während die anderen Ergebnisse auf einer Wandzeitung/Poster präsentiert werden.

Wenn Sie auf diese Weise mit den Eltern arbeiten denken Sie daran, deutlich zu machen, dass es nicht um eine Wertung geht sondern darum zu schauen, welche Verhaltensreaktionen es gibt, wie unterschiedlich Menschen auf diese Verhaltensweisen

Die Rolle der Pädagogen

reagieren und in den Dialog darüber zu treten, welche Verhaltensweisen Erwachsener im Sinne einer partizipativen Pädagogik sinnvoll sein könnten.

Scheuen Sie sich auch nicht, mit den Eltern das Spannungsfeld zwischen Beteiligung und Grenzen der Beteiligung zu thematisieren. Eltern wird es auf den Nägeln brennen, zu erfahren was denn passiert, wenn Max mitten im Winter barfuß in die Kita gehen und Jana Lasse die schicken Gummistiefel wegnehmen möchte.

Auch in der Zusammenarbeit mit Eltern gilt: Bieten Sie keine vorgefertigten Lösungen, keine Rezepte an. Treten Sie miteinander in den Dialog und beziehen Sie vor allen Dingen die Kinder mit in den Dialog ein.

Ist es eigentlich so problematisch, wenn Max tatsächlich zunächst barfuß los marschiert? Ist Lasse schon gefragt worden, was er macht, wenn es ihm unterwegs zu kalt wird? Ist er gefragt worden, ob er erst einmal einen Probelauf in den Garten machen möchte? Werden Erwachsene, die barfuß durch den Schnee laufen (was ja durchaus auch zur Abhärtung beitragen kann und für Saunagänger selbstverständlich ist) anschließend krank?

Und fragen Sie Jana doch mal, was sie davon halten würde, wenn Lasse ihr einfach etwas stehlen würde. Kinder haben für solche Situationen durchaus ein gutes Gespür. Wenn Sie gefragt werden und wenn sie die Sorgen der Erwachsenen kennen, dann können sie durchaus kompetent zur Lösung des Problems beitragen.

Die Rolle der Pädagogen

Zwei Methoden, die helfen, Eltern mit ins Boot zu bekommen:
Schreibgitter-Methode für die Zusammenarbeit mit Eltern zum Thema Partizipation

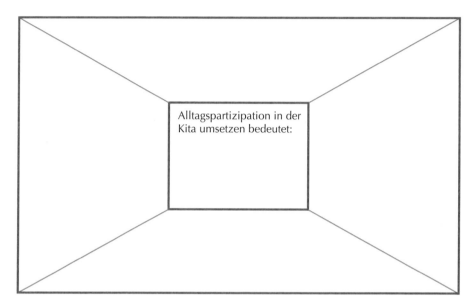

Eltern und Erzieherinnen sitzen zu viert an einem Tisch. Der Tisch ist mit einem großen Plakat bedeckt, das ein Schreibgitter darstellt. Jeder am Tisch schreibt zunächst seine eigenen Ideen zum Thema in das vor ihm liegende Feld. Nach 15 Minuten werden die Ergebnisse einander vorgestellt und ein Konsens entwickelt, der in der Mitte des Schreibgitters notiert wird. Das kann noch einmal 15 Minuten in Anspruch nehmen (je nach Thema und Kenntnisstand der Beteiligten auch 30 Minuten). Ist die Zeit um, werden die Plakate an Pinnwände angebracht und allen anderen zur Kenntnis gegeben. Eine Moderatorin fasst die Ergebnisse zusammen und motiviert die Anwesenden nun kleine Arbeitsgruppen zu bilden, um das Ergebnis zu konkretisieren und reale Umsetzungsvorschläge zu entwickeln (mit Datum und Nennung einer Person, die für die Umsetzung verantwortlich ist).

Impulsplakate für den Einstieg in das Thema mit Eltern

Fertigen Sie mehrere große Plakate an. Auf diesen Plakaten werden Anfangssätze notiert, die zum Thema Partizipation hinführen, Eltern »aufwärmen« und ins Gespräch bringen.

Die Rolle der Pädagogen

Die Sätze könnten lauten:

| Wenn mir etwas nicht schmeckt, dann ... |

| Wenn ich hier Erzieherin wäre, dann dürften die Kinder ... |

| Entscheidungen, die unsere Kinder hier treffen sollten, sind ... |

Beginnen Sie am besten selbst, mehrere Sätze zu vervollständigen, das motiviert andere Anwesende. Wichtig ist, dass unter jedem Plakat Filzstifte liegen und das die Moderatorin der Versammlung relativ schnell eine Zusammenfassung der wichtigsten Ergebnisse vorstellen kann. Das regt zu weiteren Diskussionen an, kann helfen, erste Pläne zu schmieden und Eltern zu ermutigen. Am ersten Vorschlag eines Satzanfanges sehen Sie, dass Sie mit dieser Methode auch ein Steuerungsinstrument in der Hand haben.

Kinder lernen, was sie im Leben erfahren
Wenn ein Kind immer kritisiert wird, lernt es zu verurteilen. Wenn ein Kind in Feindseligkeit lebt, lernt es zu streiten.
Wenn ein Kind ständig beschämt wird, lernt es, sich schuldig zu fühlen.
Wenn ein Kind Toleranz erlebt, lernt es, tolerant zu sein.
Wenn ein Kind Ermutigung erfährt, lernt es, zuversichtlich zu sein.
Wenn ein Kind Zuneigung erfährt, lernt es, gerecht zu sein.
Wenn ein Kind Sicherheit erlebt, lernt es zu vertrauen.

Die Rolle der Pädagogen

Wenn ein Kind sich angenommen weiß, lernt es Selbstvertrauen.
Wenn ein Kind Anerkennung und Freundschaft erfährt, lernt es, Liebe auf der Welt zu finden.
(Aushang in einer chilenischen Schule im Randgebiet von Santiago)

6. Die Schritte auf dem Weg zur Partizipation

»Das Auge schläft, bis es der Geist mit einer Frage weckt«
(aus: Reggio Emilia)

6.1. Ziele setzen

Das Definieren von Zielen ist eine Grundlage pädagogischen Handelns. Ohne definierte Ziele ist keine Steuerung und keine Evaluation, also auch keine Weiterentwicklung möglich. Pedro Graf bezeichnet das Aufstellen von Zielen als »das zentrale Steuerungsinstrument in jeder Organisation« (Graf, Pedro 1996, S. 40).

In der Broschüre des Bundesministeriums für Frauen, Familie, Senioren und Jugend (1999) heißt es:
- »Ziele setzen, heißt die Voraussetzung für reflektiertes praktisches Handeln zu schaffen.
- Mit Zielen arbeiten, heißt die eigene Praxis professionalisieren
- Wenn diese Ziele mit den daraus resultierenden Erfahrungen anderen verfügbar gemacht werden, kann fachliche Praxis systematisch weiterentwickelt werden
- In pädagogische Arbeit fließt eine Vielzahl von Faktoren ein und pädagogisches Handeln gründet auf Annahmen, die oft schwer, manchmal gar nicht, überprüfbar sind.
- Für die Arbeit mit Zielen folgt daraus, dass es ständige Ziel-Feedback-Kreisläufe geben muss, und Korrekturen selbstverständlicher Teil dieser Lernschleifen sind.
- (...)

Oft wird stillschweigend davon ausgegangen, dass Ziele in der Praxis der Kinder- und Jugendhilfe so offensichtlich gegeben sind, dass sie nicht eigens verschriftlicht werden müssen: Geht es doch um optimale Förderung der Entwicklung junger Menschen, Dialog der Generationen, soziale Integration und Ausgleich von Benachteiligungen. Fragt man genauer nach, so ist oft nicht klar, was genau mit solchen oder ähnlichen Formulierungen gemeint ist. (...)

Die Schritte auf dem Weg zur Partizipation

Was ist ein Ziel?
Ein Ziel ist ein in der Zukunft liegender angestrebter Zustand.

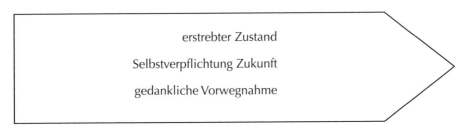

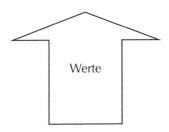

- werden auf dem Hintergrund von Werten festgelegt, bezeichnen etwas Erstrebenswertes;
- enthalten die Selbstverpflichtung eines Einzelnen oder einer Personengruppe;
- sind eine Herausforderung für die formulierende Person und können
- damit Energie freisetzen und Durchhaltewillen aufrechterhalten«.

Was in einem Ziel zum Ausdruck kommt, ist für die Person, die es formuliert,

etwas Erstrebenswertes« (Bundesministerium für Familie, Senioren, Frauen und Jugend, Hrsg. 1999: Qs21, Zielfindung und Zielklärung. Materialien zur Qualitätssicherung S. 11 ff.)

Wenn Sie sich entscheiden, das Thema Partizipation in Ihrer Konzeption aufzunehmen und Partizipationsziele zu entwickeln, dann ist es notwendig, zunächst einmal eine Bestandsaufnahme zu machen und Einflussfaktoren zu analysieren, dabei kann Ihnen die folgende Checkliste Hilfe leisten. Notieren Sie die Antworten auf die Fragestellung zunächst einmal für sich selbst. Tragen Sie dann Ihre Ergebnisse ins Team, um daraus eine Bewertung und evtl. neue Zielfindung abzuleiten.

Die Schritte auf dem Weg zur Partizipation

- Folgende Dinge gelingen uns in Sachen Beteiligung schon gut:
- Diese Strukturen unserer Einrichtung unterstützen Beteiligung:
- Diese Strukturen verhindern oder beeinträchtigen Beteiligung:
- Unser vorherrschendes Bild vom Kind im Mitarbeiterteam ist geeignet, Partizipation zu befördern, weil:
- Wenn wir Partizipation als Schwerpunkt in unserer Konzeption aufnehmen, dann ist von den Eltern zu erwarten, ...
- Wir sollten mit folgenden Stolpersteinen rechnen:
- Von Seiten des Trägers gibt es zum Partizipationsvorhaben diese Zielvorgaben:
- Die Bildungsempfehlungen/Leitlinien enthalten folgende Vorgaben zur Umsetzung von Partizipation:
- Beobachtungen der Kinder liefern uns für unser Vorhaben folgende Informationen:
- Wo wir uns in Sachen Partizipation noch verbessern können ist Folgendes:
- Handlungsbedarf besteht in erster Linie ...

Aus der Bewertung dieser Analyse leiten Sie ihre Ziele her und beschreiben, welchen Zustand Sie in Zukunft erreichen wollen und was in Zukunft anders sein soll.

Dabei unterscheiden Sie zwischen

Leitzielen/Richtzielen (Breite Beteiligungsmöglichkeiten in der Kindertagesstätte ...)

Teilzielen/Grobzielen (Die Kinder sind motiviert und nehmen Beteiligungsmöglichkeiten zunehmend wahr). Teilziele sind noch nicht operationalisierbar und

Handlungszielen/Ergebniszielen (1 × in der Woche findet eine Kinderkonferenz statt, die folgende Sachverhalte klärt .... Die von den Kindern entwickelten Verhaltensregeln für den Umgang miteinander sind geklärt und von allen Kindern akzeptiert). Handlungsziele sind überprüfbar.

Für die Formulierung von Zielen gilt:
- Sie müssen positiv formuliert sein
- Sie sollten motivieren und nicht knebeln
- Sie sollten selbstverpflichtend sein
- Sie sollten kleine Schritte bezeichnen (wählen Sie wenig Ziele aus, die überschaubar und erreichbar sind, überfrachten Sie sich, die Kinder und die Eltern nicht)
- Sie sollten in Abstimmung mit Kindern und Eltern formuliert werden
- Sie sollten **SMART** sein.

Die Schritte auf dem Weg zur Partizipation

Wichtig ist es auch, die Ziele mit den vorherrschenden Rahmenbedingungen abzugleichen (ist unser Vorhaben unter den gegebenen Bedingungen überhaupt umsetzbar?) und, dass von vornherein ein Feedback eingeplant wird. Manchmal übernimmt man sich mit seiner Zielsetzung und muss neu denken, anpassen, verändern, kleinere Schritte gehen.

Ziele sind »SMART«

Spezifisch (Um was genau geht es?)

Messbar (Woran kann ich erkennen, dass das Ziel erreicht wurde?)

Akzeptiert (Stehen alle hinter dem Ziel?)

Realistisch (Ist das Ziel überhaupt erreichbar?)

Terminiert (Das Ziel muss einen Zeitbezug bekommen)

(Stamer-Brandt 2010, S. 70)

6.2. Strukturen schaffen, die Beteiligung ermöglichen

In der Architektur gibt es die Metapher, dass Gebäude Gestalt gewordene Ideen sind. Ähnliches gilt für die Strukturen pädagogischer Einrichtungen. Diese sind bei genauer Betrachtung »Gestalt gewordene Menschenbilder«. In Einrichtungsstrukturen finden pädagogische Grundüberzeugungen ihren Niederschlag. Räume, Regeln, Hierarchien, Entscheidungsstrukturen – als dies sind symbolische Manifestationen demokratischen oder undemokratischen Verständnisses in der Pädagogik.

Strukturen bezeichnen die Elemente, aus denen ein System aufgebaut ist und die Art und Weise, wie sie zusammenhängen. Sie beschreiben, wie z. B. eine Kindertagesstätte als Einrichtung funktioniert:
- Welche formellen Normen gibt es?
- Welche Hierarchien und Entscheidungsstrukturen sind vorhanden?
- Wer definiert diese?
- Wie sind sie veränderbar? Sind sie überhaupt veränderbar?
- Welche Räume gibt es und wie werden sie genutzt. Wer bestimmt über die Nutzung?
- Welche Zeitabläufe sind der Regelfall und wie flexibel sind sie?

Die Schritte auf dem Weg zur Partizipation

- Welche inhaltlichen Arbeitsabläufe gelten als »richtig«? Wie sind sie zustande gekommen? Wurden sie zwischenzeitlich auf ihre Sinnhaftigkeit überprüft?
- Welche informellen Normen bestimmen den Alltag?
- Welche unterschwelligen Einflüsse bestimmen das Miteinander in der Einrichtung?

Obwohl die Strukturen jeder Einrichtung neben der Beziehungsebene die zentrale Einflussgröße auf die pädagogische Arbeit sind, nehmen wir die strukturelle Ebene häufig gar nicht wahr und erkennen ihre Bedeutung nicht. Strukturen einer Einrichtung treten uns entgegen als etwas, das immer schon so war, als ein zum Teil festgeschriebenes, zum Teil nur informell weiter gegebenes Regelwerk über Routinen, Verhaltensweisen oder Machtbefugnissen einer Einrichtung. Dabei kann es manchmal hilfreich sein, immer mal wieder genau das zu hinterfragen, was einem selbstverständlich erscheint.

Die Strukturen ihrer Einrichtung sind den dort Tätigen häufig gar nicht bekannt. Vielen Mitarbeiterinnen ist nicht bekannt, wie die Entscheidungswege in der Einrichtung verlaufen. Auf einem Elternabend äußerten Eltern den berechtigten Wunsch, Öffnungszeiten zu erweitern, sie den Bedürfnissen der berufstätigen Eltern anzupassen. Die Leiterin der Einrichtung weiß spontan nicht, wie ihr Träger zu dem Problem steht. Schließlich bedeuten erweiterte Öffnungszeiten auch höhere Personalkosten. Eine weitere Frage ergab sich: Wenn der Träger eine erweiterte Öffnungszeit ablehnt, darf ich als Leiterin Eltern dann bei der Durchsetzung ihrer Interessen unterstützen?

Die Rahmenbedingungen der Einrichtung werden meistens von Erzieherinnen als gegeben hingenommen und für unveränderbar oder zumindest für außerhalb ihrer Zuständigkeit gehalten.

Das ist nicht ganz unverständlich, weil Erzieherinnen häufig gar keinen Einblick in die Finanzierungsgrundlagen haben. Kaum ein Pädagoge ist über die Gesamtfinanzierung der Einrichtung informiert. Die Mittelvergabe wird von Trägern häufig nicht transparent gemacht; diese Transparenz wird von Erzieherin allerdings auch nur selten eingefordert.

In einer ländlichen Kindertagesstätte benutzte die Freiwillige Feuerwehr das Telefon der Einrichtung jahrelang mit, die Grundgebühren wurden über die Kita abgerechnet (beides in Trägerschaft der Gemeinde). Darauf angesprochen, konnte oder wollte die Kreisverwaltung den Eltern die Finanzierung nicht aufschlüsseln. Auch wenn es sich hier um eine geringe Summe handelt, gehen solche Formen der Misch-

Die Schritte auf dem Weg zur Partizipation

finanzierung, die auch bei anderen Trägern vorkommen, zum Teil auf Kosten der Arbeit mit den Kindern.

Manchmal fällt es Pädagogen auch schwer, zwischen formellen und informellen Normen zu unterscheiden. Sogar Leitungskräfte von Kitas haben damit Schwierigkeiten. Eine Mutter wollte sich nach dem Status ihres Kindes in der Gruppe erkundigen. Die für das Kind zuständige Erzieherin war nicht anwesend. Die Leiterin bat deswegen die Zweitkraft, das Gespräch zu führen, »da das immer so gemacht wird«. Später stellte sich heraus, dass es in früheren Dienstbesprechungen schriftliche Abmachungen für solche und ähnliche Fälle gegeben hatte – das Gespräch mit der Mutter hätte zu einem anderen Zeitpunkt stattfinden oder die Erzieherin hätte die Zweitkraft für dieses Gespräch autorisieren müssen. Die übergangene Erzieherin war erbost: »Wozu solche Vereinbarungen, wenn sie dann ohne Rücksprache umgestoßen werden?«

Bei solchen Defiziten haben Mitarbeiter und Mitarbeiterinnen Schwierigkeiten, auf einzelne Situationen angemessen zu reagieren. Und sie können die pädagogischen Wirkungen von Strukturen und damit auch die Chancen einer Veränderung von Strukturen nicht wahrnehmen.

Strukturelle Mitgestaltung bedeutet, dass die Beteiligung von Kindern in den Strukturen der Einrichtung fest verankert sein muss. Das Recht auf Partizipation muss also
- Im Konzept der Einrichtung verankert sein;
- Sich in den Zielvereinbarungen wieder finden;
- Sich in der Hausordnung niederschlagen (die Hausordnung und alle Regeln des Zusammenlebens werden gemeinsam mit den Kindern erstellt);
- In Entscheidungshierarchien berücksichtigt werden (es ist erstaunlich, wie hierarchisch Kitas gerade für kleinere Kinder strukturiert sind. Wenn Entscheidungen vorwiegend von der Leiterin nach unten weiter gegeben werden, lernen Kinder, dass sie unbedeutend sind);
- In Zeitplänen integriert werden (Die bestgemeinten Partizipationsziele sind wertlos, wenn nicht berücksichtigt wird, dass Beteiligung Zeit und vor allen Dingen Regelmäßigkeit braucht. Einmalige »Schau- oder Alibiveranstaltungen nutzen der Kita überhaupt nicht);
- In Raumstrukturen zum Ausdruck kommen (Kinder müssen sich die Räume täglich neu aneignen können. Eine flexible Raumgestaltung z. B. durch Stellwände, Gerüste und Gegenstände zum Höhlenbau, Möglichkeiten zur Errichtung einer Bewegungsbaustelle etc. erleichtern das;
- Durch die Entwicklung zielgruppenorientierter Methoden umgesetzt werden (Mitgestaltung sieht für jeden anders aus. Eine vermeintliche Gleichbehandlung

Die Schritte auf dem Weg zur Partizipation

aller, unabhängig von den jeweils konkreten Fähigkeiten und Bedürfnissen führt eher zu einem gegenteiligen Effekt);
- Bei inhaltlichen Planungen selbstverständlich sein (Auch wenn es um die Wahl inhaltlicher Schwerpunkte geht. Kinder entscheiden, welche Projektthemen sie bearbeiten möchten und wer innerhalb des Rahmenthemas welche Schwerpunkte wählt).

Mitgestaltung ist in vielen Kindertagesstätten gar nicht vorgesehen oder hat nur einen Vorzeigeeffekt, ist als »Mitbestimmungsspielwiese« verbannt.

Wie kann die Kindertagesstätte strukturelle Mitgestaltungsmöglichkeiten für Kinder schaffen?

Zunächst einmal müssen die Erwachsenen, die in der Einrichtung arbeiten diese Strukturen wahrnehmen. Strukturen zeichnen sich dadurch aus, dass sie als Selbstverständlichkeiten im Alltag gar nicht mehr auffallen.

Strukturelle Bedingungen müssen daraufhin überprüft werden, welche Lernziele sie in Bezug auf Beteiligungskompetenzen der Kinder erreichen. Folgende Leitfragen, die im Dialog mit dem Team zu klären sind, können dabei weiterhelfen:

In der Kita einer kleinen Gemeinde ist man sich schnell einig, dass Mitgestaltung durch die Kinder strukturell verankert werden muss. Bei der Auseinandersetzung mit den Leitfragen zur Partizipation stellen die Mitarbeiter erschrocken fest, dass alle »ernsthaften« Fragen wie der Kauf neuer Spielgeräte oder Möbel, Renovierungen oder Einstellung von Personal ohne die Kinder entschieden werden. Auf Nachfragen ist von Pädagoginnen immer wieder zu hören, dass die Bereitschaft, Macht an Kinder abzugeben unterschiedlich groß ist und kaum im Team thematisiert wird. Die Pädagoginnen bekennen häufig, dass sie durch die formulierten Ansprüche zur Mitgestaltung durchaus verunsichert sind. Solche Ängste müssen wahrgenommen, akzeptiert und thematisiert werden.

Die Schritte auf dem Weg zur Partizipation

Kopiervorlage

1. Stehen in unserer Kindertagesstätte die Bedürfnisse und Interessen der Kinder im Mittelpunkt?
  ☐ Ja
  ☐ Nein

Das zeigt sich an folgenden Aspekten:
-
-
-

1.1 Welche partizipativen Ziele verfolgt unsere Einrichtung?
-
-
-

1.2 Die Umsetzung der Ziele gelingt uns:
  ☐ Sehr gut
  ☐ Zufriedenstellend, wir stehen erst am Anfang
  ☐ Noch nicht zufriedenstellend

Maßnahmen, die sich daraus ableiten sind:
-
-
-

1.3 Partizipation hat für uns einen hohen Stellenwert, weil:
-
-
-

1.4 Unser pädagogischer Arbeitsansatz orientiert sich an den Interessen und der Lebenssituation der Kinder. Das wird an folgenden Merkmalen sichtbar:
-
-
-

2. Findet sich eine positive Haltung zur Mitgestaltung durch Kinder in den Erziehungsstrukturen und Rahmenbedingungen wieder?
  ☐ Ja
  ☐ Nein

Das zeigt sich an folgenden Aspekten:
-
-
-

Die Schritte auf dem Weg zur Partizipation

2.1 Unsere Kinder können an folgenden Stellen mitbestimmen:
-
-
-
-

2.2 Diese Bereiche sind von der Mitbestimmung der Kinder ausgenommen
-
-
-
-

Begründung:
2.3 Befürchtungen und Ängste in Zusammenhang mit einer weit reichenden Mitgestaltungsmöglichkeit der Kinder
-
-
-
-

Maßnahmen, die helfen können, die Sorgen abzubauen:
3. Sind die Mitarbeiter und Mitarbeiterinnen der Einrichtung bereit und in der Lage, die pädagogische Arbeit gemeinsam mit den Kindern zu gestalten?
☐ Ja
☐ Nein

Begründung:
3.1 Wir sind überzeugt, dass Kinder in der Lage sind, kompetente Entscheidungen zu treffen, die wir Erwachsenen respektieren können
☐ Ja
☐ Nein

Begründung:
3.2 Das wirkt sich wie folgt auf die Struktur unserer Kita aus:
-
-
-

4. Woran wir künftig noch intensiver arbeiten möchten ist:
-
-
-

Die Schritte auf dem Weg zur Partizipation

Kinder in die Planung einbeziehen

Grundsätzlich gilt: Planungen erfolgen nicht für die Kinder sondern mit ihnen.

Kinder werden bei Renovierungen, Umbauten, Raumgestaltung, Essensfragen, Tagesablauf etc. ebenso einbezogen wie bei inhaltlichen Fragen: Entwicklung von Angeboten und Projekten, Setzen von Themenschwerpunkten, Öffentlichkeitsarbeit, Veranstaltungen, Finanzierungsfragen.

Häufig spielen bei der Wahl der Angebote in Kindertagesstätten vor allem die Bedürfnisse und Fähigkeiten der Pädagogen eine große Rolle. Hat eine Erzieherin in der Fachschule einen Trommelkurs belegt, wird in der Kita getrommelt, hat sie sich eher im Wahlpflichtbereich »Gestalten« engagiert, baut sie den Werkraum aus. Nichts spricht gegen die Nutzung solcher Fähigkeiten – nur müssen sie auch am Interesse der Kinder orientiert sein. Und da weist nicht die einfache Frage: »Habt ihr Lust mit mir zu trommeln?« den Weg. Kita-Kinder sind es gewohnt, solche Fragen schlicht mit »Ja« zu beantworten. Das Interesse der Kinder zeigt sich durch intensive Beobachtung und **intensive** Gespräche. Und nur selten haben alle Kinder auf das Gleiche Lust.

Spannend ist auch die Diskussion über »**Tabufragen« der Mitgestaltung**:
- In welche Entscheidungen sollen Kinder nicht mit einbezogen werden und warum nicht?
- Können Kinder an Finanzierungsfragen beteiligt werden (wenn ja, an welchen, wenn nein – kann man dann tatsächlich noch von Partizipation sprechen, verstehen die Kinder, was sie da entscheiden, überfordern wir sie mit solchen Fragen)?
- Dürfen Kinder Personalentscheidungen mit treffen (Hier ziehen die meisten Pädagogen klare Grenzen. Das Beispiel Korczak zeigt allerdings, dass Kinder durchaus in der Lage sind, sich eine fundierte Meinung zu bilden)?

Auch mir fällt der Gedanke der Mitentscheidung in Personalangelegenheiten schwer. Aber ich frage mich auch, warum das eigentlich so ist. In der Diskussion mit Absolventen der Fachschule für Sozialpädagogik in Hamburg-Altona vermuteten die Studierenden häufig, dass Kinder möglicher Weise bestechlich wären, sie würden denjenigen wählen, der am meisten erlaubt oder verspricht. Aber ist das tatsächlich so?

Wenn Lotta (19 Monate) wählen dürfte, würde sie in Tanjas Gruppe gehen. Aber Lotta darf nicht wählen. Sie zeigt aber ganz deutlich, was sie von Manu, ihre Gruppenleiterin hält. Sie wirft Tanja ein freundliches »Hallo« zu, senkt dann den Kopf und rauscht grußlos an Manu vorbei, nicht auf ihre freundlichen Worte reagierend.

Die Schritte auf dem Weg zur Partizipation

Eine nicht ganz so radikale Lösung wie bei Korczak könnte so aussehen: Eine Kindertagesstätte hat sich entschlossen, die Interessen der Kinder auch bei der Personalauswahl stärker zu berücksichtigen. Seither hat sich einiges gewandelt.

1. Es wird sehr viel mehr Augenmerk auf die Auswahl von Praktikanten und deren Betreuung durch geschulte Begleiter(innen) gelegt. Das Praktikum wird als Maßnahme der Personalgewinnung sehr ernst genommen und die Reaktion der Kinder auf die Praktikanten schriftlich festgehalten (Wer kann sich sonst nach 2 Jahren erinnern, wie Paula damals auf die Kinder eingegangen ist?)
2. Bewerber, die der Einrichtung nicht bekannt sind, arbeiten zur Probe und gestalten in dieser Zeit auch Angebote. Anschließend werden auch die Kinder zu einem Feedbackgespräch eingeladen.
3. Im Rahmen des Vorstellungsgesprächs besuchen die Bewerberinnen auch die Gruppen und stellen sich den Fragen der Kinder.

Gespräche und Reflexionen über Alltagsentscheidungen müssen in das Tagesgeschehen eingebaut werden

Kinder müssen es als selbstverständlich erfahren, dass sie nach ihren Beurteilungen und Ideen gefragt werden. Sie sollen immer wieder dazu angehalten werden, sich für die eigenen Belange zuständig zu fühlen. So wird ihnen selbstverständlich, nicht nur zu konsumieren, sondern zu reflektieren und mit zu gestalten – eine unerlässliche Voraussetzung von Demokratiefähigkeit im Erwachsenenalter.

In Offenen Kindertagesstätten finden sich solche Partizipationsstrukturen. Die Kindertagesstätte Arbergen in Bremen berichtet auf ihrer hompage, dass Offenheit für Sie nicht nur ein pädagogisches und ein Raumkonzept ist, sondern auch eine Haltung ausdrückt.

Offenheit bedeutet dort:
- »Offen sein für Herausforderungen
- Offensein in der Bereitschaft sich einen Standpunkt in einem fortwährenden Prozess weiter zu entwickeln
- Offen sein für ein respektvolles Menschenbild
- Offen sein für die Einmaligkeit jedes Kindes und für seinen individuellen Entwicklungsprozess
- Offen sein für einen fachlichen, theoretisch-reflektorischen kindgemäßen Ansatz
- Offen sein für den Bildungsauftrag am Kind
- Offen sein für die Dimension des kindlichen Spiels
- Offen sein für Veränderungen in der Kindergartenarbeit

Die Schritte auf dem Weg zur Partizipation

- Offen sein für Prozesse der Zusammenarbeit der Mitarbeiter. Bereitschaft zu Kooperation und Reflexion
- Offen sein für Erfahrungen anderer
- Offen sein für die Bedürfnisse der Eltern.

(...)

Nicht der Pädagoge bestimmt was für das Kind ›richtig‹ ist, sondern wir schaffen Entwicklungsräume, Aktionsräume, geben Anregungen und Impulse, die die Lust auf die Welt, die Lust aufs Lernen wecken und fördern.

Dabei sind uns Beteiligungsprozesse von Kindern, ihr Anliegen, ihre Partizipation und das demokratische Grundverständnis ein wichtiger Leitgedanke.

(...)

Die offene Raumstruktur:

Als erstes fällt die veränderte Raumstruktur des Kindergartens mit einem offenen Konzept auf.

Findet man im allgemeinen Gruppenräume mit Funktionsecken, so steht hier den Kindern und Pädagogen das gesamte Haus mit Aktions- und Funktionsräumen zur Verfügung.

Im Laufe der Zeit hat sich dabei im KTH-Arbergen eine Gestaltung nach den menschlichen Grundbedürfnissen entwickelt. Diese sind: Ruhe, Geborgenheit, Bewegung, Kommunikation, Kreativität (dem Wunsch nach Selbstausdruck), gesunde Ernährung, das Draußen: Forschen und Spielen außerhalb von (Innen) Räumen.

Die Funktion (was kann ich hier machen) ist hierbei vom Kind eigenständig zu erfassen. Die unterschiedlichen Räume bieten in ihrer Ausstattung und Gestaltung dem Kind orientierte Möglichkeiten in vielfältige, anregend, selbst organisierte Lernprozesse einzutauchen.

Dabei können individuelle Lern- und Erfahrungsschritte gemacht werden, die nach den eigenen Bedürfnissen und Fähigkeiten des Kindes wiederholt, erweitert und ausgebaut werden können. Dabei steht das eigene erfolgreiche Tun des Kindes im Vordergrund.

(...)

Die Ausgestaltung der Räume orientiert sich dabei immer an den Bedürfnissen der Kinder.

Die Schritte auf dem Weg zur Partizipation

Es gibt Bereiche, die sind in ihrer Ästhetik festgelegt, z. B. das Kindercafe, der Ruhebereich.

Andere sind abgesehen von ihrer Grundstruktur offen, z. B. in der Theaterwerkstatt mit Rollenspielangeboten oder dem Bewegungsraum. In der Werkstatt, dem Atelier gilt: Die Kinder dürfen ihre Spuren hinterlassen!

Das Raumprogramm bezieht das Außengelände dabei ausdrücklich ein und endet erst am Gartentor.«

http://www.offener-kindergarten-arbergen.de

6.3. Partizipation braucht Qualität

»PARTIZIPATION IST EIN WICHTIGER SCHLÜSSEL FÜR DIE QUALITÄTSENTWICKLUNG VON BILDUNG, ERZIEHUNG UND BETREUUNG.«

(Bundesministerium für Familie, Senioren, Frauen und Jugend 2009, S. 12)

Partizipation baut auf Struktur, Orientierungs-, Prozess-, Ergebnis- und Beziehungsqualität. Die Beschreibung der Qualitätsziele in der Konzeption schafft die für eine wirkliche Beteiligung notwendige Transparenz. Die Qualitätsziele werden mit möglichst vielen an der Erziehung, Bildung und Betreuung der Kinder Beteiligten formuliert. Insbesondere sind auch Kinder und Eltern zu beteiligen.

Die **Strukturqualität** einer Einrichtung bezieht sich auf die Rahmenbedingungen der Arbeit, die in der Regel vom Gesetzgeber oder vom Träger reguliert wird. Diese Rahmenbedingungen sollten transparent gehalten werden und sich in der Konzeption wieder finden. Für die partizipative Einrichtung sind vor allen Dingen Angaben zur
- Anzahl der Gruppen/Öffnungszeiten, Bring- und Abholzeiten/Ferien etc.
- Gruppenstruktur allgemein (Art der Gruppen, Personal-Kind-Schlüssel)
- Bereitstellung von Ressourcen (Geld, Zeit, Raum)
- Personalsituation (Leitung, gruppenführende Pädagoginnen/Pädagogen, zusätzliches Fachpersonal, Helferinnen/Helfer etc.)
- Fortbildung: gemeinsames Lernen, Austausch mit Experten
- Stabilität der Betreuung
- Räume (z. B. spezielle Nutzung einzelner Räume), Einrichtung und Ausstattung (z. B. spezielles Spiel- und Fördermaterial)
- Aufnahmemodalitäten, Eingewöhnung und finanzielle Regelungen

Die Schritte auf dem Weg zur Partizipation

- Umgang mit Mahlzeiten, Regelungen im Krankheitsfall, ...
- Bandbreite altersangemessener Beteiligungsformen
- Aussagen zu Gesundheit, Hygiene und Umweltschutz
- Kulturellen Aufgeschlossenheit (Zusammenarbeit mit anderen Einrichtungen, insbesondere auch kulturellen Einrichtungen wie Museen, ... im Stadtteil) wichtig.

Sinnvoll ist es zu klären, wer in der Kindertagesstätte dafür zuständig ist, sich für die Strukturqualität verantwortlich zu fühlen. Das muss nicht zwangsläufig die Leitung der Einrichtung sein. Die hat in der Regel viele andere Dinge zu tun und ist vielleicht auch im Rahmen ihrer Position zwischen den Stühlen, nicht unbedingt für diese Aufgabe prädestiniert.

Partizipation braucht Orientierungsqualität

Orientierungsqualität beschreibt die pädagogischen Werte und Überzeugungen Ihrer Einrichtung und Ihres Trägers. Sie werden im Konzept festgeschrieben. Hinweise dazu finden Sie im Kapitel über die Ziele. Zu den partizipativen Zielen einer Kindertagesstätte gehören natürlich eine genaue Beschreibung Ihrer Auffassung von Beteiligung und die Beschreibung von Maßnahmen zur Umsetzung dieser Ziele. Ebenso beschreiben Sie Ihre Grundhaltung und Ihre Auffassungen über die Aufgaben der Eltern und Familien. Weiterhin treffen Sie Aussagen über:

- das in der Einrichtung vorherrschende »Bild vom Kind«, das auch nach außen kommuniziert wird
- das Verständnis des Kita-Teams von Bildung und Erziehung und die Schwerpunkte Ihrer pädagogischen Arbeit
- die Rechte der Kinder und Beispiele deren Umsetzung in die Praxis
- das Rollenverständnis der partizipativ arbeitenden Pädagogin
- das Selbstverständnis des Teams und der Leitungsperson als demokratische Vorbilder für die Kinder
- Verständnis von Partizipation als Querschnittaufgabe und deren Umsetzung
- Reflexion als wesentlicher Bestandteil des pädagogischen Alltags und als Voraussetzung für gelingende Beteiligung, für zukünftige Planung und als Grundlage für den Dialog im Team und die Evaluation

Partizipation braucht Prozessqualität

Bei der Prozessqualität geht es um Leistungen die beschreiben, wie Pädagogik in der Einrichtung »gelebt« wird. Wie Aktivitäten und Interaktionen ineinander greifen und von durchdachten pädagogischen Interventionen geprägt sind. Prozessqualität bezieht sich auf sämtliche Erfahrungen und Interaktionen der Kinder mit ihrer Ein-

Die Schritte auf dem Weg zur Partizipation

richtung, den darin aufhaltenden Personen und das Umfeld, soweit es für die Arbeit von Bedeutung ist. Dabei geht es um die:
- Betreuer-Kind-Interaktion
- Betreuer-Eltern-Interaktion
- Betreuer-Betreuer-Interaktion
- Betreuer-Träger-Interaktion
- Interaktion mit anderen Diensten
- Interaktion mit der sozialen und kulturellen Umgebung

Prozessqualität finden wir unter anderem:
- im gesamten Tagesablauf (Bring- und Abholzeiten, Begrüßungsrituale, Angebote, feste Abläufe im Tagesablauf
- bei der Gestaltung von Übergängen (z. B. Eingewöhnung, Gruppenwechsel, Schuleintritt)
- in der Beschreibung von Projektarbeit, Kinderkonferenzen, »Runde Tische«, Morgenkreise, Angebote in Kleingruppen
- im Rahmen von Vereinbarungen hinsichtlich der Dokumentation der pädagogischen Arbeit
- in der Beschreibung von Fortbildungen für das Team und für die Zusammenarbeit mit den Eltern (insbesondere zum Thema Partizipation)
- bei der Gestaltung der Maßnahmen zur Sicherung und Optimierung pädagogischer Qualität

Sturzenhecker benennt folgende Aspekte von partizipativer Prozessqualität:
- Anerkennung, Achtung und symmetrische Kommunikation
- Gleichheit in Differenz
- Unterstützung bei der Artikulation und Interessenpräzisierung
- Ergebnisoffenheit, Konfliktfreundlichkeit und Konfliktfähigkeit
- Aktive Zeitgenossenschaft oder: selber partizipieren
- Revidierbarkeit und das Recht auf Scheitern
- Argumentation und Moderation
- Ernstcharakter und Vertrauensvorschuss
- Freiwilligkeit

Prof. Dr. Benedikt Sturzenhecker: Begründungen und Qualitätsstandards von Partizipation – auch für ... www.lwl.org/lja-download/... Partizipation/.../Sturzenhecker_Folien.pdf

Die Schritte auf dem Weg zur Partizipation

Partizipation braucht Ergebnisqualität

Ergebnisqualität misst sich in Entwicklungs- und Bildungsergebnissen: in der kognitiven, motorischen, sprachlichen Entwicklung, in der Entwicklung sozialer Kompetenzen, emotionale Ausgeglichenheit, Bewältigungskompetenzen im Alltag usw.

Ergebnisqualität lässt sich nur überprüfen, wenn die Lernziele operationalisiert sind. »Demokratie lernen« kann vieles heißen, wie das Ergebnis dieses Lernziels aussieht unterliegt vielerlei Interpretationsmöglichkeiten. Deswegen ist es wichtig genau, also überprüfbar zu formulieren, was es genau heißt: Demokratie lernen.

Beispiel für ein operationalisiertes Ziel: Alle Kinder nehmen an der monatlich stattfindenden Kinderkonferenz teil. Sie haben dort folgende Entscheidungen getroffen:
1. Ein gemeinsames Frühstück findet montags und freitags um 9:00 statt. An den anderen Tagen entscheiden die Kinder frei, wann sie das Frühstück einnehmen möchten
2. Jeder Tag beginnt mit einem Morgenkreis. Im Morgenkreis enthält jedes Kind die Möglichkeit, sich zu Wort zu melden und seine Wünsche zu äußern
3. Jedes Kind kann frei entscheiden, was es und mit wem es spielen möchte

Nur auf diese Art und Weise lässt sich feststellen, ob die formulierten Ziele mit den tatsächlichen Ergebnissen der pädagogischen Arbeit übereinstimmen. Tun sie das nicht, wird analysiert, woran das liegt und nachgebessert.

Ein Aspekt von Ergebnisqualität ist es auch, zu überprüfen, wie es mit der Zufriedenheit der Eltern, der Kinder, der Mitarbeiter der Einrichtung und des Trägers bestellt ist, wie die Aufgaben erfüllt werden, wie die Partizipationsziele umgesetzt werden.

Wie hoch ist die tatsächliche Beteiligung der Eltern? Nehmen sie ihre Partizipationsmöglichkeiten wahr? Engagieren sich die Pädagogen der Einrichtung im Gemeinwesen? Wie genau sieht das Engagement aus?

Partizipation braucht Beziehungsqualität

Die Qualität der Beziehungen ist der Nährboden, auf dem Lernen geschieht und demokratisches Verhalten wächst. Erfolgreiches Lernen, sich weiter entwickeln, erfolgreich ko-konstruieren, die Welt entdecken, funktioniert nur über eine gute Beziehungsqualität auf unterschiedlichen Ebenen, in erster Linie aber zwischen Erwachsenen und Kindern. In einer gut funktionierenden Beziehung fühlen Kinder sich angenommen, wertgeschätzt und als vollwertig akzeptiert. Sie fühlen sich ermutigt und in ihrem Forschungsdrang bestärkt. »Beziehung ist die einfachste Methode, um das Selbst zu öffnen und Lernprozesse anzustoßen, fasst Julius Kuhl zusammen«

Die Schritte auf dem Weg zur Partizipation

(Vortrag Prof. Julius Kuhl (2010) auf einer Tagung des Niedersächsischen Instituts für frühkindliche Bildung und Entwicklung zu Begabung und Erziehung).

Beziehungsqualität ist in folgenden Konstellationen herzustellen:

Erzieher-Kind-Beziehung

Eltern-Kind-Beziehung und Erzieher-Eltern-Beziehung

Kind-Kind-Beziehung

Beziehung der Teammitglieder untereinander

Erzieher-Kind-Beziehung

Die Anforderungen an Erwachsene in partizipativen Einrichtungen sind hoch. Wer eine gute Beziehung herstellen will, muss zunächst einmal eine **Kultur des Hinhörens** entwickeln, denn Grundlage von Partizipation beruht auf einer wertschätzenden und achtenden Form der Kommunikation. Wenn Kinder erfahren, dass ihre Sicht der Welt von Bedeutung ist, dass ihre Interessen Gehör und Berücksichtigung finden, dann stärkt und ermutigt das die Kinder und ihre Beziehung zu den Erwachsenen.

Damit ist auch die Grundlage für eine **angstfreie Atmosphäre** geschaffen, die notwendig ist, damit Kinder ihre Meinung offen äußern können. Sie müssen erfahren, dass – egal wie auch immer sie sich äußern (und damit sind nicht nur verbale Formen gemeint) – die Beziehung dadurch nicht beeinträchtigt wird. Die Kinder bewegen sich in der Kita, unter der Obhut professioneller Erziehungskräfte in einem Raum, indem auch mit Verhalten experimentiert werden darf, indem nicht nach Defiziten sondern nach Stärken geforscht wird und Kinder nicht um Anerkennung buhlen müssen.

Kinder wissen, dass die Pädagogen ihrer Einrichtung ihnen so viel Wertschätzung entgegen bringen, dass sie ihnen zutrauen, viele Angelegenheiten selbstständig zu regeln. Sie mischen sich nicht ungefragt ein sondern warten geduldig, bis Kinder sie um Unterstützung bitten. Auch ein solches Verhalten drückt die Achtung vor dem Kinde aus. Kinder die ständig gesagt bekommen, was sie tun sollen, die ständig in ihrem Tun korrigiert werden, die häufig Einmischung erfahren, erfahren auch: Was ich tue ist nicht richtig. Anerkennung erfahre ich nur, wenn ich alles so mache, wir die Erzieherin es gerne hat.

»Partizipation in der Kindertagesstätte findet auf verschiedenen Ebenen statt. Die Beteiligungsmöglichkeiten des einzelnen Kindes wie auch der Kinder als Gruppe sind dabei an die Bedingungen gebunden, die pädagogische Fachkräfte in der Kindertagesstätte schaffen. Die Partizipationskompetenzen der Kinder entwickeln

Die Schritte auf dem Weg zur Partizipation

sich vor allem beim Ausprobieren und Selbsterproben. Sie sammeln z. B. Erfahrungen mit selbst gefällten Entscheidungen: ›Weil ich vorhin nicht gefrühstückt habe, habe ich jetzt Hunger.‹ (...) Um eine partizipative Pädagogik verlässlich umzusetzen benötigen Kinder Bezugspersonen und Strukturen, die ihnen ein schrittweises Hineinwachsen in immer mehr Verantwortung und Beteiligung ermöglichen« (Regner/Schubert-Suffrian, S. 30).

Wer sich immer wieder in die Perspektive der Kinder begibt, entwickelt eine Vorstellung davon, was für die gute Beziehung zwischen Kind und Erwachsenem gut ist und weiß, dass das nicht unbedingt mit dem übereinstimmt, was wir Erwachsenen uns darunter vorstellen.

Eltern-Kind-Beziehung und Erzieher-Eltern-Beziehung
Die Beziehung zwischen Eltern und ihren Kindern und die zwischen Erziehungskräften und Eltern ist häufig eng miteinander verknüpft.

Die wichtigste Beziehung für Kinder ist natürlich die zu ihren Eltern (einem Elternteil oder einer dazu berechtigten anderen Bezugsperson). In der Regel haben Eltern ein gutes Gespür dafür, was Kinder brauchen. Dennoch erleben wir es immer wieder, dass gerade Eltern einen eher defizitären Blick auf ihr Kind haben. Als Erziehungspartnerin der Eltern ergibt sich hier für die Erzieherin eine wichtige Aufgabe. Sie kann Eltern helfen, einen positiven Blick auf das Kind zu entwickeln. Im Elternhaus erfährt das Kind ja in erster Instanz: Ich werde so geliebt wie ich bin. Ich werde ernst genommen. Ich darf meine Wünsche äußern und wenn sie realistisch sind, werden sie erfüllt.

Indem Sie eng mit Eltern zusammenarbeiten, erfahren Sie auch, wie es um die Beziehung zwischen Eltern und Kindern bestellt ist und können Hilfen anbieten, wo es notwendig und gewollt ist. Das gelingt in erster Linie dadurch, dass Erziehungskräfte Kinder intensiv beobachten und dokumentieren (schriftlich, durch eine Fotodokumentation, Lerntagebücher, Lerngeschichten, Videografien) wie ihr Kind sich entwickelt, welche Stärken es zeigt, über welche individuellen Besonderheiten es verfügt und welche weiteren Entwicklungsmöglichkeiten in ihm stecken. Gemeinsam können Eltern und Erziehungskräfte, mit Blick auf die Beobachtungen aus Kindertagesstätte und Elternhaus beraten, welche Angebote für die Weiterentwicklung des Kindes förderlich sein können.

Es ist durchaus auch zu beobachten, dass manche Eltern unsicher sind, was das eigene Verhalten gegenüber ihrem Kind angeht und eine unsichere Selbstwahrnehmung haben. Diese Eltern können gestärkt werden, indem sie in der Kita hospitieren und ihr Kind eine Weile im Tagesablauf begleiten können. Mit Einverständnis der

Die Schritte auf dem Weg zur Partizipation

Mutter/des Vaters werden einige Szenen die Mutter-Kind-Interaktion aufgenommen und im späteren Gespräch analysiert. So erfahren Elternteile durch eigene Anschauung, an welche Stellen eine positive Beziehung zum Kind sichtbar wurde und werden ermutigt, dieses Verhalten auch in anderen Situationen zu zeigen.

Eine solche sehr intensive Zusammenarbeit erfordert auch eine gute Beziehung zwischen Erziehungskraft und Elternteil. Niemand wird sich filmen lassen, wenn er/sie befürchten muss anschließend mit erhobenem Zeigefinger belehrt zu werden. Beziehung zwischen Eltern und Erziehungskräften baut auch auf Vertrauen und gegenseitige Anerkennung auf.

Der Qualität der Beziehung zwischen Pädagogen und Eltern kommt eine sehr große Bedeutung zu. Eine positive Beziehung fördert auch die Bereitschaft der Eltern zur partnerschaftlichen Zusammenarbeit auch inhaltlicher Art. Zum Wohle der Kinder müssen Eltern und Pädagogen gemeinsam agieren, gemeinsam die momentane Situation analysieren und angemessene Ziele für die Zukunft setzen. Eine positive Beziehung fördert bei Kindern und Erwachsenen die Lernbereitschaft und stärkt bei Erwachsenen die Erziehungskompetenz. Dazu ist es auch notwendig, dass den Eltern die Sinnhaftigkeit des Partizipationsbestrebens der Pädagogen einleuchtet und dass ihnen die Konsequenzen daraus für die eigene familiale Erziehung deutlich und von ihnen gewünscht werden. Eltern müssen wissen, welcher Sinn hinter den Beteiligungswünschen der Erziehungspersonen steckt. Nur wenn sie wissen, dass sich der Einsatz lohnt, dass ein verändertes Verhalten zum Nutzen der Kinder reicht, dass es für die Bewältigung der Zukunft ihrer Kinder von Bedeutung ist, können sie sich engagieren und den Weg der Pädagogen mitgehen.

Kind-Kind-Beziehung

Auch die Beziehung der Kinder untereinander spielt eine wesentliche Rolle auf dem Wege zur Partizipation. Kinder bilden und entwickeln sich schließlich in der Auseinandersetzung und der Interaktion mit anderen Kindern. Bildung kann Kindern nicht eingetrichtert werden. Sie entsteht dadurch, dass Kinder »das, was um sie herum geschieht, aufnehmen und zu einem inneren Bild ihrer Wirklichkeit verarbeiten« (Schäfer 2003, S. 14). Um sie herum sind aber nicht nur Erwachsene, Räume und anregende Materialien, sondern vor allen Dingen andere Kinder. Pädagogen haben die Aufgabe, die Interaktion zwischen den Kindern zu befördern. Ihnen Raum für Begegnung zu geben, Materialien und Angebote bereitzustellen, die darauf abzielen gemeinsam etwas zu erforschen, zu bewältigen oder einfach nur zusammen zu spielen und sich dabei wohl zu fühlen. Konkurrenzspiele und Wettkampf haben in der Kindertagesstätte nichts zu suchen. Kinder brauchen Erlebnisse, die den Gemeinsinn fördern (Projekte, Feste, Spiele ohne Konkurrenz und ohne Sieger, Aktio-

Die Schritte auf dem Weg zur Partizipation

nen): Sie erleben in Morgenkreisen und Kinderkonferenzen, dass sie gemeinsam etwas erreichen können und ihre Anliegen auch von anderen Kindern verstanden und unterstützt werden. Das Gemeinschaftserlebnis, das ihnen die Erfahrung vermittelt: Wir sind selbst in der Lage aktiv gestaltend unseren Kita-Alltag zu bestimmen, stärkt Kinder auch für eine aktive Gestaltung ihrer Zukunft.

Aus einer Studie des Kinderhilfswerkes (2007) »Vita gesellschaftliche Engagement« geht hervor, dass frühe Gemeinschaftserfahrungen hilfreich für zukünftiges Engagement sind:

»Zusammengefasst kann festgestellt werden, dass die vorliegende Studie in beeindruckender Weise die Hypothese bestätigt:

»Wenn Jugendliche und Kinder bereits in jungen Jahren positive Erfahrungen mit Partizipation gesammelt haben, werden sie sich auch als Erwachsene gesellschaftlich engagieren.«

Oder anders ausgedrückt:

Es wird bereits in jungen Jahren damit begonnen, eine Engagementvita zu schreiben. Als Fortsetzungsroman durchdringt sie immer neue Facetten gesellschaftlicher Wirklichkeit und wird immer stärker bis ins hohe Alter in die lebensgeschichtlichen Ereignis- und Erfahrungsabläufe eingebunden« (Deutsches Kinderhilfswerk 2007, S. 40)

Beziehung der Teammitglieder untereinander

Kinder lernen immer auch am Modell. Sie schauen sich an, wie es um die Beziehung der Pädagogen untereinander bestellt ist und setzen sich damit auseinander. Sie erfahren, ob es förderlich ist, freundlich und wertschätzend miteinander umzugehen oder ob es erlaubt ist, kurz angebunden und abweisend miteinander zu verkehren. Sie bekommen mit, wenn Erzieherinnen, die sich freundschaftlich mit einer Umarmung begrüßen, in Abwesenheit der Kollegin »Torpedos schießen« und erleben so Echtheit und Authentizität (oder auch das Gegenteil).

Das bedeutet, dass für eine gute Arbeitsatmosphäre im Team viel getan werden muss, weil auch sie zur Gelingensbedingung von Partizipation gehört.

Pädagogen, die in einer Einrichtung arbeiten müssen keine »dicken Freundschaften« miteinander pflegen (auch wenn das unter Pädagogen gerne nach außen suggeriert wird), aber sie müssen auf der Arbeitsebene gut miteinander kooperieren, sich regelmäßig austauschen und sich als »kritische Freunde« begreifen. Sie müssen erfahren, dass Kritik hilfreich ist, der Weiterentwicklung dient und nicht dazu dient, jemanden anzugreifen und seine Schwächen aufzuzeigen.

Die Schritte auf dem Weg zur Partizipation

Außerdem ist es notwendig, dass es im Team fortlaufend Austausch zu grundlegenden Themen der Demokratieerziehung gibt. Das Team sollte Fragen klären wie: Wie halten wir es im Team mit der gegenseitigen Wertschätzung? Wie sieht es mit dem Kenntnisstand des Teams aus? Vertreten wir noch eine gemeinsame Position? An welchen Themen müssen wir gemeinsam arbeiten? Wie bringen wir uns in das Gemeinwesen ein? Wie unterstützen wir die Kinder auf dem Wege zur Demokratiefähigkeit? Wie können wir Eltern die Sinnhaftigkeit unserer partizipativen Pädagogik vermitteln? Wie leben wir Demokratie in der Kindertagesstätte?

An der Schule, in der ich gearbeitet habe, war Partizipation ein wichtiges Thema. Inhaltlich wurde es in allen Fachschulklassen intensiv behandelt. Aber **gelebte Partizipation** habe ich nur ansatzweise entdecken können. Schüler wurden weder motiviert ihre Beteiligungsrechte wahrzunehmen, noch haben sie selbst Anlass dazu verspürt. An wirklich entscheidenden, sie betreffenden Ausbildungsfragen wurden sie nicht beteiligt, weil es keine Kultur der Beteiligung gab. Weder im Klassenzimmer, noch innerhalb des Kollegium noch im Leitungsteam. Von dort aus muss aber der Weg zu einer Beteiligungskultur geebnet werden, von dort aus muss Ermutigung erfolgen von dort aus muss Erfolg versprechende Beteiligung ermöglicht werden.

Gesprächsleitfaden für die Teamdiskussion

Diskutieren Sie im Team folgende Fragen und einigen Sie sich dabei gemeinsam auf eine Einschätzung. So treten Sie in einen Teamdialog ein und klären gleichzeitig die Qualitätsansprüche Ihrer partizipativen Arbeit

1. Wir beobachten die Kinder regelmäßig und systematisch, um ihre Interessen und Themen, ihre Stärke und ihre Ressourcen zu erkunden, um sie im Rahmen unserer partizipativen Arbeit einfließen zu lassen
trifft voll zu ☐ trifft überwiegend zu ☐ trifft weniger zu ☐ trifft nicht zu ☐

Bemerkungen:

2. Partizipation ist uns wichtig, weil wir damit Kindern den Weg zur Demokratiefähigkeit bereiten können
trifft voll zu ☐ trifft überwiegend zu ☐ trifft weniger zu ☐ trifft nicht zu ☐

Bemerkungen:

3. Wir sind uns der Bedeutung der Beziehungsqualität zwischen Erziehern-Kindern, Eltern-Kindern, Eltern-Erziehern, Kind-Kind und Erzieher-Erzieher bewusst und arbeiten laufend an der Fortentwicklung dieser guten Beziehung
trifft voll zu ☐ trifft überwiegend zu ☐ trifft weniger zu ☐ trifft nicht zu ☐

Die Schritte auf dem Weg zur Partizipation

Bemerkungen:
4. Das Team befindet sich im ständigen Dialog über relevante Themen (Partizipation) und entwickelt dazu eine gemeinsame Position
trifft voll zu ☐   trifft überwiegend zu ☐   trifft weniger zu ☐   trifft nicht zu ☐

Bemerkungen:
5. Das Team hat einen positiven Blick auf Kinder und Eltern und begegnet beiden Gruppen mit einem hohen Maß an Wertschätzung.
trifft voll zu ☐   trifft überwiegend zu ☐   trifft weniger zu ☐   trifft nicht zu ☐

Bemerkungen:
6. Die Förderung einer guten Beziehung der Kinder unter einander ist uns wichtig. Unsere pädagogische Arbeit ist darauf ausgerichtet, diese gute Beziehung zu fördern.
trifft voll zu ☐   trifft überwiegend zu ☐   trifft weniger zu ☐   trifft nicht zu ☐

Bemerkungen:
7. Wir evaluieren unsere partizipative Arbeit und entwickeln sie dadurch kontinuierlich weiter
trifft voll zu ☐   trifft überwiegend zu ☐   trifft weniger zu ☐   trifft nicht zu ☐

Bemerkungen:
8. Es gelingt unserer partizipativen Arbeit die Unterschiedlichkeit der Kinder wahrzunehmen und zu nutzen. So erleben sie sich als einzigartig und erfahren in ihrer Einzigartigkeit Wertschätzung.
trifft voll zu ☐   trifft überwiegend zu ☐   trifft weniger zu ☐   trifft nicht zu ☐

Bemerkungen:
9. Wir verfügen über ein schlüssiges Konzept für unsere partizipative Arbeit
trifft voll zu ☐   trifft überwiegend zu ☐   trifft weniger zu ☐   trifft nicht zu ☐
10. Hinter dem Konzept stehen 80 % der Mitarbeiter und Mitarbeiterinnen
trifft voll zu ☐   trifft überwiegend zu ☐   trifft weniger zu ☐   trifft nicht zu ☐

Klären Sie auch folgende Fragen:
1. Konnten wir uns auf eine gemeinsame Einschätzung einigen? War das leicht oder schwer?
2. Wenn es Unterschiede gab, worin waren die begründet?
3. Wie werden Sie künftig mit den Unterschieden umgehen?
4. Welche weiteren Fragen zu den Themen Partizipation und Beziehung gilt es noch im Team zu klären?

(In Anlehnung an Stamer-Brandt 2010)

7. Kinderbeteiligung konkret

Diejenigen, denen Partizipation zum selbstverständlichen Bestandteil ihres Alltagshandelns im pädagogischen Feld geworden ist, brauchen keine Checkliste für ihre partizipative Praxis. Wer Kindern gegenüber eine wertschätzende Haltung hat, über ein Bild vom Kind verfügt, das von der Achtung gegenüber den Kindern geprägt ist und davon ausgeht, dass Kinder kompetente Wesen sind, die sich ihre Welt selbst handeln aneignen, wer selbst über eine demokratische Grundhaltung verfügt und der Meinung ist, dass Partizipation ein selbstverständliches Recht ist, der braucht keine Checkliste für Beteiligungsplanung. Da wir uns aber, trotz zwanzigjähriger Erfahrung noch am Anfang befinden, kann ein bisschen Orientierung durchaus hilfreich sein. Diese Orientierungshilfe ist nicht als Rezept zu verstehen. Jede Erziehungsperson, jede Einrichtung muss letztendlich ihren eigenen Weg finden. Das tut sie, indem sie im Rahmen eines internen Workshops zur Partizipation klärt, welche Schritte auf dem Wege zur Partizipation ihr (der Einrichtung) wichtig sind.

Das beginnt zunächst einmal mit einer Analyse der momentanen Situation:

Welche Beteiligungsstrukturen bestehen in der Kita zur Zeit? Welche grundsätzlichen Beteiligungsrechte gibt es? Wer kann von diesen Beteiligungsrechten in welchem Rahmen und Umfang Gebrauch machen (Eltern, Kinder, Pädagogen)? Enthält die Konzeption Aussagen über die Beteiligungsmöglichkeiten und die Haltung der Pädagogen zu demokratischen Verfahren? Setzen wir unsere diesbezüglichen konzeptionellen Aussagen in die Praxis um? Wie sieht der Kenntnisstand der in der Einrichtung arbeitenden Pädagogen zum Thema Partizipation aus, wie der der Eltern? Ist es erforderlich, zum Einstieg Experten/Moderatoren hinzuzuziehen? Welche Beteiligungswünsche der Kinder kennen wir? Wie sind wir zu der Kenntnis gelangt? Welche Kompetenzen und Ausdrucksmöglichkeiten der Kinder kennen wir? Haben wir alle Möglichkeiten ausgeschöpft und dabei ihre Perspektive eingenommen? Wie nehmen wir Rücksicht auf die Wünsche der Kinder, wie beziehen wir sie in unsere Arbeit ein?

Kinderbeteiligung konkret

7.1. Konkretisierung der Beteiligung auf verschiedenen Ebenen: Alltagspartizipation, Versammlungsformen, Projektarbeit

Mit welcher Form der Beteiligung wollen wir starten?
Das ist zunächst einmal die entscheidende Frage, die sie im Team und mit den Eltern klären müssen. Betrachten Sie Partizipation als **Querschnittsaufgabe**, die alle Lebensbereiche der Kinder durchzieht und deswegen als **Alltagspartizipation** den pädagogischen Alltag durchziehen soll?

Durchforsten Sie doch einmal den Kita-Alltag (gerne gemeinsam mit den Kindern) und fragen sich dabei, wo Sie vorschnell für die Kinder Entscheidungen treffen. Und überprüfen Sie auch, ob es sich dabei um sinnvolle, nachvollziehbare Entscheidungen handelt.

Wird der Tagesablauf nach den Wünschen der Kinder ausgerichtet, oder gibt es einen von Erwachsenen ausgetüftelten Plan, der das kindliche Interesse nicht berücksichtigt? Entscheiden die Kinder, wann sie Frühstück essen wollen und was es zum Mittagessen geben wird? Was spricht eigentlich dagegen, wenn die Kinder einer Gruppe lernen, sich morgens auf ein Gericht zu einigen, das dann gemeinsam gekocht wird (das bedeutet nicht, dass nicht auch die Meinung der Erzieherin ein gewisses Gewicht hat und es bedeutet auch nicht, dass es nun jeden Tag Pommes frites geben muss). Die gesamte Gestaltung des Tagesablaufs kann zu dem Ort werden, an dem Kinder lernen, ihren Alltag aktiv selbst zu gestalten und sich über die Gestaltungsfragen mit anderen Kindern und Erwachsenen auseinanderzusetzen. So lernen Kinder sich eine Meinung zu bilden und diese in die Gruppe einzubringen. Sie lernen sich anzupassen und auf die Wünsche anderer Rücksicht zu nehmen und sie lernen auch, »Nein« zu sagen. Sie lernen auch, Verantwortung für ihr Tun zu übernehmen, denn Beteiligung bedeutet auch, Konsequenzen zu tragen. Das kann sich z. B. dadurch ausdrücken, dass die Kinder nicht nur ihr Spielzeug alleine wegräumen, sondern auch beim Reinigen des Gruppenraums helfen (das tun kleine Kinder übrigens ausgesprochen gerne). So lernen Kinder im Alltag demokratisches Verhalten. Im Kindergarten Schloss Ricklingen überprüften die Erziehungskräfte zunächst einmal die eigene Haltung zum Thema Partizipation und sie fragten sich im Team, welches »Bild vom Kind ihren Bemühungen zugrunde liegt«. Das führte zu der Entscheidung, eine Fortbildung zu besuchen, aus der sie den Leitsatz »Das Kind ist Akteur seiner Entwicklung« mitbrachten und sich ins Stammbuch schrieben. Sie starteten dann damit, die Einrichtung zu öffnen: »Unsere Öffnungsprozesse waren zunächst eine Art Forschungsprogramm um zu erkunden, was die Kinder wirklich im Kindergarten brauchen. Wir begannen damit, Regelungen wegzulassen, den Kindern Freiheiten zu geben und ih-

Kinderbeteiligung konkret

nen zu folgen, wenn sie aus den Gruppenräumen hinaus wollten. Wir nahmen die unterschiedlichen Bedürfnisse der Kinder wahr, die in einem Gruppenraum nicht alle Befriedigung finden konnten und nicht spontan und unmittelbar zum Ausdruck kamen. Nicht erst wenn einmal wöchentlich eine Turnstunde angesagt war, sollte den Bewegungsbedürfnissen der Kinder Raum gegeben werden. Selbstverständlich sollte werden, dass sich Kinder das holen, was aktuell für ihre Entwicklung und ihr Wohlbefinden nötig war.

Wir beobachteten die Kinder und ließen uns von ihnen den Weg zeigen. Mit der Zeit bezogen wir alle Räume und das Freigelände des Kindergartens mit ein, und die Kinder zeigten uns, was bei ihnen ankam und was nicht. Sie stimmten mit den Füßen ab und hatten einen entscheidenden Einfluss auf unsere Arbeit. (…)

Mit einer veränderten Haltung, die natürlich über viele Jahre gewachsen ist, kamen wir konsequent von einer Pädagogik des Gruppenraums zu einer Pädagogik des ganzen Kindergartens. Kindern wird seit dem verstärkt zugetraut und ermöglicht, ihre Entwicklung selbst in die Hand zu nehmen – natürlich nicht ohne unsere Unterstützung, nicht ohne unsere Bildungsangebot in einer vorbereiteten und herausfordernden Umgebung und in einem Rahmen des Vertrauens, der Achtung und der Toleranz. So fingen wir an, Partizipation in die Praxis umzusetzen. Unser Alltag im Kindergarten wird seither von den Kindern mitbestimmt und mitgestaltet« (Kühne, Thomas 2006, S. 10).

Das Beispiel zeigt anschaulich, dass es zunächst wirklich
- auf die Haltung der Erziehungskräfte ankommt;
- wichtig ist, sich von den Kindern den Weg zeigen zu lassen und dabei ein hohes Ma0 an Geduld und Selbstkritik zu entwickeln;
- kleine Schritte zu gehen und den Kindern »auf einer Ebene der Gleichwürdigkeit, Gleichwertigkeit und Individualität« (Kühne S. 10) zu begegnen;
- den ganz »normalen Alltag« auf den Prüfstein zu nehmen mit dem Ziel, kindgerechte Änderungen zuzulassen.

Beteiligungsformen implementieren

Der Geist der Demokratie kann nicht von außen aufgepfropft werden, er muss von innen *herauskommen. Mahatma Gandhi*

In den Kindertagesstätten werden unterschiedliche Beteiligungsformen praktiziert. Welche davon für Ihre Einrichtung geeignet ist oder ob Sie mit den Kindern gemeinsam eine eigene Form entwickeln, spielt eigentlich keine große Rolle. Sie können auch einfach damit beginnen, erste Beteiligungsschritte im Morgenkreis zu praktizieren. Dabei sollten sie es allerdings nicht belassen, weil das zu beliebig wäre. Eine in-

Kinderbeteiligung konkret

stitutionalisierte Beteiligungsform, die sich von Erzählkreisen mit Spielen und Liedern abhebt, erscheint mir sinn- und bedeutungsvoll.

Grundsätzlich zu unterscheiden sind zwei Formen:
1. Jeder Gruppe (soweit es überhaupt Gruppen gibt) entsendet zwei Vertreterinnen in ein Gremium (Konferenz oder Parlament). Kinder wählen Vertreter für ihr Parlament
2. Die Kinder vertreten sich selbst, das Gremium ist für alle Interessierten offen.

Ein Kinderparlament tagt in der Regel 1–2 × im Monat, kann aber bei Bedarf auch ad hoc einberufen werden. Es gibt unterschiedliche Möglichkeiten für den Umgang mit einem Kinderparlament. Das hängt von der Größe der Einrichtung, dem Alter der Kinder und den Möglichkeiten der Pädagoginnen ab. In manchen Einrichtungen hat jede Gruppe ihr eigenes Parlament. Das hat den Vorteil, dass die Größe des Parlaments überschaubar ist. Es ist auch möglich, mehrere Kinder einer Gruppe (meist sind es zwei) in ein Gesamtparlament der Kita zu entsenden. Das hat den Nachteil, dass nicht alle Kinder ihre Demokratieerfahrungen direkt machen können und eine möglicherweise zeitraubende Diskussion im Vorwege notwendig ist, damit die Gruppenvertreter die Meinung der Kinder ihrer Gruppe in das Parlament transportieren. Es ist auch denkbar, dass das Parlament nur 1–2 × im Jahr tagt. Alle anderen Besprechungen finden in den Gruppenkonferenzen statt.

Rüdiger Hansen beschreibt das Beispiel eines Kinderparlamentes (Kindergarten der evangelische Auferstehungsgemeinde Frankfurt/Main, das wöchentlich für etwa 30 Minuten tagt. Das Parlament hat einen Vorstand, der aus Kindern gebildet wird, die im nächsten Jahr zur Schule kommen. Am Tag nach der Parlamentssitzung findet eine Vollversammlung statt, während der die anderen Kinder informiert werden (Hansen: Beteiligung in Kindertagesstätten. C. C. 1 Hgs. Kinderhilfswerk S. 45 ohne Datum).

»Vier bis fünf Kinder werden in den Vorstand gewählt. Ein Wechsel erfolgt nach etwa zwei Monaten. Zwei Erzieherinnen gehören mit zum Parlament. Sie sind nicht im Vorstand, sie führen das Protokoll. Der Vorstand übernimmt die Leitung und damit auch die Geschäftsführung. Das ist für einige Kinder leicht zu handhaben, für andere ist es sehr gewöhnungsbedürftig. Mit: ›Wer hat was zu sagen?‹ beginnt jede Sitzung. Die Kinder melden sich spontan mit Handzeichen und tragen ihre Wünsche, Beschwerden, Klagen etc. vor. Wir bündeln mitschreibend die Themen und regeln dadurch im Hintergrund den Verlauf – nicht die Inhalte – der Sitzungen« (Braun/Deneke/Dohmen/Kaufmann 1996, S. 65 ff.).

»Im Kinderparlament sehen sich die beiden begleitenden Erzieherinnen in der Pflicht, Zusammenhänge aufzuzeigen, anzuregen, Funktionen zu erklären und die

Kinderbeteiligung konkret

Kinder zu motivieren, ihre eigenen Lösungswege zu finden. Doch sie verstehen die Begleitung der Kinder als einen dynamischen Prozess, in dessen Verlauf sie sich immer mehr zurücknehmen:

‚Am Anfang vom Kindergartenjahr ist es wirklich ein Hinführen..., aber jetzt so die zweite Hälfte des Jahres, da entwickelt sich was. Man merkt es den Kindern an, und wir nehmen uns mehr und mehr zurück'« (Bruner/Winklhofer/Zinser 2001, S. 20).

Die Gruppenkonferenz bietet den Kindern ein Forum, ihre Meinung zu äußern, Regeln aufzustellen, den Tagesablauf zu bestimmen. Im Rahmen der Gruppenkonferenz können die Kinder miteinander und mit den Pädagoginnen in den Dialog treten, über Wünsche verhandeln, ihre Meinung los werden, ihre Anliegen vorbringen, Hypothesen bilden und sie ggf. wieder verwerfen, neue Erkenntnisse gewinnen. Sie diskutieren auch was passiert, wenn jemand sich nicht an Regeln hält.

In der Gruppenkonferenz kann auch besprochen werden, was die »Abgeordneten des Kinderparlamentes« in die nächste Parlamentssitzung tragen sollen.

In einer formlosen **Kinderkonferenz**, die ein gutes Übungsfeld bietet um sich mit demokratischen Umgangsformen vertraut zu machen, sitzen Kinder freiwillig im Stuhlkreis zusammen und besprechen die Dinge, die ihnen wichtig sind. Sie laden dazu eine Erzieherin ein, die aber nur die Aufgabe hat, das Gespräch zu protokollieren.

Kinderkonferenz heißt: Kindern das Wort geben, sie zu beteiligen, sich auf einen andauernden Veränderungsprozess einlassen und begeben, konkrete Situationen verstehen, besprechen und gestalten, zusammen planen und zu phantasieren, zu erzählen und zu philosophieren, Unmut und Freude auszudrücken, gemeinsames aushandeln von Ideen und Vorhaben, Grenzen von sich und anderen erfahren, Verantwortung und Engagement aneinander entwickeln.

Kinderkonferenzen haben Formen: Kinder und Erwachsene sind gleichberechtigt, die Gesprächsführung wechselt, Inhalte oder Tagesordnungspunkte können von allen eingebracht werden, Ergebnisse werden kindgemäß dokumentiert. Konferenzen haben einen eigenen »Raum«, sie können spontan oder regelmäßig durchgeführt werden, sollten nicht länger als 20 Minuten sein, sollten Gesprächsregeln entwickeln wie etwa den »Sprechstein« u. a., Konferenzen werden eröffnet und geschlossen, es wird gemeinsam verabredet, was jeweils verhandelt wird ...

Zühlke, Eckehardt: Kinderkonferenzen: »Kinder hören mehr auf andere Kinder als auf Erwachsene« in: Kindergarten online Hags. Texter, Martin.

Kinderbeteiligung konkret

Welche Entscheidungen tatsächlich im Rahmen der Beteiligungsgremien getroffen werden, lässt sich schlecht sagen. Es kann um alles gehen, um weitreichende Entscheidungen, wie die Einstellung einer neuen Mitarbeiterin, um für Erzieherinnen absurde Entscheidungen wie: Wir wollen zum Frühstück künftig auch Cola trinken können, bis hin zu scheinbar ganz unwesentlichen Dingen (aber das ist meist nur die Sichtweise der Erwachsenen).

»Auf dem Gelände einer Kindertagesstätte finden einige Kinder einen Einkaufswagen vom nahegelegenen Supermarkt. Sie nutzen ihn sofort und vielseitig in aufregenden Aktionen. In einer Kinderkonferenz stellt die Erzieherin die Frage, ob es nicht ein richtiges Verhalten sein könnte, den Wagen dem Eigentümer zurückzugeben. Die Kinder steigen mit unterschiedlichen Antworten in diese Herausforderung ein. ... Schließlich entscheiden die Kinder, den Wagen abzuliefern. Ob sich hier der Wunsch der Erzieherin durchgesetzt hat oder ob die Kinder in eigener Abwägung zu dem Entschluss gekommen sind, ist nicht klar« (Kazemi-Veisari 1998, S. 27 f.).

Die Formen Kinderkonferenz, Gruppenkonferenz und Vollversammlung unterscheiden sich inhaltlich nicht, werden vielfach auch synonym benutzt. Bei allen drei Formen geht es darum, Regeln für das Miteinanderumgehen zu finden, den Alltag zu gestalten und Lösungen für Konflikte und strittige Themen zu entwickeln.

In der **Vollversammlung** kommen alle Kinder und Erwachsenen der Einrichtung zusammen. Sie werden über alle sie betreffenden Angelegenheiten der Einrichtung informiert und auch über Entscheidungen der Gremien, in der nicht alle Kinder vertreten sind. Es empfiehlt sich, die Vollversammlungen kurz zu halten und die Redebeiträge zeitlich zu begrenzen (das gilt vor allen Dingen für die Erwachsenen), um die Kinder nicht zu überfrachten und lustlos werden lassen. Nicht jede kleine Information muss lang in der Vollversammlung ausgebreitet werden, manches lässt sich auch per Aushang oder im Gespräch mit den Bezugspersonen klären. Vollversammlungen sind leider häufig ermüdend. Es muss deswegen schon in der Vorbereitung (bei der die Erwachsenen beratend tätig sind) gewährleistet werden, dass die Themen möglichst viele Kinder betreffen, dass die Themen schon im Vorwege mit den Kindern diskutiert wurden, damit nicht während der Vollversammlung lange kontroverse Grundsatzdebatten geführt werden müssen und dass die Beteiligung Erfolge nach sich zieht.

Im **Kinderrat** (auch als Sprecherrat bekannt) sitzen auch von Kindern gewählte Delegierte und ihre Vertretung. Die Kinder können sich selbst zur Wahl aufstellen oder sie können von anderen Kindern vorgeschlagen werden. Die Wahl erfolgt offen per Handzeichen oder mit Hilfe von Wahlzetteln auf denen die Fotos der Delegierten kopiert sind. Auch erwachsene Vertreter gehören in den Kinderrat. Der Kinderrat tagt

Kinderbeteiligung konkret

alle 14 Tage. Er beschäftigt sich mit der Überprüfung von Regeln und Vereinbarungen, nimmt in dafür eingerichteten Sprechstunden Beschwerden entgegen und bearbeitet sie und hilft bei der Gestaltung von Festen mit. Der Kinderrat ist vergleichbar mit dem Betriebsrat der Erwachsenen.

Die verschiedenen Beteiligungsmöglichkeiten können einander auch ergänzen, sie schließen sich nicht aus. Delegiertenmodelle eigenen sich für Kinder bis 3 Jahre allerdings nur bedingt, für sie sind diese Beteiligungsformen noch nicht verständlich. Trotzdem gilt: Erwachsene schließen Kinder nicht einfach aus. Die Kinder entscheiden selbst, wie sie sich beteiligen möchten und was sie sich zutrauen. Es gibt keinen Grund, warum der zweijährige Max nicht dabei sein kann, wenn seine größeren Spielkameraden in der Kita im Kinderparlament sitzen und beratschlagen. Wird es ihm zu langweilig, wird er unaufgefordert gehen.

Und wie beginnt das Ganze?

- Die Erzieherinnen können den Kindern in einem Rollenspiel zeigen, wie wirkungsvoll ein Kinderparlament sein kann. Das macht den Kindern vielleicht Lust, selbst so ein Parlament ins Leben zu rufen.
- In einem Mit-mach-Theaterstück beginnen die Pädagoginnen mit dem Spiel (Verhandlung über die Neugestaltung des Werkraumes, Debatte über zwei unterschiedliche Projektideen, Entscheidung über Neuanschaffungen). Für die Kinder bleiben Stühle im vorbereiteten Konferenzraum frei. Wer mag, begibt sich mit ins Spiel. Das Spiel kann für das einzelne Kind jederzeit unterbrochen werden. Der Stuhl wird einfach verlassen und andere Kinder können sich ins Spiel bringen. So können Kinder erste Erfahrungen in der Gruppendiskussion sammeln und eine Vorstellung davon bekommen, was Mitbestimmung bedeutet. Das kann durchaus Mut für »richtige« Beteiligungsmodelle machen.
- Sie starten mit einem verändertem Morgenkreis: Nach den Berichten der Kinder, Musik und Spiel schließt sich eine 10-minütige Konferenz an. Hier lernen die Kinder erste demokratische Grundzüge kennen, die sich dann später ausweiten und auf andere Gremien übertragen lassen.
- Die Erzieherinnen erläutern den Kindern gruppenweise die Bedeutung der Gremienarbeit und regen eine erste Gründungsversammlung an. Die zunächst von ihnen gut vorbereitet und geleitet wird. Die Verantwortung wird schrittweise an die Kinder abgegeben.
- Neue Kinder haben die Möglichkeit im Rahmen von Schnuppertagen die Gremien zu besuchen und sich über deren Arbeitsweisen und Sinn schlau zu machen. Sie können in Ruhe als Gasthörer anwesend sein und sich mit den Gepflogenheiten vertraut machen.

Kinderbeteiligung konkret

- Jedes neue Kind erhält zunächst eine Einladung zum Zuhören und Kennenlernen.
- Sie fragen die Kinder während des Morgenkreises, wie sie sich eine Form der Beteiligung vorstellen können. Die Kinder können auch den Betriebsrat, den Stadt- oder Gemeinderat besuchen und sich dort über Formen der Mitbestimmung erkundigen.

»Jeweils nach den Sommerferien beginnt ein neuer Turnus: Die nächste Gruppe wird ins Kinderparlament eingeführt und wächst im Laufe des Jahres in diese Mitbestimmungsform hinein. In den etwa halbstündigen Sitzungen geht es um kleinere und größere Entscheidungen, um regeln und Regelverstöße, aber auch um Konflikte unter den Kindern. Die Kinder greifen selbst Themen auf, die sie derzeit stark beschäftigen, ...« (Bundesministerium für Familie, Senioren, Frauen und Jugend 2001 S. 16).

Was tun, damit nicht alle durcheinander reden?

In manchen Einrichtungen gibt es Redekarten. Alle Kinder erhalten eine **Redekarte**, die in die Luft gehalten wird, wenn sich das Kind äußern möchte. Andere Einrichtungen haben einen Redestein, der an die Kinder und Erwachsenen weitergegeben wird, die etwas sagen möchten. Reden darf nur, wer den Redestein in der Hand hält.

Die Kinder können auch Ideen, die in einer Versammlung aufgegriffen werden sollen, auf eine Wandtafel malen, die dann vom der Vorbereitungsgruppe aufgegriffen werden. Die Wandtafel kann als Tagesordnung verwendet werden und die Kinder, die Punkte eingebracht haben, können als erste dazu Stellung nehmen.

Es empfiehlt sich auch, mit Kindern Symbolkarten anzufertigen, die dann bei Bedarf während einer Vollversammlung hoch gehalten werden können. Das ist besonders für die kleineren Kinder sehr hilfreich. Die Karten könnten z. B. folgende Piktogramme enthalten:

Ich möchte etwas sagen

Ich bin sauer

Ich habe das nicht verstanden

Mir gefällt, was gerade gesagt wurde

Unter http://go.kita-aktuell.de/e4q2v3 finden Sie Kopiervorlagen für die Symbolkarten sowie für die Gesprächsleitfäden.

Was noch zu beachten ist

Alle Versammlungen sollten kurz gehalten werden. Aus meiner Sicht dürfen sie 30 Minuten nicht überschreiten. Selbst die Aufmerksamkeitsspanne von Erwachsenen beträgt nur 15–30 Minuten (je nach Thema, Interesse, Klima, ...).

Kinderbeteiligung konkret

Die Versammlungen müssen gut vorbereitet sein. Bei der Vorbereitung müssen Erwachsene helfen. Sie müssen die Kinder bei der Wahl der Tagesordnungspunkte beraten und sie müssen notfalls Tipps für die Durchführung geben.

Die Konferenzen sollten immer zum gleichen Zeitpunkt stattfinden, immer im gleichen Raum der genügend Platz, Ruhe und Dokumentationswand bietet.

Die Konferenzergebnisse werden von den Pädagogen dokumentiert. Das Protokoll wird den Kindern am Ende der Sitzung vorgelesen und von ihnen »abgesegnet«. Es wird ein Kind bestimmt, das nachforscht, was zu einem späteren Zeitpunkt aus den Beschlüssen geworden ist.

Zunächst einmal sollte die Gesprächsführung in Händen der Pädagogen liegen. Leider verfügen nicht immer alle über eine hohe Gesprächsleitungskompetenz. Die sollte unbedingt trainiert werden und zunächst die Gesprächsleitung in Händen einer Pädagogin liegen, die über diese Kompetenz verfügt, damit Kinder ein gutes Vorbild erleben, wenn sie selbst die Gesprächsleitung in die Hand nehmen möchten.

Besonders wichtig ist es, dass sich die Pädagoginnen im aktiven und wertneutralen Zuhören üben und empathisches Verhalten zeigen.

Kinder brauchen auch Rückmeldung zu ihren Beiträgen. Sie müssen wissen, ob sie verstanden worden sind, ob ihre Anliegen auf fruchtbaren Boden gefallen sind.

Erwachsene müssen Kinder dazu ermutigen die eigenen Gefühle und Bedürfnisse auszudrücken und Probleme in die Gruppe zu tragen.

Es ist wichtig, auf alle Ausdrucksmöglichkeiten der Kinder achten. Kinder drücken ihre Wünsche nicht nur durch Sprache aus. Deswegen ist eine hohe Sensibilität der Pädagogen für andere Ausdrucksformen der Kinder wichtig. Gerade in der Startphase brauchen die Kinder Unterstützung, die Erfolg nach sich zieht und ihnen zeigt, dass sich Beteiligung lohnt.

Zu den Ausdruckmöglichkeiten der Kinder

Eine zielgruppengerechte Beteiligung setzt voraus, dass Pädagogen die Fähigkeiten der Kinder richtig einschätzen können. Nur wenn Beteiligungsmöglichkeiten gewählt werden, die von den Kindern auch erfolgversprechend genutzt werden können, sind sinnvolle Ergebnisse zu erwarten.

Es muss bekannt sein:
– über welche verbalen Fähigkeiten die Kinder verfügen oder ob sie eher auf nonverbale Ausdrucksmöglichkeiten zurück greifen sollten;

Kinderbeteiligung konkret

- ob sie klare Vorstellungen über ihre jeweiligen Interessen zu der jeweiligen Thematik haben oder ob fantasieanregende Beteiligungsmethoden am Anfang stehen müssen (Wenn kleine Kinder direkt gefragt werden, und das auch noch in ganz allgemeiner Form: »Habt ihr Lust, heute den Bauernmarkt zu besuchen?«, dann neigen Kinder zu einem schlichten »Ja«, obwohl sie weder wissen, was ein Bauernmarkt ist, was sie dort erwartet und wie 24 Kinder gleichzeitig ihre Meinung zum Ausdruck bringen können);
- ob alle Kinder gleichmäßig angesprochen werden können oder ob es zeitweise kleine homogene Gruppen geben sollte.

Kinder verfügen über eine große Vielfalt von Ausdrucksmöglichkeiten. Aus der Reggiopädagogik kennen wir den Begriff der »100 Sprachen«, über die Kinder sich ausdrücken können. Sie spielen Rollenspiele, malen, plastizieren, fertigen Collagen an, gestalten Objekte, tanzen, spielen, bewegen sich, experimentieren mit Materialien, sammeln und stellen aus und gehen auf Entdeckungstour. Dort, wo Kindern anregende Räume und Materialien geboten werden, wo sie eigenständig und experimentell aktiv werden können, wo ihnen keine fertigen Rezepte angeboten werden (im Sinne von: Die Erzieherin macht etwas vor, die Kinder reproduzieren), können sie sich manchmal sehr eigenwillig und für die pädagogischen Fachkräfte sehr aufschlussreich ausdrücken. So manche spielerische Aktion weist schon auf ein mögliches Projektthema hin.

Tanja, Schülerin einer Berufsfachschule für sozialpädagogische Assistenten im letzten Ausbildungsjahr, präsentiert in einer Abschlussprüfung ihr »Angebot« für eine Gruppe von 6 Kindern in einer Kindertagesstätte. Tanja hat einen großen Baum ausgeschnitten und an die Wand geheftet. Die Kinder schneiden nun Blätter und Früchte aus (Tanja hat ihnen vorher gezeigt, wie das geht) und kleben diese auf den Baum. Ich frage Tanja, ob die Kinder sich von ihr gewünscht haben, Blätter auf einen Baum kleben zu dürfen. Tanja verneint und ist verunsichert. »Ich hab meine Erzieherin gefragt«, sagt Tanja. Ich bitte Tanja, mir von einem Erlebnis mit den Kindern zu berichten, das für die Kinder und auch für sie anregend und in Erinnerung geblieben ist. Jetzt erzählt die Schülerin von einem Waldspaziergang bei dem die Kinder Eicheln und Kastanien gefunden und gesammelt haben, damit zum Wildschweingehege gehen wollten, ... Tanja blüht beim Erzählen förmlich auf und erkennt plötzlich: »Das hätte ich aufgreifen müssen, da haben die Kinder ganz deutlich gezeigt, was ihnen Spaß macht, was ihnen wichtig ist. Sie haben auf dem Rückweg noch tausend Ideen gehabt, was man mit den Früchten noch alles machen kann.«

Kinderbeteiligung konkret

Beteiligung durch Projektarbeit realisieren

Projektarbeit basiert auf Partizipation. Kinder wählen sich ein eigenes Thema und setzen sich mit diesem Thema zeitlich befristet auseinander. Nun werden die Kinder kaum wünschen, ein Projekt »Partizipation« durchführen zu wollen, das ist viel zu abstrakt. Daher wird es notwendig sein und ist auch legitim, wenn die Pädagogen Impulse für Projektthemen setzen, die im Interesse der Kinder liegen. Das kann die Gestaltung eines Festes sein, die Umgestaltung des Gruppenraumes oder des Außengeländes, der Besuch der Grundschule oder die Wahl der Neuanschaffungen für die Lernwerkstatt. (Fast) jedes Thema eignet sich, um Beteiligung durch Projektarbeit einzuüben. Wichtig ist, dass das Thema wirklich die Interessen der Kinder berührt, aus ihrer unmittelbaren Erfahrungswelt stammt und dazu geeignet ist, ein positives Ergebnis herbeizuführen. So erfahren Kinder, dass sich Beteiligung lohnt.

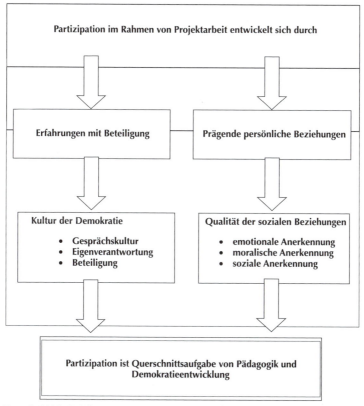

(Stamer-Brandt 2010, S. 25)

Kinderbeteiligung konkret

Insbesondere durch Projektarbeit können Kinder erste Beteiligungserfahrungen sammeln:
- Sie wählen aus den Vorschlägen der Pädagoginnen, die auf den Äußerungen und Beobachtungen der Kinder basieren, ein Thema zur Projektbearbeitung aus. Beispiel: Auf einer Wandtafel im Eingangsbereich befinden sich drei Zeichnungen, die jeweils ein Thema symbolisieren:
  1. Umgestaltung des Gruppenraumes
  2. Gestaltung einer Kita-Zeitung
  3. Sommerfestgestaltung
  Unter den Piktogrammen befindet sich ein Feld, in das die Kinder ihren Namen eintragen können. Umgesetzt wird das Projekt, unter dem die meisten Namen stehen. Das bedeutet aber nicht, dass alle Kinder am Projektvorhaben teilnehmen müssen. Die Mitarbeit an Projekten ist grundsätzlich freiwillig. Das bedeutet allerdings nicht, dass die Pädagogin nicht motivieren darf.

Ein motivierender Start kann auch darin bestehen, dass Sie einen Ausflug anbieten, ein Theaterstück ansehen oder eine Bücherei besuchen, die einen vorbereiteten Büchertisch und kleine Filmausschnitte präsentiert.

Das partizipative Projekt der AWO-Kindertagesstätte Halstenbek beschreibt die Ideenfindung für ihr Projekt so: »Wir Erzieher(innen) stellten fest, dass unsere Kinder nicht gerne zur Toilette gingen. Sie warteten oft sehr lange, oft war es zu spät oder sie wollten nur mit einer Erzieherin auf die Toilette gehen. Die älteren Kinder benannten es mit Worten: ›Ich mag nicht aufs Klo gehen‹ oder ›zu Hause sind die Klos schöner‹. Uns stellte sich die Frage: Wie ist eigentlich die Attraktivität unserer Kindertoiletten in der Kindertagesstätte?

Eine Besichtigungstour durch die eigenen ›Räumlichkeiten‹ ergab, dass die Kindertoiletten kalt, leer und unattraktiv waren. Das Fazit der anschließenden Teamdiskussion ergab: Wir möchten etwas verändern, aber nicht ohne die Kinder.

In unserer Kita haben wir ein Partizipationskonzept: Es gibt demokratische Gremien und Entscheidungsstrukturen und die Kinder entscheiden so viel wie möglich gemeinsam selbst. In unserer ›Kindervollversammlung‹ besprechen wir mit den Kindern, woran es lag, dass sie ungern auf Toilette gehen. Wir fanden gemeinsam heraus, dass die Toiletten ›hässlich‹ (Kindermund) seien. Von allen Seiten kam zustimmendes Nicken und Zurufen.«

(Baumann, Claudia 2007, S. 228)

Kinderbeteiligung konkret

- Die Projektarbeit beginnt, wenn eine Themenentscheidung gefällt worden ist mit einer Bestandsaufnahme. Welche positiven und negativen Erfahrungen gibt es mit diesem Thema bereits? Was war so erfolgreich, dass wir es wiederholen möchten? Was darf auf gar keinen Fall wiederholt werden? Wichtig ist, dass alle Entscheidungen laufend festgehalten, am besten visualisiert werden. Auch Erwachsene behalten nur Bruchteile ihrer Entscheidungen im Kopf, deswegen geht häufig viel von dem, was sie planen verloren. Kinder haben für ihre Entscheidungen häufig ein sehr gutes Gedächtnis, trotzdem sind bildhafte Notizen sehr hilfreich.
- In einem zweiten Schritt planen Kinder und Pädagogen das Projektvorhaben. Sie formulieren Ziele, die nachvollziehbar und realisierbar sind. Sie planen einzelne Schritte des Projektvorhabens.

»Die zentralen Fragestellungen lauten:
1. Wohin wollen wir? (Wie sieht das Ziel genau aus?)
2. Woran können wir erkennen, dass das Ziel erreicht wurde? (Welche Indikatoren gibt es?)
3. Welche Wege dorthin kennen wir? (Wie weit ist der Weg?)
4. Welche Hindernisse können auf dem Weg liegen? (Wir könnten wir diese bewältigen oder umschiffen?)
5. Welchen Weg wählen wir?
6. Welche Hilfen brauchen wir und von wem möchten wir Hilfen in Anspruch nehmen?
7. Was möchten wir im Plenum berichten?
8. Welche weiteren Vereinbarungen wollen wir treffen?«
(Stamer-Brandt 2010, S. 69)

Die Ideen der Kinder werden visualisiert oder digital festgehalten. So können die Kinder zwischendurch immer wieder nachvollziehen, an welcher Stelle der Projektplanung sie sich gerade befinden. Und sie können überprüfen, ob das Ziel noch stimmt, oder sich inzwischen andere Schwerpunkte entwickelt haben. Das kann leicht passieren und ist auch völlig in Ordnung, denn im Rahmen von Projektarbeit geht es nicht um das Ziel sondern um den Prozess. Was allerdings nicht bedeutet, dass ziellos »gearbeitet« wird.

- Nun entscheiden die Kinder, wer sich mit welchen Projektaufgaben beschäftigen möchte (Ideensammlung). Ist ein Fest das Projektthema kann nun entschieden werden
    a) Um welche Art von Fest es sich handeln soll
    b) Welchen Umfang das Fest hat (ein kleines Fest für eine Bezugserzieherin und »ihre« Kinder?) und wer alles teilnehmen soll (alle Kinder der Einrichtung? Eltern? Gäste?)

c) Welche Aufgaben zu erledigen sind
d) Wer für welche Aufgaben die Verantwortung übernimmt
e) Welche Rolle/Aufgaben den Pädagogen zukommt

Dabei empfiehlt es sich, in kleinen Teams zu arbeiten, damit die Kinder Erfahrungen in Teamarbeit sammeln und das möglichst mit Erfolg. Vielleicht gestalten nun einige Kinder eine Einladung, andere planen das Festprogramm oder beschäftigen sich mit der Frage nach der Verpflegung. Auch die Raumgestaltung kann Thema sein und vieles mehr. In der Regel entwickeln die Kinder unendlich viele umsetzbare Ideen.

- In einer weiteren Planungsbesprechung könnte auch geklärt werden,
  - wer das Projekt unterstützen oder beratend tätig werden kann (Eltern, Experten, Verwandte, Gemeindevertreter, Presse)
  - welche Aufgaben zuerst erledigt werden sollten, welche erst später in Angriff zu nehmen sind
  - wer Informationen zum Thema beschaffen kann oder bereits Erfahrungen mit einer solchen Aufgabe gemacht hat.
- Von diesem Zeitpunkt an arbeiten die Kinder weitgehend selbstständig. Gemeinsam ist aber noch zu klären, wieviel Raum die Projektarbeit im Tagesverlauf einnehmen soll. Nehmen sich die Kinder jeden Tag eine Stunde Zeit? Entscheidet jedes Team jeden Tag selbst wann es arbeiten möchte? Soll der Zeitrahmen überhaupt eingegrenzt werden (bei der Planung eines Festes ist es schon wichtig, einen Zeitplan zu entwerfen und frühzeitig zu einem Abschluss der Planung zu kommen). Egal, wie die Entscheidung für den Zeitrahmen ausfällt, es besteht immer die Möglichkeit einer Änderung.
- Wichtig ist auch, dass es zwischendurch immer wieder Zwischenreflexionen gibt. Dazu treffen sich alle Projektbeteiligten um sich gegenseitig über den Stand ihrer Arbeit zu informieren. Sie klären auch, ob die Planung umsetzbar ist oder ob es Veränderungen geben muss. Genauso wichtig ist es auch, den Prozess der Gruppenarbeit zu beleuchten: Wie fühlen sich die Kinder in der Gruppe, konnten sie erfolgreich Ideen beitragen, haben sie gut zusammen gearbeitet, gab es Konflikte oder Überraschungen? Im Rahmen der Reflexionsphasen haben alle Kinder die Möglichkeit, sich zu äußern. Sie erfahren, dass ihre Meinung von Bedeutung ist, sie lernen, sich sprachlich verständlich zu äußern und anderen Kindern geduldig zuzuhören. Sie melden sich zu Wort, so, wie es auch später im Rahmen anderer Beteiligungsformen üblich ist.
- Neben oder während der Reflexionsphasen können Zwischenergebnisse präsentiert werden. Das schafft neue Motivation, regt vielleicht andere Kinder an und fördert die sprachliche Ausdrucksfähigkeit der Kinder. Zwischenergebnisse sollten von den Kindern auch immer dokumentiert werden. Die Form der Dokumen-

tation wählen die Kinder selbst. Sie können eine Wandzeitung anfertigen, Bilder zeichnen, ein Theaterstück aufführen und von der Erzieherin videografieren lassen, eine Fotodokumentation anfertigen.

Da die Zwischenreflexion im Plenum stattfindet, erleben sich die Kinder auch als Mitglied einer großen Gruppe in der es nicht immer einfach ist, sich zu äußern. So gewinnen sie Sicherheit und die Fähigkeit, sich Gehör zu verschaffen. Da die meisten Entscheidungen auf einem gemeinsam abgestimmten Beschluss basieren, lernen sie auch, überzeugend zu argumentieren, sich in der Kleingruppe auf eine Abstimmung vorzubereiten und sich ggf. Verbündete zu suchen.

Mögliche **Leitfragen zur Zwischenreflexion:**

- Wie sieht das Arbeitsergebnis des Teams aus?
- Hat das Team gut zusammen gearbeitet?
- Was gefällt dem Team an ihrem Ergebnis besonders gut? Warum ist das so?
- Welche Veränderungen vom ursprünglichen Plan hat es gegeben? Warum?
- Was konnten einzelne Kinder zur erfolgreichen Teamarbeit beitragen?
- Hat es Überraschungen gegeben? Wenn ja, welche und warum?
- Gab es Störungen? Wenn ja, welche?
- Konnten alle im Team zur Bewältigung der Aufgabe beitragen?
- Hat sich jemand nicht wohl gefühlt? Wenn ja, warum?
- Kann die Gruppe wie geplant weiter arbeiten oder benötigt sie Hilfe? Wenn ja, von wem?
- Welcher nächste Schritt ist geplant?

Auf diese Weise erweitern die Kinder auch ihre Planungskompetenz.

Hilfreich ist es, wenn die Zwischenreflexionen ritualisiert werden. Auch das ist eine gute Vorübung für das agieren in Konferenzen und anderen Kinderversammlungen. Kinder üben so Beteiligung und Gesprächsleitung.

- Manchmal müssen auch Überlegungen darüber angestellt werden, ob im Rahmen des Projektes nur eine Gruppe oder die ganze Einrichtung betroffen sein wird. Haben die Kinder einer Gruppe beschlossen, das Außengelände neu zu gestalten, dann betrifft das die ganze Einrichtung, das erschwert die Umsetzung und macht eine erweiterte Beteiligung notwendig. Manchmal müssen auch andere Personen in die Planung einbezogen werden. Das kann der Hausmeister sein, die Hauswirtschafterin, ein Elternteil oder ein Gemeindevertreter.

Kinderbeteiligung konkret

Der Projektabschluss
Der Abschluss ist der Höhepunkt des Projektes. Die Kinder haben hier noch einmal die Möglichkeit, ihre Arbeitsergebnisse zu präsentieren, zu dokumentieren oder in einer ihnen beliebigen Form darzustellen. Das kann im Rahmen
– eines Festaktes,
– eines Ausflugs,
– einer Vernissage,
– eines Straßenfestes,
– eines Tags der offenen Tür,
– eines Marktplatzes im Außengelände
– … geschehen.

Auch hier wird den Kindern die Angst genommen, sich vor einer großen Gruppe und auch vor fremden Menschen zu äußern. Die Kinder erfahren Wertschätzung für ihre Tätigkeit und erleben, dass ihr Tun einen Sinn gehabt hat. In der Konzeption der Kindertagesstätte Kinderwelt Hamburg e. V. heißt es: »Unser Anspruch ist, dass jedes Kind sagen kann:»Wenn es mich nicht gäbe, wäre die Kita nicht so, wie sie ist.« (Kinderwelt Hamburg e. V., Flachsland 27, 22083 Hamburg, www.kinderwelt-hamburg.de, S. 26)

7.2. Evaluation

»Evaluation« ist »die Sammlung, Analyse und Interpretation von Informationen über den Bedarf, die Umsetzung und Wirkung von Maßnahmen, welche die Lebensbedingungen und das soziale Umfeld der Menschen verbessern sollen« (König, J. 2000, S. 34).

In der Selbstevaluation, auch als interne Evaluation bezeichnet, geht es um die Sicherung der Qualität der pädagogischen Arbeit und um Maßnahmen für deren Weiterentwicklung. Eine Einrichtung kann sich nur dann weiter entwickeln und Qualität erzeugen, wenn sie ihr Handeln regelmäßig unter die Lupe nimmt (1x im Jahr), den Ist-Zustand betrachtet und analysiert und ggf. neue oder erweiterte Ziele setzt. Es geht einerseits darum, festzustellen, ob die gewünschte Qualität der Arbeit erreicht worden ist, aber auch um eine Wertschätzung der geleisteten Arbeit. Es reicht nicht aus, eine »gefühlte« gute Einschätzung abzugeben. Natürlich gehen wir davon aus, gute Arbeit zu leisten. Es aber zu wissen und auch an Kriterien festmachen zu können ist ein noch besseres Gefühl. So kann ich auch den Eltern und Trägern gegen-

Kinderbeteiligung konkret

über Aussagen darüber machen, das die pädagogische Arbeit gut ist und woran sie das erkennen können.

Es ist übrigens keine Entscheidung der Einrichtung, ob sie ihre Arbeit evaluieren möchte. Im SGB VIII (Kinder- und Jugendhilfegesetz) wird Evaluation vorgeschrieben. Dort heißt es:

»Die Träger der öffentlichen Jugendhilfe sollen die Qualität der Förderung in ihren Einrichtungen durch geeignete Maßnahmen sicherstellen und weiterentwickeln. Dazu gehören die Entwicklung und der Einsatz einer pädagogischen Konzeption als Grundlage für die Erfüllung des Förderungsauftrages sowie der Einsatz von Instrumenten und Verfahren zur Evaluation der Arbeit in den Einrichtungen« (Gesetz zum qualitätsorientierten und bedarfsgerechten Ausbau der Tagesbetreuung für Kinder (TAG). SGB VIII (Kinder- und Jugendhilfegesetz) § 22 a (1).

Wir kennen zwei Formen der Evaluation: Selbstevaluation (interne Evaluation) und Fremdevaluation. In diesem Kapitel geht es um die Selbstevaluation, die in den Händen der Einrichtung liegt, während die Fremdevaluation an ein Institut zur Qualitätsüberprüfung oder zur Zertifizierung der Einrichtung in Auftrag gegeben wird.

Literaturtipp zur Fremdevaluation: Tietze, W. (Hrsg.) 2004.: Pädagogische Qualität entwickeln. Praktische Anleitung und Methodenbausteine für Bildung, Betreuung und Erziehung in Tageseinrichtungen für Kinder von 0–6 Jahren. Beltz-Verlag: Weinheim, Basel 2004. S. 11. Alle Projekte der »Nationalen Qualitätsinitiative« (1999–2003)

Im Rahmen der Selbstevaluation geht es darum, die pädagogische Arbeit, bzw. Teile der pädagogischen Arbeit, **systematisch** zu betrachten und die Betrachtung auszuwerten. Das kann mit einer strukturierten Selbsteinschätzung der einzelnen Erziehungspersonen beginnen (welche Qualitätsansprüche habe ich an mein partizipatives Handeln, wie setze ich diese Ansprüche um, woran können andere Menschen erkennen, dass ich sie umgesetzt habe?), die in einem Dialog mit anderen Teammitgliedern (kritischen Freunden) mündet und zur Verabredung weiterer Planungsschritte führt. Es sollten aber auch Eltern und Kinder über ihre Einschätzung befragt werden (Interviews, Fragebögen, strukturierte Gruppendiskussionen, Feedbackrunden).

Nun wird in den meisten Einrichtungen das pädagogische Handeln laufend in den Blick genommen, überprüft und verändert. Das geschieht in der Regel jedoch häufig

Kinderbeteiligung konkret

zufällig, unsystematisch und auf ein ganz bestimmtes Ereignis oder einen Konflikt bezogen. Die Selbstevaluation geht weiter: »Selbstevaluation ist stärker regel- und kriteriengeleitet, und sie stellt Fragen zum Zusammenhang von Prozess und Ziel. Die Selbstevaluation strukturiert Reflexion und Auswertung und gibt ihr somit eine Richtung« (Braun, Ulrich 2005, S. 230–232).

Für die Querschnittsaufgabe Partizipation bedeutet das, dass systematisch alle Informationen zu den Bereichen in denen Beteiligung praktiziert wird, gesammelt und ausgewertet werden. Das funktioniert nur, wenn vorher die Qualitätskriterien für die partizipative Arbeit genau beschrieben wurden.

Im Wesentlichen geht es darum, 5 Fragen zu klären:
- Welche Stärken zeigen sich in unserer partizipativen Arbeit?
- Woran kann ich erkennen, dass die partizipative Arbeit Stärken zeigt?
- Über welche partizipativen Handlungsbereiche müssen wir neu nachdenken?
- Wo hat sich neuer Handlungsbedarf ergeben, wo haben sich unsere Qualitätsansprüche an Partizipation verändert?
- Wie lässt sich die Qualität unserer partizipativen Arbeit weiter verbessern?

Für eine erfolgreiche Selbstevaluation ist es notwendig, im Team und mit den Eltern Qualitätsansprüche für Partizipation, ebenso wie Qualitätskriterien zu formulieren. Die Qualitätsansprüche beschreiben ihre Prinzipien des partizipativen Handelns, die Qualitätskriterien die konkreten Anforderungen an das partizipative Handeln.

Ein erster Schritt könnte sein, dass Sie sich drei Bereiche, die Ihnen besonders wichtig erscheinen, für die Selbstevaluation auswählen.

1. Formulieren Sie (im Team mit den Eltern und Kindern) die grundlegende partizipative Orientierung ihrer Einrichtung. Das könnte so aussehen:

Partizipative Orientierung der Kita ...

- Partizipation als Querschnittsaufgabe implementieren
- Beteiligungsrechte strukturell verankern
- Die Selbstorganisationsfähigkeit der Kinder stärken

Qualitätsansprüche an das partizipative Handeln in der Kita ...

- Kinder treffen sie betreffende Entscheidungen, selbst
- Kinder werden als kompetente, ko-konstruierende Menschen betrachtet
- Die vielfachen Ausdrucksmöglichkeiten der Kinder finden Beachtung

Kinderbeteiligung konkret

Anforderungen an das partizipative Handeln

- Die Erzieherin trifft keine Entscheidungen, an der der Kinder nicht beteiligt sind
- Im Morgenkreis besprechen die Kinder ihren Tagesablauf und entscheiden sich, welche Angebote sie wahrnehmen möchten
- Die Kinder entscheiden selbst, wann sie was essen möchten
- Die Kinderversammlung, tagt 1x im Monat und entscheidet über folgende Dinge: ....

Um im Rahmen der Selbstevaluation in einen Teamdialog zu kommen, kann die einzelne Erzieherin zunächst einen Einschätzungsbogen ausfüllen, der Auskunft über die persönliche Gewichtung gibt.

Kinder treffen selbstständig Entscheidungen über Angelegenheiten, die das Zusammenleben in der Kita betreffen. Dieses Ziel ist für mich:

| sehr wichtig ☐ | wichtig ☐ | nicht so wichtig ☐ | unwichtig ☐ |

In einem weiteren Schritt überprüft die Erzieherin, ob es ihr gelungen ist, dieses Ziel in die Praxis umzusetzen.

Es gelingt mir, Kinder eigene Entscheidungen treffen zu lassen

| trifft zu ☐ | trifft vorwiegend zu ☐ | trifft kaum zu ☐ | trifft nicht zu ☐ |

Die Einschätzungen werden anonym auf ein Plakat übertragen und in kleinen, selbst gewählten Kolleginnengruppen diskutiert.

Danach erfolgt eine Teameinschätzung, die wird mit einem anders farbigen Stift, nach eingehender Beratung, auf dem Plakat eingetragen.

Aus beiden Einschätzungen entwickelt sich dann eine Endbewertung und vielleicht eine neue Zieldiskussion.

Literaturtipps: Sturzenhecker, Benedikt/Knauer, Raingard/Richter, Elisabeth/ Rehmann, Yvonne: Partizipation in der Kita. Evaluation demokratischer Praxis mit Vorschulkindern. Abschlussbericht, Detmold/Hamburg 2010 (118 Seiten). Download unter: http://www.partizipation-und-bildung.de

Deutsches Kinderhilfswerk (2008) Waldemar Stange/Andreas Eylert: Qualitätsmanagement und Evaluation – Eine Einführung für den Bereich Partizipation **Baustein A 3.9**

Anhang

Methodenpool für die Arbeit in Kindertagesstätten

Die Jugend soll ihre eigenen Wege gehen, aber ein paar Wegweiser können nicht schaden.

Pearl S. Buck

Die Wandzeitung

Eignung	Für alle Altersgruppen und alle Themen geeignet
Vorbereitungsaufwand	Gering, aber die Wandzeitung muss »gepflegt« werden: Sie muss regelmäßig ausgewertet und alte Informationen müssen entfernt werden. Das Plakat sollte eine Größe von: mind. DIN A2, eher DIN A 1) haben.
Durchführung	Sie sollte, für alle gut zugänglich im Eingangsbereich befestigt sein. Daneben liegen farbige Stifte, vielleicht auch Schnippelbögen und Scheren (damit Kinder Symbole statt Schriftsprache benutzen können) und Symbole aus dem Metaplankoffer.
	Die Wandzeitung wird thematisch vorbereitet, damit alle wissen, um welche Themen es geht: Wünsche für Projektthemen, Wahlvorschläge, »Meckerkasten«, Elternbefragung, ...
Besondere Hinweise	Eine leere Wandzeitung hat keinen Aufforderungscharakter.
	Die Pädagogin kann mit einzelnen Kindern, kleineren oder größeren Kindergruppen die Wandzeitung betrachten und auswerten. Das führt häufig zu neuen Impulsen.

Anhang

Der Morgenkreis

Eignung	Für alle Altersgruppen und alle Themen geeignet
Vorbereitungsaufwand	Gering. Der Morgenkreis sollte von Erzieherinnen und Kindern vorbereitet werden. Es kann eine ständig wechselnde Vorbereitungsgruppe eingerichtet werden.
Durchführung	Im Morgenkreis versammeln sich die Kinder mit ihrer Bezugserzieherin. Der Einstieg in den Morgenkreis sollte damit beginnen, dass die Kinder positiv eingestimmt werden. Neben den gewohnten Ritualen (Begrüßung, Lieder, Spiele) erhalten die Kinder Gelegenheit, alle aktuellen Themen zu besprechen, Wünsche und Kritik zu äußern. Die Erzieherinnen können im Morgenkreis ihre Angebote vorstellen und den Kindern so Entscheidungshilfen bieten.
Besondere Hinweise	Die Teilnahme am Morgenkreis ist freiwillig. Die Erzieherinnen achten darauf, dass die Kinder nicht nur Zuhörer, sondern Akteure sind.
	Entscheidend für das Gelingen des Morgenkreises ist die Haltung der Pädagogin. Sie lebt demokratisches Verhalten vor: sie lässt alle Kinder zu Wort kommen, respektiert abweichende Meinungen und Abstimmungsniederlagen.
	Der Morgenkreis bietet sich für die Erzieherin als hervorragende Beobachtungssituation an.
	Der Morgenkreis sollte gut strukturiert sein und möglichst professionell gestaltet. So erhalten die Kinder einen Eindruck davon, wie eine Kinderkonferenz funktionieren sollte.

Die Kinderzeitung

Eignung	Für Kinder ab 4 Jahren geeignet. Die Kinder verwenden vorwiegend Zeichnungen, Collagen, Fotos und Symbole. Die Kinder sind bei der Herstellung einer Zeitung stark auf die Hilfe von Erwachsenen angewiesen.
Vorbereitungsaufwand	Groß. Es müssen viele Details geklärt (Finanzierung, Aufmachung, Name, Layout, Themen, Zielgruppe, Umfang, ...)
Durchführung	Die Kinder bilden eine Redaktionsgruppe, die alle anstehenden Fragen klärt. Dir Ergebnisse der Gruppe werden auf Video festgehalten (an Stelle eines Protokolls). Die Durchführung ist an der Planung eines Projektes orientiert.
Besondere Hinweise	Bei der Herstellung einer Kinderzeitung handelt es sich eigentlich um ein Projekt. Das Vorgehen muss deswegen auch entsprechend geplant werden. Für die Kinder ist im Falle einer Zeitung wichtig, dass es ein Ergebnis gibt. Sie wollen stolz auf das Produkt, die Zeitung sein. Die regelmäßige Zusammenarbeit in einer Redaktionsgruppe hat aber durchaus ihre besondere Bedeutung. Die Kinder lernen, gemeinsam etwas zu planen, Kompromisse auszuhandeln, eigene Wünsche zurückzustellen und zielgerichtet in Gemeinschaftsarbeit ein Produkt herzustellen.

Anhang

Die Zukunftswerkstatt

Eignung	Für alle Altersgruppen geeignet und für Themen wie: Neugestaltung der Räume oder des Spielplatzes. Im Rahmen von Elternzusammenarbeit: Entwicklung einer neuen Konzeption
Vorbereitungsaufwand	Der Vorbereitungsaufwand ist hoch, ebenso der zeitliche Aufwand. Sinnvoll ist es, eine Zukunftswerkstatt von dafür ausgebildeten Moderatoren begleiten zu lassen
Durchführung	Die Zukunftswerkstatt besteht aus 3 Phasen. Die erste Phase, die **Kritikphase**, fordert dazu auf, uneingeschränkt »Dampf abzulassen«. Im Rahmen der zweiten Phase, der **Fantasiephase**, darf geträumt werden. Hier dürfen auch (vermeintlich) unrealisierbare Vorschläge entwickelt werden. Das geschieht in Kleingruppen, die Ergebnisse werden in Form von Rollenspielen, Plakaten, Videoaufzeichnungen, Wandzeitungen, ... präsentiert. In der dritten Phase, der **Realisierungsphase** wird dann geprüft, welche Vorschläge realisierbar sind. Diese Phase endet mit der konkreten Verabredung wer bis wann welche Aufgaben umsetzt.
Besondere Hinweise	Eine Zukunftswerkstatt ist sehr arbeitsintensiv, aber in der Regel auch sehr fruchtbar, weil sie dazu motiviert, Gedanken zu entwickeln, die im Rahmen anderer Beteiligungsformen häufig nicht produziert werden. **Literaturhinweise:** Stange, Waldemar (1996): Planen mit Phantasie. Zukunftswerkstatt und Planungszirkel für Kinder und Jugendliche. Soziale Bildung e. V. (Hg.) (2008): Zukunftswerkstatt In: Dies.: Demokratiestärkende Bildungsarbeit – Handlungsempfehlungen.(http://www.soziale-bildung.org/images/stories/modellprojekt/handlungsempfehlungen_mp_demokratiebildung.pdf) S. 52–56.

Anhang

Die Blitzlichtrunde

Eignung	Für alle Altersgruppen geeignet
Vorbereitungsaufwand	gering
Durchführung	Alle Gruppenmitglieder können sich spontan und in aller Kürze (möglichst nur mit einem Satz, bei Erwachsenen nicht länger, als 2 Minuten) zu einem Sachverhalt, einer Erwartung, einer Befindlichkeit oder Befürchtung äußern.
Besondere Hinweise	Blitzlichter werden nicht kommentiert und nicht kritisiert. Hinweise, die durch Blitzlichter entstanden sind, können aber in einer späteren Beratung/Sitzung aufgegriffen werden, wenn die Personen, die sie geäußert haben damit einverstanden sind.
	Blitzlichter eignen sich gut als Einstieg. Für Großgruppen ist das Blitzlicht nicht geeignet, da es zu zeitaufwändig wäre, die Gesamtgruppe anzuhören.

Postkartenmetapher

Eignung	Für alle Altersgruppen geeignet, besonders für einen motivierenden Einstieg in ein Thema
Vorbereitungsaufwand	Gering. Sie brauchen für jeden TN eine Tierpostkarte ohne Beschriftung.
Durchführung	Erwachsene erhalten neben der Postkarte ein Formular auf dem sie schriftlich folgende Fragen beantworten sollen: Was hat das Tier auf dem Foto mit mir zu tun? Was hat das Tier mit dem Thema zu tun? Kinder beantworten die beiden Fragen mündlich.
Besondere Hinweise	Die Gruppenleitung macht sich zu den Kinderäußerungen Notizen. Die Antwortkarten der Erwachsenen werden an eine Pinnwand gehängt.
	Die Äußerungen tragen dazu bei, dass sich Gruppenmitglieder besser kennenlernen, sich schon einmal mit dem Thema vertraut machen und einen Impuls für den Einstieg erhalten.

Anhang

Persönlicher Wetterbericht

Eignung	Für alle Altersgruppen geeignet. Feedback
Vorbereitungsaufwand	Gering: Sie brauchen ein Plakat, auf dem Wettersymbole aufgezeichnet sind: Sonnenschein, Wolken, Regentropfen, Blitz. Die Kinder/Eltern bekommen Klebepunkte oder Stifte.
Durchführung	Jedes Gruppenmitglied kennzeichnet auf der Wetterkarte durch das Punkten oder Kennzeichnen des entsprechenden Symbols seine persönliche Stimmungslage. Das kann sich aber auch auf ein Gesprächsinhalt beziehen oder auf die Verständlichkeit eines Themas.
Besondere Hinweise	**Variante:** Je ein Symbol wird in eine Raumecke gehängt. Die Kinder stelle sich in die Ecke, in der das Symbol hängt, das ihre Stimmungslage wiedergibt. Sie kommen mit anderen Gruppenmitgliedern ins Gespräch, erläutern den Grund für ihre Befindlichkeit und können vielleicht einen Vorschlag zum weiteren Vorgehen entwickeln.

Ärger-Freudekuchen

Eignung	Für alle Altersgruppen geeignet. Feedback
Vorbereitungsaufwand	Gering. Sie benötigen für jedes Gruppenmitglied eine Kopiervorlage eines Kuchens oder einer Torte und einen Stift.
Durchführung	Die TN teilen den Kuchen in einen Freude- und einen Ärgerteil ein. Sie hängen ihren Kuchen an eine Pinnwand und äußern sich kurz zu den Anteilen ihres Kuchens und begründen ihre Befindlichkeit, wenn sie es mögen.
Besondere Hinweise	

Anhang

Partizipationstorten

Eignung	Für alle Altersgruppen geeignet
Vorbereitungsaufwand	Mittel: Sie brauchen Stifte, Papier, Klebepunkte und viel Zeit (mindestens 45 Minuten für die Durchführung). Für je zwei Kinder gibt es eine »Torte«, die symbolisch einen Kita-Bereich darstellt.
Durchführung	Für die zu untersuchenden Mitbestimmungsbereiche (Auswahl des Essens, Gestaltung des Tagesablaufs, Raumnutzung, Projektthemen) erhalten je zwei Kinder eine Torte. Im gemeinsamen Gespräch stellen sie fest, wie es um diesen Bereich in Sachen Fremd-, Selbst- und Mitbestimmung bestellt ist und teilen die Torte entsprechend ein.
Besondere Hinweise	Ziel der Methode ist es, die verschiedenen Bereiche der Kita auf ihren Selbst- und Mitbestimmungsanteil hin zu überprüfen. Literaturhinweis: Sturzbecher, D./Großmann, H. (Hrsg.) 2003

Rund um das Essen

Eignung	Für alle Altersgruppen geeignet
Vorbereitungsaufwand	gering
Durchführung	Die Erzieherin lädt die Kinder zum gemeinsamen Essen ein. Dabei entstehen auch Gespräche rund um das Essen und Trinken: Warum gibt es immer nur Tee? Wer tauscht meinen Apfel gegen eine Mohrrübe? Können wir nicht mal einen Obstsalat machen? Auch die Erzieherin kann Gesprächsimpulse geben.
Besondere Hinweise	Kinder lernen, selbstständig zu essen, ihre Speisen auszuwählen, miteinander zu essen und sich gegenseitig zu helfen. Auch Konflikte, die während des Essens entstehen, können im Rahmen einer gemeinsamen Mahlzeit gelöst werden.

Anhang

Daumenabstimmung

Eignung	Für alle Altersgruppen geeignet
Vorbereitungsaufwand	gering
Durchführung	Zunächst einmal stimmt die Erzieherin mit Abstimmungsfragen ihrer Wahl auf das Beteiligungsspiel ein: Das zweite Frühstück nehmen wir alle jeden Morgen gemeinsam ein oder: Jungen spielen nicht mit Puppen, in der Kita sind die Erwachsenen die Bestimmer, ... Nach jeder Aussagen haben die Kinder einen kurzen Moment Bedenkzeit, dann heben sie den Daumen in die Höhe (Ich stimme der Aussage zu) oder sie wenden den Daumen nach unten (dem stimme ich nicht zu). Nach der Abstimmung beginnt eine Diskussion. Wichtig ist, dass die Kinder bald selbst Statements abgeben und so zur Diskussion stellen. Auf diese Weise können wichtige Fragen geklärt und Entscheidungen getroffen werden.
Besondere Hinweise	Die Kinder lernen in lockerer Atmosphäre erste Beteiligungsformen kennen und werden zu Gesprächen angeregt, die durchaus kontrovers sein können. So lernen sie unterschiedliche Meinungen kennen und akzeptieren.

Ampelfeedback

Eignung	Für alle Altersgruppen geeignet. Feedbackinstrument
Vorbereitungsaufwand	Gering: Jedes Kind erhält eine rote, eine grüne, eine gelbe Karte
Durchführung	Mit Hilfe der Karten können die Kinder ein Statement für eine Entscheidungsfindung abgeben: Grün = ich stimme zu, ich bin derselben Ansicht Rot = ich stimme nicht zu, ich bin anderer Ansicht, gefällt mir nicht

	Gelb = ich stimme nur teilweise zu, ich kann mich nicht entscheiden
	Die Erzieherin kann, wie bei einem Interview, einzelne Kinder bitten, ihre »Kartenentscheidung« zu kommentieren.
Besondere Hinweise	Diese weitgehend nichtsprachliche Form des Feedbacks gefällt insbesondere jüngeren Kindern. In emotional aufgeladenen Situationen sollte die Methode nicht eingesetzt werden.

Sprechstunde

Eignung	Für alle Altersgruppen geeignet
Vorbereitungsaufwand	gering
Durchführung	Die Erzieherin richtet eine Sprechstunde für Kinder ein. Sie hat ein Schild an der Tür eines ruhigen Raumes angebracht, dass den Kindern zeigt: Jetzt kann ich die Erzieherin meiner Wahl in Ruhe sprechen. Sie hat Zeit für mich, ich kann alles sagen und alles fragen.
Besondere Hinweise	Im Rahmen einer eigens für sie anberaumten Sprechstunde spürt jedes einzelne Kind, wie wichtig und ernst genommen es wird. Es finden keine Störungen statt und das Gespräch verläuft nicht wie sonst so häufig zwischen »Tür und Angel«. **Variante:** Die Kindersprechstunde. Ein von den anderen Kindern gewähltes Kind oder mehrere, stehen mit Rat und Tat zur Verfügung.

Anhang

Themenstern/Lernstern

Eignung	Für alle Altersgruppen geeignet
Vorbereitungsaufwand	Gering. Jedes Kind erhält ein Stück Papier und einen Stift
Durchführung	Die Kinder malen auf ein DIN-A3-Blatt einen großen Stern mit beliebig vielen Zacken. Jede Zacke des Sterns wird mit einem Symbol für einen Wunsch (Projektthema, Essenswünsche) ausgestattet.
Besondere Hinweise	Im Rahmen einer eigens für sie anberaumten Sprechstunde spürt jedes einzelne Kind, wie wichtig und ernst genommen es wird. Es finden keine Störungen statt und das Gespräch verläuft nicht wie sonst so häufig zwischen »Tür und Angel«. **Variante:** Die Kindersprechstunde. Ein von den anderen Kindern gewähltes Kind oder mehrere, stehen mit Rat und Tat zur Verfügung. **Lernstern:** Die Kinder stellen in oder neben jeder Zacke dar, was sie in der Kita noch lernen möchten. So nehmen Kinder auf den eigenen Lernweg Einfluss. Später können sie nachschauen, ob sie sich ihre Lernwünsche erfüllen konnten. Wenn das nicht der Fall war, wird beraten, warum das Ziel nicht erreicht wurde und was getan werden kann, damit es noch erreicht wird. Vielleicht haben sich die Ziele aber inzwischen auch verändert.

Erlebnispädagogische Spielformen

Eignung	Für alle Altersgruppen geeignet
Vorbereitungsaufwand	Vorwiegend gering
Durchführung	Die Pädagogin ermöglicht Situationen, in denen Kinder Erfahrungen machen können, die für sie eine besondere Herausforderung bedeuten. Das können ganz einfache Dinge sein, wie z. B. auf einen Baum zu klettern, einen kleinen Bach zu überwinden, ein Problem gemeinsam zu

	lösen (einen Schatz in einem für die Kinder unbekannten Gebiet, das von den Erwachsenen aber vorher ausgewählt und abgesichert worden ist), eine Aufgabe gemeinsam bewältigen (mit den vorhandenen Lebensmitteln eine gemeinsame Mahlzeit zubereiten).
Besondere Hinweise	»Im Rahmen erlebnisorientierter Aktionen können Kinder erleben, wie entspannte Kommunikation, erfolgreiche Interaktion und kooperatives Bewältigen von Aufgaben nicht nur zum Erfolg führen, sondern auch Genuss verschaffen und zum individuellem Wohlbefinden beitragen. (...) Das setzt professionelle Kompetenz voraus, die im Rahmen von Beziehungsarbeit auch bedeutet, selbstbestimmtes Lernen zulassen zu können, Kinder selber machen lassen, nicht jede Lernerfahrung vorstrukturieren zu lassen« (Brandt, Petra 1998, S. 60). Im Rahmen erlebnisorientierter Aktionen lässt die Erzieherin Unvorhergesehenes zu, unterstützt spontane Einfälle und Eigensinn und ermuntert die Kinder ihre Welt zu entdecken. Erlebnispädagogik unterstützt Kinder dabei: • Die eigene Wirkung auf andere Kinder und Erwachsene einschätzen zu lernen; • eigene Stärken zu entdecken; • Kräfte zu messen und einschätzen und mit ihnen sinnvoll umgehen zu lernen; • Grenzen zu erkennen; • sanktionsfrei Probehandlungen durchzuführen; • Hilfsbereitschaft und Kooperationsfähigkeit zu entwickeln; • Verhandlungskompetenz zu erwerben; • wertschätzend mit anderen Menschen umzugehen. • Literaturtipp: Brandt; Petra (1998): Erlebnispädagogik – Abenteuer für Kinder. Herder, Freiburg

Anhang

Kooperative Spiele

Eignung	Für alle Altersgruppen geeignet
Vorbereitungsaufwand	gering
Durchführung	
Besondere Hinweise	Im Rahmen einer eigens für sie anberaumten Sprechstunde spürt jedes einzelne Kind, wie wichtig und ernst genommen es wird. Es finden keine Störungen statt und das Gespräch verläuft nicht wie sonst so häufig zwischen »Tür und Angel«. **Variante:** Die Kindersprechstunde. Ein von den anderen Kindern gewähltes Kind oder mehrere, stehen mit Rat und Tat zur Verfügung.

Literaturverzeichnis

Bandura, Albrecht (1997): Self-efficay: The expercice of control. New York. Freemann

Baumann, Claudia (2007): Bildung auf dem Klo? IN: KiTa ND 11/2007. Kronach S. 228

Bayrisches Staatsministerium für Arbeit und Sozialordnung, Familie und Frauen/ Staatsinstitut für Frühpädagogik München: Der Bayrische Bildungs- und Erziehungsplan für Kinder in Tageseinrichtungen bis zur Einschulung

Beck, I. (2002): Die Lebenslagen von Kindern und Jugendlichen mit Behinderung und ihrer Familien in Deutschland: Soziale und strukturelle Dimensionen. In: Sachverständigenkommission 11. Kinder- und Jugendbericht (Hrsg.): Gesundheit und Behinderung im Leben von Kindern und Jugendlichen, Bd. 4. München, S. 175–31

Berentzen, Detlef (1987) in: päd.extra 1987, Nr. 6. »... dieses Land gehört mir nicht!« Im Gespräch mit Loris Malaguzzi über die Reggiopädagogik. S. 9–16

Braun, Regina/Deneke, Brigitte/Dohmen, Andrea/Kaufmann, Ruth (1996): »Beispiele aus dem Kindergarten der Ev. Auferstehungsgemeinde, Frankfurt/Main«. In: Kühne, Thomas/Regel, Gerhard. Hrsg. (1996): *Erlebnisorientiertes Lernen im offenen Kindergarten. Projekte und Arbeitsansätze aus der Praxis für die Praxis.* Hamburg

Brinkhoff, Klaus-Peter (1996): *Kindsein ist kein Kinderspiel. Über die veränderten Bedingungen des Aufwachsens und notwendige Perspektivenerweiterung in der modernen Kindheitsforschung.* In: Mansel, Jürgen (Hg.): Glückliche Kindheit – Schwierige Zeit. Über die veränderten Bedingungen des Aufwachsens. Opladen, 25–39.

Bruner, Claudia Franziska/Winklhofer, Ursula/Zinser, Claudia (2001): *Partizipation – ein Kinderspiel? Beteiligungsmodelle in Kindertagesstätten, Schulen, Kommunen und Verbänden.* Hrsg. v. Bundesministerium für Familie, Senioren, Frauen und Jugend. Berlin

Booth, T. (2008) Eine internationale Perspektive auf inklusive Bildung: Werte für alle? In: A. Hinz/I. Körner/U. Niehoff (Hrsg.): Von der Integration zur Inklusion: Grundlagen – Perspektiven – Praxis. Marburg

Literaturverzeichnis

Booth, T./Ainscow, M./Kingston, D. (2006): Index für Inklusion. Lernen, Partizipation und Spiel in der inklusiven Kindertagesstätte entwickeln. Gewerkschaft Erziehung und Wissenschaft (Hrsg.). Frankfurt/M.

Braun (2005) in: *Kita aktuell NRW*, Nr. 11/2005, S. 230–232

Bundesministerium für Familie, Senioren, Frauen und Jugend (hg. 2005): 12. Kinder- und Jugendbericht

Bundesministerium für Familie, Senioren und Frauen (bmfs) Hrsg. 2003: Für ein kindgerechtes Deutschland. Qualitätsstandards für die Beteiligung von Kindern und Jugendlichen

Bundesministerium für Familie, Senioren, Frauen und Jugend (Hg. 1993): Übereinkommen über die Rechte des Kindes. UN-Kinderkonvention im Wortlaut mit Materialien vom 20. November 1989, am 5. April 1992 für Deutschland in Kraft getreten. Düsseldorf

Bundesministerium für Familie, Senioren, Frauen und Jugend, Hrsg. 1999: Qs21, Zielfindung und Zielklärung. Materialien zur Qualitätssicherung

Deutscher Bundestag: Drucksache 13/11368 Deutscher Bundestag · 13. Wahlperiode. 10. Kinder- und Jugendbericht

Deutscher Verein für öffentliche und private Fürsorge (Hrsg.) 1997: Fachlexikon der sozialen Arbeit, 4. Aufl., Berlin

Deutsches Kinderhilfswerk Hrsg. (2007): Vita gesellschaftliches Engagement. S. 40)

Devivere, B. von/Irskens, B./Lipp-Peetz, C./Preissing, C. (1993): Die Kinder tragen der Erwachsenen Last – Kinderpolitik für oder mit Kindern? In: Nachrichtendienst des Deutschen Vereins, 1, S. 16 ff.

Dreier, Annette (1993): Was tut der Wind, wenn er nicht weht? FIPP-Verlag Berlin

Fuchs, Carina (2005): Selbstwirksam lernen im schulischen Kontext. Klinkhardt

Hansen, Rüdiger/Knauer, Raingard/Sturzenhecker, Benedikt (2009): »Die Kinderstube der Demokratie« in: TPS 2/2009. Friedrich-Verlag. Seelze S. 46

Hansen, Rüdiger (2005): Die Kinderstube der Demokratie in: Partizipation. Kita spezial Sonderausgabe Nr 4/2005. Wolters Kluwer. Kronach S. 18

Hansen, Rüdiger (2008): Die Entwicklung einer neuen Lernkultur. In: Kita aktuell ND 6/2008

Literaturverzeichnis

Hansen, R./Knauer, R./Sturzenhecker, B. (2011): Partizipation in Kindertageseinrichtungen. So gelingt Demokratiebildung mit Kindern!, Weimar, Berlin

Hansen, Rüdiger/Knauer, Raingard/Sturzenhecker, Benedikt (2010): *Kinder gestalten aktiv ihre Lebensumwelt. Modellprojekt des Landes Nordrhein-Westfalen.* Kiel.

Hauff, Volker (Hrsg.) (1987): Unsere gemeinsame Zukunft. Der Brundtland-Bericht der Weltkommission für Umwelt und Entwicklung, Greven

Haug-Schnabel, G. (2008): Inklusion und Zusammenleben im Kindergarten. In: M. Kreuzer/B. Ytterhus (Hrsg.).»Dabeisein ist nicht alles«, Inklusion und Zusammenleben im Kindergarten

Hengst, Heinz (1996): *Kinder an die Macht! Der Rückzug des Marktes aus dem Kindheitsprojekt der Moderne.* In: Zeiher, Helga u. a. (Hrsg.): Kinder als Außenseiter? Umbrüche in der gesellschaftlichen Wahrnehmung von Kindern und Kindheit. Weinheim/München, 117–134.

Hengst, Heinz/Zeiher, Helga (HgInnen) (2005 a): *Kindheit soziologisch.* Wiesbaden.

Hengst, Heinz/Zeiher, Helga (2005 b): *Von Kinderwissenschaften zu generationalen Analysen. Einleitung.* In: Hengst, Heinz/Zeiher, Helga (HgInnen): Kindheit soziologisch. Wiesbaden, 9–23.

Horx, Matthias (2004) in: Murphy-Witt, Monika/Stamer-Brandt, Petra: Was Kinder für die Zukunft brauchen. Gräfe & Unzer. München, S. 8

Juul, Jesper (1997): Das kompetente Kind, Reinbek

Kazemi-Veisari, Erika (1998): Partizipation – hier entscheiden Kinder mit. Freiburg im Breisgau, Basel und Wien

Keupp, H. (1999): Die Hoffnung auf den Körper. Jugendliche Lebensbewältigung als riskante Chance. In: Becker P.

Hansen, Rüdiger (2005): Die Kinderstube der Demokratie in: Partizipation. KiTa spezial Sonderausgabe Nr. 4/2005. Wolters Kluwer. Kronach, S. 18

Hansen, Rüdiger/Knauer, Raingard/Sturzenhecker, Benedikt 2010: Kinder gestalten aktiv ihre Lebensumwelt. Abschlussbericht des Modellprojekts. (hrsg. vom Ministerium für Familie, Kinder, Jugend, Kultur und Sport des Landes Nordrhein-Westfalen)

Literaturverzeichnis

Klein, Christoph: Case dropped!«. Das allwöchentliche School Meeting aller Summerhillians, in: Krätzä (Hrsg.): Auf dem Weg zu neuen Ufern. Krätz in Summerhill & Sands, Berlin 2001

Klein, Lothar (2004) in einem Interview: »Kindzentrierung ist vor allen Dingen eine Haltungsfrage« in: TPS Profil. Mit Kindern leben, lernen, forschen und arbeiten. Seelze, S. 47

Knauer, Raingard/Brandt, Petra (1998): Kinder können mitentscheiden. Luchterhand

Knauer, Raingard/Hansen, Rüdiger (2008): *Erfolgreich starten. Leitlinien zum Bildungsauftrag in Kindertageseinrichtungen. Zweite vollständig überarbeitete Auflage* (Kiel).

Koch, J. (Hrsg.): Was ist normal? Normalitätskonstruktionen in Jugendhilfe und Jugendpsychiatrie. Weinheim, S. 47–64

König, J.: Einführung in die Selbstevaluation. Ein Leitfaden zur Bewertung der Praxis Sozialer Arbeit. Lambertus-Verlag: Freiburg im Breisgau 2000, S. 34

Kupffer, Heinrich (1980): Erziehung – Angriff auf die Freiheit. Essays gegen Pädagogik, die den Lebensweg des Menschen mit Hinweisschildern umstellt, Weinheim, Basel

Kränzel-Neal, Renate/Mierendorff, Johanna (2007): Kindheit im Wandel. Annäherung an ein komplexes Phänomen. In: SWS-Rundschau (47. Jahrgang) Heft 1/2007 S. 5) www.sws-rundschau.at

Kühne, Thomas (2006): Partizipation im offenen Kindergarten. In: KiTa spezial Nr. 3/2006 Carl Link Verlag, Kronach

Lay, Conrad (1987): Der Flirt mit dem Igel – eine Ergänzung der Reggio-Pädagogik, in: päd.extra, Nr. 7, S. 43–46

Laewen, Hans-Joachim/Andres, **Beate**: *Bildung und Erziehung in der frühen Kindheit. Bausteine zum Bildungsauftrag von Kindertageseinrichtungen*, Weinheim/Berlin/Basel 2002

Malaguzzi, Loris (1984): Zum besseren Verständnis der Ausstellung: 16 Thesen zum pädagogischen Konzept. Berlin.

Merk, K. Peter (1995): Kinderfreundlichkeit. Das Mandat der Jugendhilfe nach § 1, Abs. 3 Nr. 4 des Kinder- und Jugendhilfegesetzes. Eine Expertise, Hg. Ministerium für Arbeit, Gesundheit, Soziales des Landes Nordrhein-Westfalen. Bönen

Literaturverzeichnis

Knauer, Raingard/Hansen, Rüdiger (2008): Erfolgreich starten. Leitlinien zum Bildungsauftrag in Kindertageseinrichtungen. Zweite vollständig überarbeitete Auflage, Kiel (hg. Ministerium für Bildung und Kultur des Landes Schleswig-Holstein)

Ministry of Education 1996. Published for the Ministry of Education by Learning Media Limited, Box 3293, Wellington, New Zealand

Preissing, Christa (2002): *Demokratie-Erleben im Kindergarten*, in: Büttner, Christian/Meyer, Bernhard (Hrsg.): *Lernprogramm Demokratie. Möglichkeiten und Grenzen politischer Erziehung von Kindern und Jugendlichen*, Weinheim/München 2000, 81–87

Rauschenbach, B./Wehland, G. (1989): Zeitraum Kindheit. Zum Erfahrungsraum von Kindern in unterschiedlichen Wohngebieten. Heidelberg

Regner, Michael/Schubert-Suffrian, Franziska (2011) in: Das Leitungsheft kindergarten heute '3/2011: Dürfen Kinder denn alles entscheiden? Freiburg

Regner, Michael/Schubert-Suffrian, Franziska (2011): Partizipation in der Kita. Herder, Freiburg.

Rolff, Hans-Günther (1983) *Massenkonsum, Massenmedien und Massenkultur. Über den Wandel kindlicher Aneignungsweisen.* In: Preuss- Lausitz, Ulf u. a. (Hrsg.): Kriegskinder, Konsumkinder, Krisenkinder

Schäfer, Gerd, E. Hrsg. (2003): Bildung beginnt mit der Geburt. Förderung von Bildungsprozessen in den ersten sechs Lebensjahren. Weinheim. Beltz

Schäfer, Gerd (2010): Fachfrau für den kindlichen Anfängergeist, in: Schäfer, Gerd E./Staege, Roswitha/Meiners, Kathrin (Hrsg.): Kinderwelten – Bildungswelten. Unterwegs zur Frühpädagogik, Berlin, S. 38–49

Schett, Alois: Selbstgesteuertes Lernen. Boizenburg 2008, S. 15–31

Schröder (1995) in: Verband Evangelischer Kindertagesstätten in Schleswig-Holstein 2010 (Hrsg.): Demokratie in Kinderschuhen. kinder-unter-drei-demokratie-in-kinderschuhen.pdf

Seibel, Bernd: Aufwachsen mit Te Whariki« in: kindergarten heute. Heft 5. Freiburg 2006. S. 6

Senatsverwaltung für Bildung, Jugend und Sport (Hrsg.) 2004: Berliner Bildungsprogramm. Verlag das netz

Literaturverzeichnis

Stamer-Brandt, Petra (2011): Projektarbeit in Kita und Kindergarten. Herder. Freiburg

Stenger, Ursula (2001): Grundlagen der Reggio-Pädagogik: Bild vom Kind. In: PÄD Forum Juni 2001, S. 9–14

Sturzenhecker, Benedikt/Knauer, Raingard/Richter, Lisa/Rehmann, Yvonne (2010): Partizipation in der Kita. Evaluation demokratischer Praxis mit Vorschulkindern. Abschlussbericht, Hamburg

Die Grafiken und Piktogramme sind von Carl-C. Brandt
Grafikdesigner und Texter, Hamburg 2011

Stichwortverzeichnis

Alltagsentscheidungen 137

Begegnung 13, 36, 78, 81, 87, 93, 145

Beteiligung
- Beteiligungsgremien 154
- Beteiligungskompetenz 82, 89, 133
- Beteiligungspflicht 66, 91
- Beteiligungsprozesse 108, 116, 121, 138
- Beteiligungsrechte 45, 48, 59, 147, 149, 166
- Beteiligungsstrukturen 149

Betreuung
- Betreuungsengpässe 93
- Betreuungssituation 94

Beziehung
- Beziehungsqualität 139, 142, 147
- Eltern-Kind-Beziehung 56, 143–144
- Erzieher-Kind-Beziehung 143
- Kind-Kind-Beziehung 143, 145

Bildung
- Bildungsauftrag 46, 83, 94, 137, 184–185
- Bildungsbegleitung 98
- Bildungschancen 91
- Bildungsempfehlungen 3, 5, 7–8, 81, 84, 129
- Bildungsförderung 5
- Bildungskonzept 44, 117
- Bildungsplan 55, 77, 81–83, 88–90
- Bildungsziel 8, 88
- Bildungszugänge 94

Bundeskinderbeauftragte 6

Bundesministerium 5, 68, 85, 127–128, 139, 156, 181–182

Curriculum 10, 38–40, 42–44

Demokratie
- Demokratieentwicklung 92
- Demokratiefähigkeit 7–8, 38, 92, 137, 147

Deutscher Kinderschutzbund e. V. 6

Deutsches Kinderhilfswerk e. V. 6, 48–49, 146, 152, 168, 182

Early Childhood Education and Care System 38

Erziehung
- Erziehungsarbeit 56
- Erziehungshandeln 34
- Erziehungskräfte 79, 98, 143–144, 150
- Erziehungspartnerschaft 119, 144
- Erziehungsprozess 10
- Erziehungsverantwortung 10

Evaluation 3, 39, 50, 127, 140, 164–165, 184, 186
- Fremdevaluation 165
- Selbstevaluation 164–166

Foren 93

Fortbildungskonzept 47

Gemeinschaftssinn 61–62

Gesellschaft
- Gesellschaftsfähigkeit 62
- Gesellschaftsinteresse 92

Gespräch
- Gesprächsleitfaden 94, 147
- Gesprächsleitung 96, 157, 163
- Gesprächssituation 89, 96

Stichwortverzeichnis

Gestaltungskompetenz 91

Grundgesetz 6, 66

Gruppenkonferenz 152–154

Heimlicher Lehrplan 106–108

Hospitation 93, 115, 120

Hundert Sprachen 3, 29, 38, 103, 108

Identifikation 92

Index 100, 182

Inklusion 3, 42–43, 98–100, 181–183

Integration 76, 86, 92, 98, 127, 181

Kinder
- Kinderbefragung 90
- Kinderbeteiligung 50, 76–77, 82, 84–86, 92–93, 149–151
- Kinderhilfswerk 6, 48–49, 146, 152, 168, 182
- Kinderkonferenz 72, 75–76, 86, 103, 120, 129, 141–142, 146, 153–154
- Kinderparlament 48, 92, 152–154
- Kinderpolitik 6, 69, 182
- Kinderrat 154–155
- Kinderrechte 6, 64, 73, 75

Kinder- und Jugendhilfegesetz 8, 165, 184

Konstitutionelle Pädagogik 16

Konzeption 33, 97, 119, 128–129, 139, 149, 164–165, 172

Korczak, Janus 3, 10–12, 33, 136

Leben
- Lebensalltag 5, 53, 83, 93
- Lebensraum 6, 80, 91–93, 105
- Lebenswelt 51, 59, 71, 79, 90
- Lebensweltorientierung 78, 94–95

Leitfaden 147

Leitgedanken 23, 82, 138

Leitlinien 5–7, 46, 81–83, 94–95

Lernbegleiter 63, 105, 107–108

Lerngeschichten 43–44, 144

Mahatma Gandhi 151

Malaguzzi, Loris 10, 30, 32

Maori-Kultur 41

Maria Montessori 36

Menschenbild 23, 33, 79, 106, 110–112, 130

Modellprojekte 7, 10, 45–47

Montessori 36, 73

Multiplikatorenschulungen 49

Neill, Alexander 10, 23

Ombudsmänner oder -frauen 6

Partizipation
- Alltagspartizipation 150
- Partizipationsbestreben 145
- Partizipationskompetenzen 143
- Partizipationskonzept 160
- Partizipationspraxis 94
- Partizipationsprozess 89, 120
- Partizipationsschritte 120
- Partizipationsstrukturen 33, 120, 137
- Partizipationstradition 8

Personalkosten 131

Planungsprozesse 74, 79, 92

Stichwortverzeichnis

Politik
- Kommunalpolitik 31, 33, 84
- Politikverdrossenheit 91–92, 108
- Politische Bildung 5–6

Projekt
- Projektabschluss 164
- Projektarbeit 99, 102–103, 141, 150, 159–161
- Projektaufgaben 161
- Projektphasen 102
- Projektthema 102, 158, 161, 178
- Projektvorhaben 160–161

Qualität
- Ergebnisqualität 142
- Orientierungsqualität 140
- Qualitätsansprüche 165–166
- Qualitätskriterien 166
- Qualitätsziele 139–140

Raumstruktur 132, 138

Redekarte 156

Reflexion 28, 39, 47, 137–139, 166
- Reflexionsphase 90, 162
- Zwischenreflexion 162–163

Reggio-Pädagogik 32

Runder Tische 97, 103, 107, 141

Selbst- und Mitentscheidungsrecht 25

Selbstbestimmung 40–41, 56, 74, 82, 115

Selbstbildungsprozess 5, 46, 49

Selbstlernkompetenz 61, 63

Selbstregulierung 26–27, 107

Selbstverwaltung 23–25, 28

Selbstverwirklichung 56

Situationsansatz 75, 102

SMART 129–130

Sozialgesetzbuch 64, 66

Sozialraumorientierung 94, 96

Summerhill 10, 22–24

Teamentwicklung 47, 89

UN-Kinderrechtskonvention 5–6, 82

Unicef Deutschland e. V. 6, 99

Partizipation von Kindern in der Kindertagesstätte

Gesprächsleitfaden Partizipation in unserer Kindertagesstätte

1. Die Kinder werden intensiv und regelmäßig beobachtet. Die gemeinsame Analyse der Beobachtungen bietet die Grundlage für Impulse
   Notizen:

2. Bei uns werden keine Vorgaben gemacht, wir initiieren
   Notizen:

3. Bei uns werden die Räume anregend gestaltet und Materialien ausgewählt die für die Kinder frei zugänglich sind und zum Forschen, Entdecken und Experimentieren anregen
   Notizen:

4. Das Tun der Kinder findet vorwiegend dort statt, wo die Kinder Erfahrungen aus erster Hand machen können
   Notizen:

5. Unsere Einrichtung praktiziert unterschiedliche kinderspezifische Beteiligungsformen
   Notizen:

   Beispiele:

6. In Gesprächssituationen übernehmen Kinder die Gesprächsleitung
   Notizen:

7. Die Kinder erhalten umfangreiche Möglichkeiten, ihre Interessen und Bedürfnisse zu äußern und in Handlungen umzusetzen
   Notizen:

8. Erzieherinnen begreifen sich als Wegbegleiterinnen
   Notizen:
   Äußerungsformen:

9. Wir arbeiten sozialraumorientiert (lebensweltorientiert)
   Notizen:
   Beispiele:

10. Kinder werden darin unterstützt, ihre Beteiligungsmöglichkeiten wahrzunehmen
    Notizen:
    Beispiele:

11. Vielfalt wird bei uns wahrgenommen, thematisiert und genutzt
    Notizen:

    Beispiele:

12. Es ist uns gelungen, Eltern von unserer partizipativen Arbeit zu überzeugen
    Notizen:
    Beispiele:

13. »Partizipation« ist in unserer Konzeption verankert
    Notizen:
    Beispiele:

Partizipation von Kindern in der Kindertagesstätte

Leitfragen zum Menschenbild
(auf Metaplankarten in Kleingruppen sammeln)

Wie sich mein Menschenbild entwickelt hat (welche Einflüsse dabei prägend waren):

Mein Bild von mir als Erzieherin sieht so aus:

Das Kindheitsbild das ich vor Augen habe, wenn ich an meine eigene Kindheit denke (wie autonom, unterdrückt, gleichberechtigt oder abhängig war ich?):

Wie sich mein Bild vom Kind im Laufe der Jahre verändert hat und woran das liegt:

Meine Sichtweise auf das Kind (aktiv konstruierend oder eher defizitär?):

Die Beschreibung meines aktuellen Menschenbildes und Schlussfolgerungen darauf für meine künftige Arbeit:

Partizipation von Kindern in der Kindertagesstätte

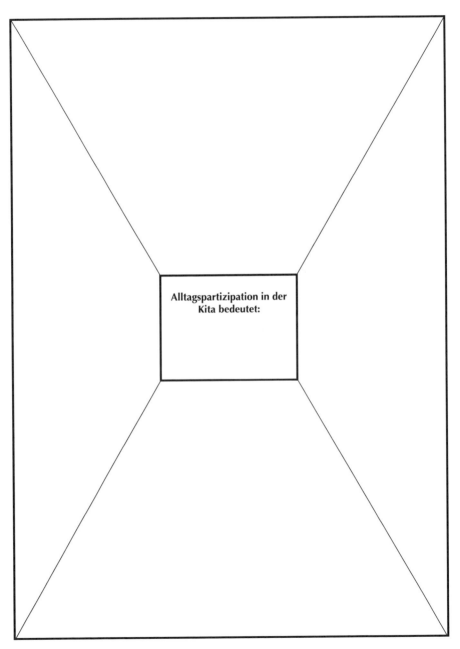

Partizipation von Kindern in der Kindertagesstätte

Kopiervorlage

1. Stehen in unserer Kindertagesstätte die Bedürfnisse und Interessen der Kinder im Mittelpunkt?
☐ Ja

☐ Nein

Das zeigt sich an folgenden Aspekten:
-
-
-

1.1 Welche partizipativen Ziele verfolgt unsere Einrichtung?
-
-
-

1.2 Die Umsetzung der Ziele gelingt uns:
☐ Sehr gut

☐ Zufriedenstellend, wir stehen erst am Anfang

☐ Noch nicht zufriedenstellend

Maßnahmen, die sich daraus ableiten sind:
-
-
-

1.3 Partizipation hat für uns einen hohen Stellenwert, weil:
-
-
-

1.4 Unser pädagogischer Arbeitsansatz orientiert sich an den Interessen und der Lebenssituation der Kinder. Das wird an folgenden Merkmalen sichtbar:
-
-
-

2. Findet sich eine positive Haltung zur Mitgestaltung durch Kinder in den Erziehungsstrukturen und Rahmenbedingungen wieder?
☐ Ja
☐ Nein

Das zeigt sich an folgenden Aspekten:
-
-
-

Ⓒ Carl Link   Alle Recht vorbehalten

Partizipation von Kindern in der Kindertagesstätte

2.1 Unsere Kinder können an folgenden Stellen mitbestimmen:
-
-
-
-

2.2 Diese Bereiche sind von der Mitbestimmung der Kinder ausgenommen
-
-
-
-

Begründung:

2.3 Befürchtungen und Ängste in Zusammenhang mit einer weit reichenden Mitgestaltungsmöglichkeit der Kinder
-
-
-
-

Maßnahmen, die helfen können, die Sorgen abzubauen:

3. Sind die Mitarbeiter und Mitarbeiterinnen der Einrichtung bereit und in der Lage, die pädagogische Arbeit gemeinsam mit den Kindern zu gestalten?
☐ Ja
☐ Nein

Begründung:

3.1 Wir sind überzeugt, dass Kinder in der Lage sind, kompetente Entscheidungen zu treffen, die wir Erwachsenen respektieren können
☐ Ja
☐ Nein

Begründung:

3.2 Das wirkt sich wie folgt auf die Struktur unserer Kita aus:
-
-
-

4. Woran wir künftig noch intensiver arbeiten möchten ist:
-
-
-

Partizipation von Kindern in der Kindertagesstätte

Gesprächsleitfaden für die Teamdiskussion

Diskutieren Sie im Team folgende Fragen und einigen Sie sich dabei gemeinsam auf eine Einschätzung. So treten Sie in einen Teamdialog ein und klären gleichzeitig die Qualitätsansprüche Ihrer partizipativen Arbeit

1. Wir beobachten die Kinder regelmäßig und systematisch, um ihre Interessen und Themen, ihre Stärke und ihre Ressourcen zu erkunden, um sie im Rahmen unserer partizipativen Arbeit einfließen zu lassen
   trifft voll zu ☐   **trifft trifft überwiegend zu** ☐   **trifft weniger zu** ☐   **trifft nicht zu** ☐
   Bemerkungen:

2. Partizipation ist uns wichtig, weil wir damit Kindern den Weg zur Demokratiefähigkeit bereiten können
   trifft voll zu ☐   **trifft trifft überwiegend zu** ☐   **trifft weniger zu** ☐   **trifft nicht zu** ☐
   Bemerkungen:

3. Wir sind uns der Bedeutung der Beziehungsqualität zwischen Erziehern-Kindern, Eltern-Kindern, Eltern-Erziehern, Kind-Kind und Erzieher-Erzieher bewusst und arbeiten laufend an der Fortentwicklung dieser guten Beziehung
   trifft voll zu ☐   **trifft trifft überwiegend zu** ☐   **trifft weniger zu** ☐   **trifft nicht zu** ☐
   Bemerkungen:

4. Das Team befindet sich im ständigen Dialog über relevante Themen (Partizipation) und entwickelt dazu eine gemeinsame Position
   trifft voll zu ☐   **trifft trifft überwiegend zu** ☐   **trifft weniger zu** ☐   **trifft nicht zu** ☐
   Bemerkungen:

5. Das Team hat einen positiven Blick auf Kinder und Eltern und begegnet beiden Gruppen mit einem hohen Maß an Wertschätzung.
   trifft voll zu ☐   **trifft trifft überwiegend zu** ☐   **trifft weniger zu** ☐   **trifft nicht zu** ☐
   Bemerkungen:

6. Die Förderung einer guten Beziehung der Kinder unter einander ist uns wichtig. Unsere pädagogische Arbeit ist darauf ausgerichtet, diese gute Beziehung zu fördern.
   trifft voll zu ☐   **trifft trifft überwiegend zu** ☐   **trifft weniger zu** ☐   **trifft nicht zu** ☐
   Bemerkungen:

7. Wir evaluieren unsere partizipative Arbeit und entwickeln sie dadurch kontinuierlich weiter
   trifft voll zu ☐   **trifft trifft überwiegend zu** ☐   **trifft weniger zu** ☐   **trifft nicht zu** ☐
   Bemerkungen:

8. Es gelingt uns die Unterschiedlichkeit der Kinder wahrzunehmen und zu nutzen, damit sie sich als einzigartig erfahren und in ihrer Einzigartigkeit Wertschätzung erhalten
   trifft voll zu ☐   **trifft trifft überwiegend zu** ☐   **trifft weniger zu** ☐   **trifft nicht zu** ☐
   Bemerkungen:

9. Wir verfügen über ein schlüssiges Konzept für unsere partizipative Arbeit
   trifft voll zu ☐   **trifft trifft überwiegend zu** ☐   **trifft weniger zu** ☐   **trifft nicht zu** ☐
   Bemerkungen:

10. Hinter dem Konzept stehen 80% der Mitarbeiter und Mitarbeiterinnen
    trifft voll zu ☐   **trifft trifft überwiegend zu** ☐   **trifft weniger zu** ☐   **trifft nicht zu** ☐
    Bemerkungen:

Klären Sie auch folgende Fragen:
1. Konnten wir uns auf eine gemeinsame Einschätzung einigen? War das leicht oder schwer?
2. Wenn es Unterschiede gab, worin waren die begründet?
3. Wie werden Sie künftig mit den Unterschieden umgehen?
4. Welche weiteren Fragen zu den Themen Partizipation und Beziehung gilt es noch im Team zu klären?

(In Anlehnung an Stamer-Brandt 2010)

Partizipation von Kindern in der Kindertagesstätte

Symbolkarte: Ich möchte etwas sagen

Ⓒ Carl Link Alle Recht vorbehalten

Partizipation von Kindern in der Kindertagesstätte

Symbolkarte: Ich bin sauer

Carl Link — Alle Recht vorbehalten

Partizipation von Kindern in der Kindertagesstätte

Symbolkarte: Ich habe das nicht verstanden

Carl Link   Alle Recht vorbehalten

Partizipation von Kindern in der Kindertagesstätte

Symbolkarte: Mir gefällt das

Partizipation von Kindern in der Kindertagesstätte

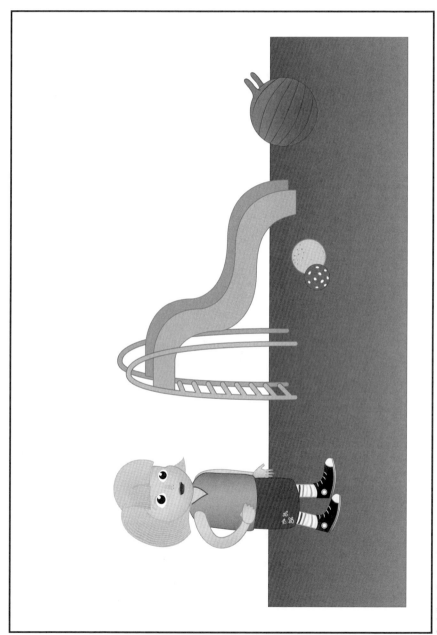

Symbolkarte: Raumgestaltung

Carl Link Alle Recht vorbehalten

Partizipation von Kindern in der Kindertagesstätte

Symbolkarte: Zeitung

Notizen

Notizen

Notizen

Notizen

Sichern Sie den Kindern eine erfolgreiche Zukunft durch Bildung!

Strätz/Damen/Betz
Wie Kinder lernen – Praxisleitfaden zur Persönlichkeitsentwicklung in der frühen Kindheit
1. Auflage 2011,
€ 79,–
Art.-Nr. 69713000
ISBN 978-3-556-06003-2

Aus dem Inhalt:
Im Grundpaket enthalten:
- Bildung und Lernen – die Grundlagen
- Bildungsbereich Gestalten

Folgt in regelmäßigen Ergänzungen:
- Didaktische Umsetzung – wie Kinder lernen
- Bildungsbereich Bewegung
- Bildungsbereich Medien
- Bildungsbereich Sprache
- Bildungsbereich Natur und kulturelle Umwelten
- Bildungsbereich Naturwissenschaft, Technik und Mathematik

Die einzelnen Bestandteile dieses Praxisleitfadens orientieren sich an den **Bildungsplänen der Länder** und ermöglichen Ihnen einen grundlegenden Einblick in wissenschaftliche Ansätze aus Theorie und Praxis. Zudem unterstützt Sie das Werk mit Arbeitshilfen, **Bildern und Videos auf CD und online** bei Ihrer täglichen Arbeit. Somit wird es für Sie ein unverzichtbares Werkzeug bei der Grundsteinlegung für den **Erfolg der Kinder**. Mit den **regelmäßigen in sich geschlossenen Ergänzungen** sind Sie immer auf dem Laufenden. Treffen Sie die richtige Entscheidung und investieren Sie am besten gleich in die **Zukunft der Kleinen!**

www.kita-aktuell.de

 Carl Link
eine Marke von Wolters Kluwer Deutschland

Wolters Kluwer Deutschland GmbH • Postfach 2352 • 56513 Neuwied
Telefon 0800 776-3665 • Telefax 0800 801-8018
www.wolterskluwer.de • E-Mail info@wolterskluwer.de

Online-Materialien für QM –
Steigern Sie die pädagogische Qualität Ihrer Einrichtung!

Weegmann
Qualitätsmanagement in der Kindertagesbetreuung
1. Auflage 2011
Basismodul mit Begleit-Broschüre:
€ 39,90
Art.-Nr. 08239000

- Konkrete Herausforderungen an die Kindertagesbetreuung
- Chancen und Grenzen der steigenden Qualitätsanforderungen
- Trägeraufgaben im Qualitätsmanagement
- Tipps für die Umsetzung gelingender Qualitätssteuerung

Im pädagogisch-fachlichen Diskurs besteht weitgehend Konsens darüber, dass Kinder und Eltern ein Recht auf „gute Qualität" bei der Betreuung haben und dass diese Qualität nachprüfbar sein muss. Die Messung pädagogischer Qualität wird in dem vorliegenden Werk vor dem Hintergrund folgender Themenfelder angegangen:

Mit dem Zugang zu **www.qualitaets-management-kita.de** erhalten Sie auch die begleitende Broschüre, die beschreibt, wie Sie aktiv im Sinne eines effektiven und sinnvollen Qualitätsmanagements in Ihrer Einrichtung vorgehen. Die Arbeitsmaterialien zum Download werden ständig ausgebaut und helfen Ihnen, QM für die pädagogischen Prozesse in Ihrer Einrichtung umzusetzten.

www.qualitaetsentwicklung-kita.de

Carl Link
eine Marke von Wolters Kluwer Deutschland

Wolters Kluwer Deutschland GmbH • Postfach 2352 • 56513 Neuwied
Telefon 0800 776-3665 • Telefax 0800 801-8018
www.wolterskluwer.de • E-Mail info@wolterskluwer.de